电力行业"十四五"规划教材

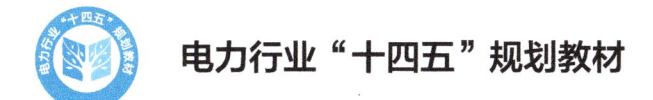

中级
国际商务

主　编　孟　祺
副主编　杨立娜
参　编　吴国松　孙　林

中国电力出版社
CHINA ELECTRIC POWER PRESS

内 容 提 要

本书分为十章，主要内容包括全球化及最新讨论、国际贸易前沿、贸易与空间经济学、数字贸易、数据跨境流动、全球价值链、跨国公司理论前沿、国际产业转移、国际金融前沿、区域经济一体化。本书紧密结合数字经济与国际商务领域的最新发展，具有较强的前瞻性和创新性；书中每章均有案例、习题和思考题，实用性更强。

本书可作为普通高等院校国际商务、国际经济与贸易专业研究生和本科生教材，也可供相关从业人员参考。

图书在版编目（CIP）数据

中级国际商务 / 孟祺主编；杨立娜副主编.

北京：中国电力出版社，2025.5. -- ISBN 978-7-5198-9983-7

Ⅰ.F740

中国国家版本馆 CIP 数据核字第 2025S1J546 号

出版发行：中国电力出版社
地　　址：北京市东城区北京站西街 19 号（邮政编码 100005）
网　　址：http://www.cepp.sgcc.com.cn
责任编辑：霍文婵（010-63412545）
责任校对：黄　蓓　于　维
装帧设计：赵姗姗
责任印制：吴　迪

印　　刷：固安县铭成印刷有限公司
版　　次：2025 年 5 月第一版
印　　次：2025 年 5 月北京第一次印刷
开　　本：787 毫米 ×1092 毫米　16 开本
印　　张：11
字　　数：268 千字
定　　价：49.80 元

版权专有　侵权必究

本书如有印装质量问题，我社营销中心负责退换

前　　言

在全球化快速推进的今天，国际商务领域面临着前所未有的机遇与挑战。本书旨在全面覆盖国际商务领域中的重要前沿话题，帮助读者理解全球化背景下的商业动态和发展趋势。通过对国际贸易、全球价值链、跨国公司经营与管理、国际金融以及区域经济一体化等深入分析，读者将掌握全球经济运行的新特征，理解企业在国际市场上的战略选择以及不同国家在全球化中的角色定位。

在数字经济形势下，国际商务面临的挑战愈发复杂且多变。随着信息技术的飞速发展，全球贸易的形式发生了根本性变化，数字化和网络化的快速推进使得跨境电子商务、数字支付和全球数据流动等新兴领域迅速崛起。传统的国际商务模式、跨国公司运营方式、国际金融体系及全球价值链的构建都遭遇了前所未有的挑战。在这种新环境下，如何理解和应对数字经济对国际商务的深远影响，成为一个亟待解决的重要课题。首先，应当深化对数字经济基础理论的学习，特别是互联网经济、数字贸易、电子支付、跨境数据流动等相关领域的前沿知识，并注重培养分析和解决实际问题的能力。其次，结合新兴技术的发展，如人工智能、大数据、区块链等，应加强对这些技术如何与国际商务实践结合的研究，理解其对国际贸易模式、跨国投资决策以及全球供应链的重塑作用。最为关键的是，不仅要提升理论素养，还需通过实践活动和实习经验，锻炼其在复杂国际环境中的应对能力。通过参与跨境电商平台、国际项目合作、数字化支付平台等实际工作，学生可以更好地将所学理论应用于实践，理解数字经济带来的新机遇和挑战。

本书紧密结合数字经济与国际商务领域的最新发展，具有较强的前瞻性和创新性，具体特色如下：

1. 理论与实践的紧密结合

本书在阐述国际商务理论的基础上，紧密结合当今数字经济环境中的最新实践，特别是在跨境电商、数字支付、全球数据流动等新兴领域的应用。书中不仅讲解了经典的国际贸易理论和跨国公司管理理论，还结合现实案例分析了数字化转型对传统国际商务模式的影响，帮助学生在理论学习的同时，了解实际问题和解决路径。理论与实践相结合，使得本书不仅适用于学术研究，也对实际操作和行业发展提供了重要的指导价值。

2. 前瞻性与时代性相结合

随着全球化的深入推进和数字技术的迅猛发展，国际商务环境发生了巨变。本书深入探讨了数字经济、区块链、人工智能、大数据等现代科技如何重塑国际商务的格局，尤其是对全球价值链、跨国公司运营和国际市场的深远影响。书中提出的多个创新观点和研究方向，具有较强的时代性和前瞻性，能够帮助读者提前了解国际商务的发展趋势，从而为学术研究和行业实践提供理论支持和思路启发。

3. 全球视野与多学科交叉

本书具有广阔的全球视野，不仅覆盖了西方主要国家的国际贸易和国际商务理论，也详细介绍了中国在全球经济一体化过程中扮演的重要角色，尤其是在"一带一路"倡议下，中国如何与其他国家开展经济合作与贸易。在学科融合方面，本书结合了经济学、管理学、信息技术等多学科知识，探讨数字经济对国际商务的全方位影响，突破了传统国际贸易和商务教育的学科边界，形成了更为综合、全面的学科框架。

4. 深入探讨全球价值链与产业转移

本书特别强调全球价值链的重构及其对国际贸易和跨国投资的深远影响。随着全球化的推进和产业转移的加速，全球价值链的变化成为影响全球经济竞争格局的重要因素。书中通过具体案例分析了中国如何通过提升产业链的高附加值环节，逐步实现从"制造"向"创新"转型的战略路径。同时，本书还探讨了产业转移和技术转移的动态关系，帮助读者理解如何在全球价值链和产业转移过程中发现新的商业机会。

5. 数字化转型与国际商务教育的结合

本书特别关注数字化转型对国际商务教育的影响，尤其是在全球化的背景下，如何通过教育创新帮助学生适应新经济模式的挑战。书中提出了以数字技术为核心的新型教学方法，并结合在线课程、虚拟模拟实验等新型学习手段，增强学生的跨文化沟通能力和国际商务实战能力。通过结合数字经济的最新发展，书中提出了新的课程体系和教学模式，为国际商务专业的教育改革提供了可操作的思路和方法。

6. 强调中国视角与全球化竞争

本书不仅系统讲解了国际商务的核心理论，还特别强调了中国视角下的国际商务实践。书中深入分析了中国如何在全球化过程中实现高水平对外开放，通过政策创新、技术引进与自主研发等多方面推动国际经济合作。特别是在"一带一路"倡议的框架下，本书探讨了中国如何通过基础设施建设、跨境投资和区域合作提升全球影响力，并提出了中国企业在国际竞争中面临的机遇与挑战。这一特色使得本书在全球视野的基础上，能为中国的国际商务学者与从业人员提供独特的研究视角和实践经验。

本书由浙江科技大学孟祺副教授任主编，浙江万里学院杨立娜副教授任副主编，湖州师范学院吴国松教授和浙江工业大学孙林教授参与了编写工作。此外，浙江科技大学 2023 年国际商务专业学位研究生张威和刘雨清参与了书稿的部分章节撰写和校对工作。

本书的出版得到了浙江科技大学教学研究与改革重点项目"习近平经济思想融入经管类课程的教学研究"和"高峰学科建设项目"资助。

限于编者水平，书中不足之处难免，请读者批评指正。

编　者

2025 年 2 月

目　录

前言

第一章　全球化及最新讨论 ... 1
 第一节　全球化的历史演进 ... 1
 第二节　数字经济与国际商务 ... 7
 本章小结 ... 11
 习题 ... 11
 思考题 ... 12

第二章　国际贸易前沿 ... 13
 第一节　国际贸易理论的基本问题 ... 13
 第二节　第一代国际贸易理论 ... 24
 第三节　第二代国际贸易理论 ... 28
 第四节　第三代国际贸易理论 ... 32
 第五节　第四代国际贸易理论 ... 35
 本章小结 ... 41
 习题 ... 41
 思考题 ... 42

第三章　贸易与空间经济学 ... 43
 第一节　贸易与空间经济学的理论基础 ... 43
 第二节　空间经济学理论的基本构架 ... 47
 第三节　空间经济学基本模型 ... 52

第四节　贸易与空间经济学政策含义 ··· 54

　　本章小结 ·· 62

　　习题 ··· 63

　　思考题 ··· 64

第四章　数字贸易 ··· 65

　　第一节　数字贸易概述 ·· 65

　　第二节　数字贸易动因 ·· 69

　　第三节　数字贸易的分类 ··· 71

　　本章小结 ·· 72

　　习题 ··· 73

　　思考题 ··· 74

第五章　数据跨境流动 ··· 75

　　第一节　数据及数据监管 ··· 75

　　第二节　数据跨境传输 ·· 78

　　本章小结 ·· 80

　　习题 ··· 80

　　思考题 ··· 81

第六章　全球价值链 ·· 82

　　第一节　引言和方法基础 ··· 82

　　第二节　全球价值链贸易活动分解 ·· 85

　　第三节　全球价值链模型 ··· 89

　　本章小结 ·· 97

　　习题 ··· 97

　　思考题 ··· 99

第七章　跨国公司理论前沿 ... 100

第一节　内部化理论 ... 100
第二节　垄断优势理论及其进展 ... 103
第三节　国际生产折中理论及其进展 ... 105
第四节　跨国公司理论的最新进展 ... 109
第五节　跨国企业与可持续发展 ... 113
本章小结 ... 117
习题 ... 118
思考题 ... 119

第八章　国际产业转移 ... 120

第一节　国际产业转移理论 ... 120
第二节　国际产业转移实践 ... 122
本章小结 ... 130
习题 ... 130
思考题 ... 131

第九章　国际金融前沿 ... 132

第一节　全球金融周期理论及其进展 ... 132
第二节　资本流动的"推－拉"理论 ... 138
第三节　数字货币与全球金融架构变革 ... 141
第四节　绿色金融与可持续金融 ... 144
本章小结 ... 148
习题 ... 148
思考题 ... 149

第十章　区域经济一体化 ... 150

第一节　区域经济一体化的理论基础 ... 150

第二节　区域自贸协定竞争与演变 ⋯⋯⋯⋯⋯⋯⋯⋯⋯⋯⋯⋯⋯⋯⋯⋯⋯⋯⋯ 155

第三节　"一带一路"倡议高质量发展 ⋯⋯⋯⋯⋯⋯⋯⋯⋯⋯⋯⋯⋯⋯⋯⋯ 158

本章小结 ⋯⋯⋯⋯⋯⋯⋯⋯⋯⋯⋯⋯⋯⋯⋯⋯⋯⋯⋯⋯⋯⋯⋯⋯⋯⋯⋯⋯⋯ 164

习题 ⋯⋯⋯⋯⋯⋯⋯⋯⋯⋯⋯⋯⋯⋯⋯⋯⋯⋯⋯⋯⋯⋯⋯⋯⋯⋯⋯⋯⋯⋯⋯ 165

思考题 ⋯⋯⋯⋯⋯⋯⋯⋯⋯⋯⋯⋯⋯⋯⋯⋯⋯⋯⋯⋯⋯⋯⋯⋯⋯⋯⋯⋯⋯⋯ 166

参考文献 ⋯⋯⋯⋯⋯⋯⋯⋯⋯⋯⋯⋯⋯⋯⋯⋯⋯⋯⋯⋯⋯⋯⋯⋯⋯⋯⋯⋯⋯⋯ 167

第一章 全球化及最新讨论

学习目标

- 理解全球化的历史演进及其不同阶段。
- 掌握全球化的理论分析框架，包括经典与现代的全球化理论。
- 分析人工智能对全球化进程的影响。
- 评估全球化对国际商务的具体影响，尤其是在跨国经营、市场竞争和供应链方面的变化。
- 探讨未来全球化趋势，预测全球经济发展的主要方向。

第一节 全球化的历史演进

全球化通常被定义为国家、地区和文化之间的相互联系和依赖日益加深的过程，表现为商品、服务、资本、技术、信息，以及人员的跨国流动不断增加，进而推动全球经济、社会、文化和政治体系的相互融合。全球化的本质在于跨国界的经济一体化与文化互动的加速，使得全球范围内的资源配置更加高效，市场的扩展与竞争格局发生变化。

一、丝绸之路与全球化

全球化的历史涵盖了跨越几个世纪的文化、贸易、技术与经济交流。在漫长的历史中，最初的全球化形式可以追溯到公元前2世纪左右的丝绸之路，不仅是贸易通道，而且是一个跨越不同文明和地区的经济、文化、政治交流网络。丝绸之路为全球化的雏形奠定了基础，并为后来的世界互联互通提供了宝贵经验。

（一）丝绸之路的起源与早期发展

丝绸之路是世界历史上最重要的贸易路线之一，不仅是商品流通的通道，也是文化、技术、宗教等多方面交流的纽带。从中国汉朝时期开始，丝绸之路的开辟与发展为中西方之间的互联互通奠定了基础，并对全球化的进程产生了深远的影响。

丝绸之路的历史可以追溯到公元前2世纪，当时汉武帝为了解决匈奴威胁和进一步开拓对外市场，派遣张骞出使西域，开辟了与西方世界的联系。随着汉朝在西域的驻军和建立的外交关系，丝绸之路逐渐拓展为一条横跨亚欧的贸易路线。公元前130年左右，汉朝开始与中亚的帕提亚帝国、波斯以及地中海沿岸的罗马帝国建立稳定的贸易关系。丝绸之路不仅是陆上通道，也逐渐发展成包括海上航道的多维立体网络。海上丝绸之路的起点是中国东南沿海的港口，如福建、浙江、广东等地，商船经过东南亚、南亚，并沿着印度洋的海岸线航行，最终抵达红海、非洲东部、波斯湾、阿拉伯半岛以及地中海沿岸的城市。丝绸之路并非单一的路线，而是由陆地与海上多条分支构成的庞大网络。这条古老的"路"实际上包括了从中国中原地区延伸到欧洲、非洲、印度及中东等多个地区的陆上与海上航道。

1. 陆上丝绸之路

陆上丝绸之路自汉朝时开始发展，起点是长安（今西安），途经陇山、河西走廊等地，穿越中国西北的沙漠与戈壁，经过中亚的草原，最终到达中东地区、地中海沿岸的罗马帝国。这条路线在东西方之间搭建了一座桥梁，使得不同文化、经济体系的交流成为可能。具体路线大致如下：长安出发，经陇山、河西走廊，进入今天的中亚、阿富汗、伊朗、伊拉克等地区，最终抵达地中海沿岸的罗马帝国，沿途经过帕提亚、安息、波斯等国家。陆上丝绸之路最重要的中转站包括撒马尔罕、巴尔赫、希腊化城市以及安息帝国的首都。

2. 海上丝绸之路

与陆上丝绸之路的漫长艰难相比，海上丝绸之路的开辟较为迅速，且商业潜力巨大。海上丝绸之路的起点通常是中国东南沿海的港口，如广州、泉州、宁波等，商船穿过南海、马六甲海峡，绕过印度洋，最终到达中东、非洲及地中海沿岸的国家。与陆上丝绸之路相比，海上丝绸之路更为灵活、便捷，尤其适合大宗商品的长途运输。海上丝绸之路在中国唐代和宋代尤其繁荣，不仅推动了商品交换，还促进了文化的传播。通过这一通道，佛教、伊斯兰教等宗教思想、科学技术、文化艺术等都进入了中国，同时中国的丝绸、瓷器、茶叶等也通过这一渠道进入了世界市场。

丝绸之路的经济作用突出。从物质层面看，丝绸、茶叶、瓷器、纸张等中国商品通过丝绸之路进入了西方市场，而玻璃器皿、珠宝、葡萄酒、香料等西方商品则反向进入中国，形成了鲜明的互补关系。丝绸之路的经济互补性不仅体现在物质商品上，也体现在需求与供给的匹配上。西方国家对奢侈品的需求推动了中国丝绸、瓷器等商品的生产，而中国对香料、葡萄酒等商品的需求促进了西方的贸易出口。可以看出丝绸之路的贸易网络并非单向的，而是双向流动的，形成了多样化的市场，推动了不同文明之间的经济一体化。在这条路上，不仅商品交换频繁，还带动了资本、劳动力、技术和知识的流动。

二、西方全球化的形成与演变

1. 大航海的早期推动

早期的全球化与古代商贸的扩展密切相关。最早的商贸活动主要依托于陆路和海路的交通网络，而随着航海技术的发展，海上商贸逐渐成为跨地域经济互动的主力。公元前5世纪，腓尼基人和古希腊人已经开始了广泛的海上贸易，他们的船只穿梭于地中海的各大港口，将希腊的葡萄酒、陶器和油品带到埃及、意大利、北非等地，而埃及和近东的香料、丝绸、黄金等商品也源源不断地流入地中海地区。此时，跨海洋的商品交换使得东西方之间的物资流通日益密切，推动了早期的全球化。此外，印度洋的航海路线也逐渐发展成为东西方贸易的重要通道，尤其是印度商人通过这一海上航道将香料、纺织品等货物运往非洲、阿拉伯地区及东南亚，促进了文化和商品的流通。

尽管早期全球化在一定程度上促进了各地的物质与文化交流，但其局限性也十分明显。首先，早期全球化的规模较小，跨区域的贸易网络虽然存在，但大多数仍局限于大帝国之间的交流。古代文明的交流大多是在较为封闭的区域内进行，跨文化和跨文明的接触并不普遍，且往往受到地理、气候、交通等多种自然条件的制约。其次，早期全球化大多依赖于有限的技术与交通手段，物品流通较为缓慢，且易受战争、政治动荡等外部因素的影响，全球化进程较为不稳定。最后，早期全球化往往由强大的帝国主导，贸易和文化交流的背后，往往伴随着战争、掠夺和殖民的行为。西方列强的扩张主义和对资源的占有欲，尤其是对原材料和人力资源的掠夺，显露了全球化进程中不平等与不公的历史痕迹。

2. 工业革命推动的全球化发展及特征

18世纪末至19世纪初的工业革命彻底改变了全球经济的运行方式，为全球化的进程注入了全新的动力。英国作为工业革命的发源地，率先实现了生产力质的飞跃，成为这个时期全球化的中心。蒸汽动力技术、纺织机械的普及、煤炭和钢铁的广泛应用，使得生产效率成倍提升，推动了工业品的大规模生产。随着铁路和蒸汽船的出现，交通运输领域发生了革命性变化，商品的运输速度大幅提升，运输成本显著下降，为全球市场的形成提供了基础保障。不仅加速了工业产品的跨国流通，也加强了原材料从殖民地到母国的运输效率。同样重要的是，蒸汽船的出现取代了传统帆船，使得跨大西洋航行时间缩短到几周，极大提升了欧美之间的经济联系，推动了全球贸易的频繁互动。

在工业化推动下，生产力的全球扩展成为全球化的突出特征。西方国家，特别是英国、法国、德国和英国，通过技术和资本的优势，将全球市场整合为一个以西方为主导的生产体系。工业品的生产从欧美工厂扩展至殖民地和其他新兴市场，形成了全球化的初步劳动分工体系。西方国家专注于工业产品的制造，而殖民地则提供原材料、廉价劳动力和市场支持。英国的工业发展离不开印度棉花的供应；美洲的黄金和白银通过大西洋航运流入欧洲，成为资本积累的基础；非洲的奴隶贸易则为欧洲的农产品种植业提供了劳动力支持。这个阶段的全球化不仅是工业产品和原材料的流动，更是技术、资本和劳动力的全球配置。在这个过程中，西方国家逐渐将全球经济的控制权掌握在自己手中，形成了以其为中心的全球经济结构。

19世纪末到20世纪初，全球化的另一个重要特征是金融化与资本流动的全球化。在工业化生产不断扩大的背景下，西方国家的资本积累达到新高度，现代金融体系逐渐成形。英国伦敦成为全球金融的中心，资本通过跨国投资和贷款的形式流向全球。特别是在英、法、德等推动下，大量资金流入拉丁美洲、亚洲和非洲的新兴市场，用于建设铁路、港口、矿山等基础设施项目。这些投资不仅推动了殖民地的经济开发，也使得西方国家进一步巩固了对全球经济的控制。英国通过对印度的铁路建设投资，不仅加强了商品流通，还使印度成为英国原材料和商品出口的重要节点。同样，美国的资本流向中南美洲，支持了巴拿马运河等大型工程的建设，为跨大西洋和太平洋贸易的兴起奠定了基础。资本流动的全球化还体现在金融体系的国际化上。19世纪后期，黄金标准的建立为全球资本流动提供了统一的货币基础。主要工业化国家通过采用黄金作为货币标准，稳定了国际货币体

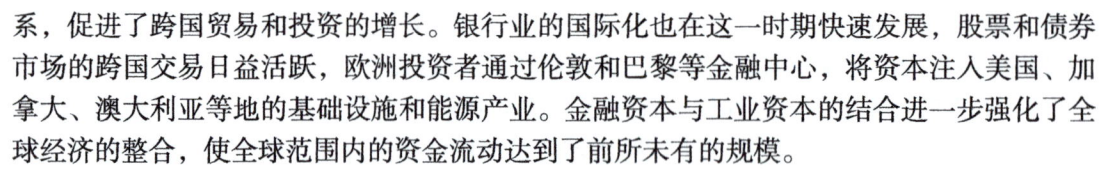

系，促进了跨国贸易和投资的增长。银行业的国际化也在这一时期快速发展，股票和债券市场的跨国交易日益活跃，欧洲投资者通过伦敦和巴黎等金融中心，将资本注入美国、加拿大、澳大利亚等地的基础设施和能源产业。金融资本与工业资本的结合进一步强化了全球经济的整合，使全球范围内的资金流动达到了前所未有的规模。

尽管金融化推动了全球基础设施建设和贸易的增长，但其也伴随着不平等和剥削的加剧。西方国家的跨国投资主要服务于其自身利益，殖民地的经济发展被纳入西方资本主义体系，而非自主性的发展模式。资本流入往往集中于资源开采和单一经济结构的建立，导致殖民地国家经济的脆弱性增强。此外，全球资本流动的高度集中和西方国家的金融垄断，使得殖民地的资源和劳动成果以极低的代价流向宗主国，加剧了全球经济的不平衡。在20世纪初期的经济危机中，这种不平衡的全球经济体系暴露出其脆弱性，为后来的全球经济动荡埋下了隐患。然而，从总体上看，工业化时期的全球化通过生产力、资本流动和金融网络的全球扩展，为现代全球化的深入发展奠定了坚实的基础，同时也展现了全球化进程中的复杂性和矛盾性。

3. 布雷顿森林体系与国际经济秩序的确立

第二次世界大战结束后，全球政治与经济秩序发生了显著的变化。战后国际经济秩序的重建，尤其是通过布雷顿森林体系的建立，为全球经济的恢复和持续增长奠定了基础。1944年7月，在美国布雷顿森林举行的国际会议上，44个国家签署了一系列协议，建立了以美元为核心的国际货币体系，并成立了国际货币基金组织（IMF）和世界银行（World Bank），这些机构至今在全球经济治理中占据着重要地位。布雷顿森林体系的核心目的是通过美元的稳定性和金本位制度来确保全球经济的稳定，避免了20世纪30年代大萧条时期的货币竞争贬值和贸易保护主义的恶性循环。此外，布雷顿森林体系的建立标志着全球经济秩序的多边化，尤其是与自由贸易密切相关的全球经济合作框架的形成，成为战后全球化进程的关键推手。

布雷顿森林体系的确立和国际货币体系的重建，深刻影响了战后全球经济结构。作为全球经济的中心，美国拥有世界上最大规模的工业生产和最强大的经济实力，美元成为国际贸易和金融交易的主要结算货币。在布雷顿森林体系下，IMF的主要职能是监督成员国的汇率政策，并通过提供短期贷款帮助其应对国际收支危机；世界银行则主要负责向重建中的国家提供长期贷款，支持全球基础设施建设和经济发展。布雷顿森林体系推动了全球资本和商品的流动，使得全球经济逐步融为一体，尤其是在全球市场自由化的推动下，贸易壁垒逐渐消除，世界各国的经济联系更加紧密。1947年签署的关税与贸易总协定（GATT）进一步推动了全球经济一体化的进程。通过降低关税、减少贸易壁垒，GATT促进了全球市场的开放，特别是西方国家主导的自由贸易政策成为全球经济的主流原则。在此框架下，美国和欧洲等发达国家通过大幅降低关税和非关税壁垒，使得商品、资本和劳动力的流动速度和规模大大增加，全球化的趋势不可逆转。

随着全球市场的逐步开放，跨国公司成为战后全球化的推动力。尤其是在20世纪50年代到70年代，随着国际贸易的增长和生产的全球化，西方的大型跨国公司迅速崛起，成为全球经济的重要玩家。这些跨国公司不仅在本国市场占据主导地位，还通过投资、并购和生产外包等手段，深度参与全球生产和消费网络的构建。这些企业将生产过程分散到不同国家和地区，利用当地的劳动力和资源优势，最大化降低生产成本，同时也增强了全球市场之间的互联互通。随着技术的进步和全球交通通信的改善，跨国公司的业务遍布全球，跨国资本的流动与金融市场的整合进一步推动了战后全球化的深入发展。

此外，战后全球化还伴随着金融全球化的加速发展。特别是1971年美国宣布美元与黄金脱钩之后，布雷顿森林体系中的金本位制被废除，美元成为全球唯一的国际储备货币，全球金融市场开始更加自由化和去监管化。美国的金融体系进一步市场化，国际资本的流动和金融产品的创新日益活跃，金融全球化的进程得到了飞速推进。在此背景下，全球资本市场逐步融合，银行、证券市场以及投资基金等金融机构的跨国经营成为常态。尤其是在20世纪80年代以后，随着信息技术的发展和资本流动自由化的推进，全球资本市场的整合速度不断加快，跨国投资和全球资金流动进入了一个前所未有的阶段。金融工具的创新，如股票、债券、期货和衍生品等，也为全球化提供了更加高效的资本流动方式。西方国家在全球金融体系中的主导地位，特别是美国的金融市场对全球资本流动的引导作用，进一步加深了战后全球经济的一体化。

三、21世纪的全球化进程

进入21世纪，全球化进入了新的发展阶段。随着信息技术的快速发展、全球供应链的深化、国际贸易与资本流动得更加自由化，以及全球各种问题的日益突出，21世纪的全球化表现出高度互联互通、技术驱动、区域分化和全球治理挑战并存的局面。

1. 技术革命与数字经济的崛起

21世纪初，技术革命特别是信息技术的突破和互联网的普及，成为推动全球化的重要动力之一。互联网的广泛应用，社交媒体的发展，人工智能、物联网、大数据、云计算等技术的快速发展，极大地推动了全球经济和社会的数字化转型，形成了以数字经济为核心的新型全球化模式。信息技术降低了跨境交易的成本，使得全球供应链的运作变得更加高效、便捷。

数字化不仅推动了传统产业的升级，也催生了新的产业形态。跨境电子商务、数字支付、云计算服务、互联网金融等新兴领域的迅速发展，推动了全球经济的数字化和去中心化。全球消费者和企业可以通过互联网平台直接进行交易和互动，打破了地域限制，形成了全球范围内的信息流、资金流和商品流的迅速流动。此外，全球化也伴随着跨国数据流动和信息共享的增长，这使得各国的商业模式、市场需求、文化消费等变得更加相互依赖。

全球化的经济结构发生了深刻变化。以数字经济为代表的新型全球化模式，突破了传统的以商品贸易为核心的全球化模式，尤其是无形商品的流动，如数字内容、软件、服务等，成为全球化的重要组成部分。跨国企业的"平台化"运营，使得全球经济变得更加高效和开放。

2. 全球供应链的深化

进入21世纪，全球供应链经历了更为复杂的重构和深化。全球化的生产模式也从传统的商品贸易逐步转向资本、技术和生产要素的全球流动。西方国家尤其是美国和欧洲国家的企业，逐渐将低端的生产环节转移至劳动力成本较低的国家，形成了以中国、印度、东南亚等国家和地区为中心的全球生产和供应网络。全球化的生产模式不仅使得全球企业能够在全球范围内最优化资源配置，还极大地推动了全球经济的相互依赖与联动。

中国在这轮全球化过程中扮演了重要的角色。自1978年改革开放以来，中国迅速成为全球制造业的"世界工厂"，为全球供应链的形成和全球化生产模式的完善提供了基础。中国的劳动密集型产业，如纺织、电子、机械等行业，成为全球市场的主要供应来源。同时，中国也加快了产业结构的升级，逐渐在高科技领域崭露头角，成为全球制造业和技术创新的重要枢纽。

全球供应链的深化也带来了新的挑战。随着跨国生产链条的延伸，全球贸易和经济的依赖性日益增强，这使得全球市场更加脆弱。全球贸易中的不平衡问题也逐渐显现，如发达国家和发展中国家之间的收入差距以及技术不平等问题，促使全球供应链的重构与优化成为未来全球化的重要议题。

3. 全球贸易与资本流动的进一步自由化

21世纪初的全球化特征之一是全球贸易和资本流动的进一步自由化。自20世纪90年代以来，全球范围内的自由贸易区和经济合作区域不断增加，世界贸易组织（WTO）在1995年成立后进一步推动了全球贸易的自由化和市场开放。特别是亚洲、非洲和拉美等地区的崛起，使得全球市场和全球资本流动趋于多元化和复杂化。WTO的成立和后来的区域自由贸易协定（如北美自由贸易协定NAFTA、欧盟内部市场的进一步整合、亚太经济合作组织APEC等）促进了全球范围内的市场一体化，极大提高了全球商品、资本、劳动力和技术的流动效率。

然而，全球资本流动的自由化也带来了新的挑战。资本的跨国流动不仅推动了全球金融市场的繁荣，也加剧了国际的资本竞争。在金融危机频发的背景下，资本流动的波动性增大，全球金融市场的脆弱性也暴露无遗。2008年的全球金融危机以及随后的欧债危机，表明资本自由流动在带来经济繁荣的同时，也会引发系统性风险。金融全球化的深化推动了全球经济的联动性，但也让全球经济更加容易受到单一市场动荡的影响，导致全球性经济危机的蔓延。

随着国际资本流动的进一步自由化，发展中国家也逐渐成为全球金融体系的活跃参与者。尤其是中国、印度、巴西等新兴市场国家，不仅在全球贸易中占据越来越重要的位置，资本市场的开放也促进了它们与全球经济的深度融合。中国"一带一路"倡议便是通过投资建设基础设施项目，推动共建国家融入全球市场的一种方式，进一步深化了全球资本流动和贸易关系。

4. 区域化与全球化的双重进程

尽管21世纪的全球化进程加快，但也出现了区域化和全球化并行发展的趋势。由于全球化带来的一系列问题，如不平等、文化冲突、经济压力等，一些国家和地区开始重新审视全球化，部分国家采取保护主义政策，倾向于优先保护本国利益。这使得区域化进程在全球化背景下愈加明显。欧盟在一体化过程中遇到了一些挑战，尤其是在英国脱欧后，全球化的步伐受到了影响。同时，亚洲、非洲和拉美等地区也在加强区域内的合作，推动区域经济一体化。

另一方面，全球化和区域化并非对立关系，而是可以相辅相成。很多区域性经济合作，如亚太经济合作组织（APEC）、欧盟（EU）、东南亚国家联盟（ASEAN）等，在区域内促进了经济一体化和市场自由化，进而促进了全球化的深入。各大经济体的区域性合作，也为全球经济增长提供了新的动力和方向。

第二节 数字经济与国际商务

一、数字经济的内涵

数字经济的内涵是指基于数字技术和信息通信技术（ICT）推动的经济活动的整体范畴，核心是将数据作为关键生产要素，通过信息网络和技术平台驱动经济增长、产业升级和社会转型。数字经济超越了传统经济的要素驱动模式，具有高度创新性和动态性，为经济社会发展提供了新的生产方式、组织形式和商业模式。

从生产要素的角度看，数字经济的基础是数据资源的获取、加工和应用。与传统的土地、劳动力、资本等生产要素相比，数据的可复制性、无限增长性和高流通性使其成为数字经济时代的重要生产资料。在数字经济中，数据通过云计算、人工智能、物联网等技术被不断挖掘和利用，极大地提升了生产效率和资源配置效率。同时，数据在各个领域的广泛应用，也推动了新兴产业的发展，形成了以数据驱动为核心的新经济形态。

从生产方式的角度看，数字经济以数字化、网络化、智能化为主要特征。数字化是指将传统产业的产品、服务、流程转化为数字形式，从而实现全产业链的优化升级。网络化是指通过互联网和物联网技术实现生产、分配、流通、消费等环节的无缝连接，提高经济活动的协同效率。智能化是指通过人工智能、机器学习等技术推动自动化生产和智能决策，实现经济活动的高效运转和智能化升级。数字经济不仅优化了传统产业的生产方式，也催生了诸如电子商务、在线教育、共享经济等全新的商业模式。

从经济结构的角度看，数字经济呈现出"去中心化"与"平台化"的双重特征。"去中心化"是指通过数字技术打破传统经济中资源和权力的集中格局，使更多的市场主体能够参与经济活动，并在全球范围内实现资源的高效配置。"平台化"是指以数字平台为核心构建的新型经济生态系统，通过平台企业连接供需双方，形成网络效应和规模效应。这种经济结构改变了传统行业的竞争格局，推动了跨行业、跨领域的深度融合。

从发展模式的角度看，数字经济的快速发展得益于信息技术的持续创新与深度渗透。数字技术在生产、消费、金融、教育、医疗等领域的广泛应用，使得经济活动更加高效、灵活和精准。与此同时，数字经济的发展还依赖于政策支持、基础设施建设和人才培养等外部条件。例如宽带网络和5G技术的普及为数字经济提供了重要的技术基础，而数字教育和技能培训则为数字经济发展提供了充足的人力资源保障。

从全球经济的角度看，数字经济是全球化进程中的重要推动力量。数字技术的普及极大地降低了国际贸易的交易成本，推动了跨境电子商务的快速发展；同时，数字经济还通过全球供应链、跨国投资等方式加强了国际经济合作，促进了全球资源的优化配置。然而，数字经济的发展也带来了全球数字鸿沟和数据治理等新问题，需要各国通过国际合作寻求解决方案。

二、数字经济的测度方法

数字经济的测度方法是通过一系列指标和工具对其规模、发展水平和影响进行量化分析。由于数字经济的复杂性和多维度特征，其测度需要综合考虑多方面的内容，包括信息技术基础设施、数字化产业规模、数据资源利用效率、数字经济对整体经济的贡献等。以下从不同角度分析数字经济的测度方法及其应用。

（一）基于经济规模的测度方法

1. 增加值测度法

增加值测度法是目前最常用的数字经济规模测度方法之一。通过国内生产总值（GDP）的核算方法，将数字经济相关的产业活动从整体经济中分离出来，形成独立的数字经济增加值统计体系。这种方法能够清晰地反映数字经济对国民经济的直接贡献。具体而言，增加值测度法的实施需要以下几个步骤：

首先，需要明确数字经济的定义和分类标准。数字经济涵盖信息通信技术（ICT）产业、电子商务、互联网服务等多种形式，这些活动通常具有高度依赖数字技术和网络化特征的共同点。因此，国际上通常采用《国际标准产业分类》（ISIC）作为分类依据，识别哪些经济活动属于数字经济。例如ICT制造业的硬件生产、软件开发与信息技术服务都被视为数字经济的核心组成部分。此外，近年来出现的数字平台经济、共享经济、数据分析与人工智能服务等新兴领域也逐步纳入数字经济的范围。

其次，需要对这些相关产业的经济活动进行数据采集与核算。增加值的计算需要结合产业增加值、产出值与中间投入值等统计数据。具体来说，可以从各行业的企业收入、成本结构以及相关税收中提取数据，形成数字经济活动的总增加值。通过比较数字经济增加值与国民经济总增加值，可以清楚地评估数字经济对GDP的直接贡献。

最后，增加值测度法还可以用于时间序列分析。通过不同年份的数字经济增加值对比，可以动态监测数字经济的发展趋势。例如数字经济占GDP比重的提升、ICT产业增加值的增长率等都能反映数字化转型对整体经济的推动作用。这种动态分析还可以结合区域层面的数据，对各地区数字经济的贡献进行横向比较，从而为区域经济规划提供支持。

增加值测度法的优势在于其统计方法的标准化和数据的可比性。但其局限性在于难以全面反映数字经济的间接贡献，尤其是在跨行业、跨领域的复杂应用场景下。

2. 投入产出分析

投入产出分析是一种从宏观经济角度评估数字经济上下游关联产业关系和间接贡献的有效方法。其核心原理是通过投入产出表，分析各行业之间的投入与产出关系，识别数字经济相关部门在产业链中的地位及其对经济系统的带动效应。

具体而言，投入产出分析的第一步是构建投入产出表，明确数字经济相关行业的生产与消费关系。ICT制造业的硬件生产不仅直接面向消费者销售，还广泛应用于服务业、制造业等其他行业，成为它们的生产要素。因此，ICT产业通过中间投入对其他行业的生产活动产生了间接影响，这种影响可以通过投入产出表中的数据进行量化。

第二步是计算数字经济对整体经济的乘数效应。通过投入产出模型，可以估算数字经济相关部门对GDP的间接贡献。当ICT产业产值增加时，其上下游关联行业（如物流业、零售业）可能因此获得更多的业务需求，进而推动其产值增长。这种连锁反应可以通过乘数效应反映出来，从而揭示数字经济的深层次影响。

第三步是分析数字经济的结构性地位。通过投入产出分析，可以揭示数字经济部门在国民经济系统中的核心地位。例如如果一个行业对其他行业的关联度较高，意味着该行业对经济系统具有较强的驱动作用。因此，投入产出分析不仅可以评估数字经济的贡献，还能帮助政策制定者识别哪些领域是推动数字化转型的关键环节。

投入产出分析的优势在于其全面性和系统性，能够同时反映直接和间接贡献。然而，由于数据获取和模型构建的复杂性，其应用需要较高的专业技术支持。此外，投入产出分析通常以静态模型为主，难以动态捕捉数字经济在快速变化中的表现。

（二）基于产业维度的测度方法

1. ICT 产业的核心测度

ICT 产业一直被视为数字经济的核心组成部分，其发展水平直接决定了数字经济的基础能力。ICT 产业的核心测度方法主要包括产值测度、就业测度和投资测度三个方面。

首先是产值测度。通过统计 ICT 产业的总产值及其占国民经济总产值的比重，可以反映该产业在数字经济中的核心地位。ICT 硬件制造、软件开发和信息技术服务的产值总和可以用来评估整个 ICT 产业的发展水平。此外，分行业的数据分析也非常重要。例如可以分别统计计算机设备制造、通信设备制造和软件开发等细分行业的产值，揭示不同领域的增长态势和市场潜力。

其次是就业测度。ICT 产业的发展不仅创造了大量直接就业机会，还通过技术溢出效应带动了其他行业的就业增长。通过统计 ICT 产业的从业人数、劳动生产率以及新增就业岗位数量，可以评估该产业对社会就业的贡献。特别是在全球范围内，ICT 行业的高附加值、高技能要求的特点使其成为推动劳动力结构升级的重要领域。

再次是投资测度。ICT 产业的发展需要持续的资本投入，例如基础设施建设、研发创新和市场推广等方面的资金支持。通过统计 ICT 领域的固定资产投资总额和研发投入，可以评估其增长潜力和技术创新能力。此外，跨国公司的投资行为也可以反映全球范围内 ICT 产业的竞争格局和市场变化。

ICT 产业的核心测度方法能够系统反映数字经济的产业基础能力。然而，随着数字技术的广泛渗透，ICT 产业的边界变得更加模糊，这对传统分类方法提出了新的挑战。

2. 数字化程度测度

数字化程度测度主要关注传统产业的数字化转型水平，即数字技术在农业、工业和服务业等领域的应用深度和广度。其测度方法包括技术渗透率、业务数字化率和市场影响力三个维度。

技术渗透率是数字化程度测度的核心指标之一。它通过统计各行业中数字技术的使用比例来反映技术的普及程度。农业领域可以统计物联网设备在农田管理中的覆盖率，工业领域可以评估智能制造设备的应用比例，服务业可以分析电子支付工具在交易中的普及率。

业务数字化率则评估企业核心业务流程的数字化程度。可以通过企业调查问卷收集以下信息：供应链管理是否采用数字化系统、客户关系管理是否引入大数据技术、生产计划是否依赖智能算法等。这些指标能够直观反映企业在业务数字化方面的转型成果。

市场影响力则通过分析数字化转型对市场效率和竞争力的提升来间接测度数字化程度。例如通过对比数字化企业与非数字化企业的市场占有率、利润率和产品创新能力，可以评估数字化对企业竞争力的提升作用。

数字化程度测度能够揭示数字技术对传统产业的改造作用。然而，这一方法也面临数据获取难、指标设计复杂等问题，尤其是在跨行业和跨国比较时，可能需要更多的细化指标和统一标准。

三、数字经济对国际商务的影响

1. 全球贸易模式转型

数字经济推动了全球贸易模式从传统的以货物为主的贸易向服务和数字内容贸易的转变。电子商务和跨境电商的发展极大地降低了国际贸易的门槛，尤其是在支付系统、物流体系和客户服务的数字化基础上，国际贸易不再局限于大型企业，更多中小企业也能够通过平台经济参与国际市场。数字化带动了非实物商品的贸易增长，通过互联网实现了全球快速传输。这些变化使得贸易的即时性和便利性得以显著提高，同时也增加了国际贸易的碎片化特征。

2. 全球价值链的重塑

信息通信技术（ICT）的广泛应用使得企业能够通过数据驱动优化供应链管理，实现更高效的全球资源配置，数字化推动了生产网络的区域化和分散化，企业能够根据不同市场的需求快速调整生产策略。此外，跨国企业借助数字技术可以实现协同创新，将研发、设计、生产和销售等环节分布在不同国家和地区，从而降低成本、提升效率，增强在国际市场的竞争力。

3. 国际商务中市场进入的创新

数字经济通过线上渠道为企业提供了新的国际市场进入方式。以跨境电商为代表的数字贸易模式降低了企业进入国际市场的固定成本，使得传统贸易中存在的区域、规模和制度壁垒得以弱化。通过数字平台，企业可以直接触达国际消费者，不需要依赖中间商和传统的线下分销网络。同时，企业可以通过在线数据分析迅速了解目标市场需求，进行精准的市场定位和定制化服务。这种数字化的市场进入模式不仅加速了企业国际化的进程，也使得区域市场的多样性和消费偏好得到更好的满足。

4. 国际支付体系的数字化转型

数字经济改变了传统国际支付的模式，推动了支付体系的无缝化和高效化。在线支付、移动支付和数字货币的普及，使得国际支付的成本和时间大幅降低。特别是在跨境电商领域，数字支付技术使得小额跨境支付变得更加可行，解决了传统银行汇款手续烦琐、费用高昂的问题。同时，区块链技术的发展正在进一步推动国际支付的透明性和安全性，避免传统支付系统中的信息不对称问题。数字人民币、数字美元等央行数字货币的推出则有望进一步改变国际支付的竞争格局和规则，为国际商务提供更加高效和稳定的支付解决方案。

5. 国际商务中的营销与客户关系管理

数字经济为企业的国际营销和客户关系管理提供了新的工具和方法。借助数字化平台和大数据技术，企业能够获取并分析消费者行为数据，实现个性化推荐和精准营销。通过社交媒体、搜索引擎广告和电子邮件营销，企业可以较低成本在全球范围内推广产品和服务。此外，数字化的客户关系管理系统（CRM）使得企业能够跨文化、跨地区管理客户关系，实时了解客户需求，提升客户满意度。尤其在B2C领域，企业通过数字技术实现了与消费者的直接互动，减少了信息沟通中的障碍，增强了品牌影响力。

6. 国际商务中的竞争格局变化

数字经济改变了国际商务的竞争格局，使得跨国企业的竞争优势更多地依赖于技术创新和数据资源，而非传统的劳动力成本或自然资源优势。数据成为企业的核心资产，企业在国际商务中的地位取决于其对数据的获取、分析和运用能力。同时，数字平台企业的崛起推动了行业集中化趋势，全球范围内的头部平台逐渐垄断了跨境电商市场，许多中小企业则成为其生态体系中的从属角色。此外，人工智能和自动化技术正在使得某些领域的企业优势迅速转移，国际商务中的技术壁垒变得更加显著。

7. 政策与监管的挑战

数字经济的发展为国际商务政策和监管带来了新的挑战。跨境数据流动、隐私保护、知识产权和平台治理成为各国政府和国际组织关注的焦点。数字服务税的推出也使得跨国企业在税收合规性上面临更多的不确定性。此外，数字经济中出现的反垄断问题、数据滥用风险和网络安全威胁，都对现有国际商务规则提出了新的要求。各国在政策协调和监管标准方面的分歧可能进一步加剧国际商务的不确定性。

本章小结

国际贸易理论经历了从经典的比较优势理论到现代的新贸易理论的不断演变。新贸易理论引入了规模经济和市场结构的因素，强调了企业的技术与创新对国际竞争力的影响。在国际贸易政策方面，世界贸易组织（WTO）推动的多边贸易体系仍然是全球经济的重要框架，但近年来自由贸易与保护主义之间的博弈愈发激烈，影响了全球贸易流向和规则制定。数字贸易作为新兴的国际贸易形式，正在改变传统贸易的结构与方式，尤其是跨境电子商务、数字服务和数据流动的快速发展，带来了新的机遇与挑战。绿色贸易则是对全球气候变化应对的回应，通过绿色贸易政策、碳定价等方式，推动环境友好的贸易行为。面对未来，国际贸易将受到数字化、绿色化以及区域化等因素的深刻影响，国际贸易的未来走向将充满变数，但也蕴含着新的发展机遇。

习题

1. 新贸易理论与传统的比较优势理论有什么异同？
2. 自由贸易与保护主义政策的争论对国际贸易产生了什么影响？
3. 世界贸易组织（WTO）在当前国际贸易中的作用和挑战是什么？
4. 数字贸易与传统贸易有何不同，如何理解其对国际市场的影响？
5. 绿色贸易的推动因素有哪些，如何促进绿色经济发展？
6. 当前国际贸易政策中的主要争议点有哪些？
7. 数字技术如何改变全球贸易的格局？
8. 如何评价"去全球化"对国际贸易的影响？
9. 国际贸易中的技术转移与知识产权问题如何解决？
10. 国际贸易中如何平衡环境保护与经济发展的需求？

案例：苹果公司与全球化

苹果公司（Apple Inc.）作为全球最具价值的科技公司之一，其全球化战略为许多跨国企业提供了可供参考的成功范本。苹果通过其精妙的全球化布局，构建了一个遍布世界各地的高效供应链，从设计、研发到制造和销售，苹果的全球化战略在全球范围内产生了深远的影响。

全球供应链的优化与全球化生产布局。苹果的成功，很大程度上依赖于其全球化的生产和供应链布局。苹果在全球范围内将不同的生产环节外包给各个国家的供应商。例如苹果的 iPhone、iPad 等核心产品的组装主要集中在中国，由富士康等公司负责组装生产。然而，苹果不仅依赖中国，它还在全球多个国家和地区建立了自己的供应链。比如苹果的芯片由台湾的台积电（TSMC）提供，显示屏则主要来自韩国的三星公司和日本的夏普公司。苹果的产品设计与研发则主要在美国进行，特别是在加利福尼亚州的库比蒂诺总部。

通过这种全球化的生产布局，苹果能够利用全球各地的资源优势，从劳动力成本、原材料、技术创新到市场需求等方面，最大限度地降低成本并提高效率。例如在中国，由于低廉的劳动力成本和强大的制造能力，苹果能够将生产成本压至最低；而在美国，通过依赖创新技术和研发优势，苹果确保其在产品设计和技术创新方面保持市场领先地位。

全球市场的扩展与挑战。除了生产布局外，苹果的全球市场扩展同样显示了全球化的深远影响。苹果通过线上和线下渠道，迅速将其产品推向全球。苹果在全球范围内开设了数百家零售店，这些零售店不仅展示苹果产品，还提供技术支持和服务，成为其全球营销战略的重要组成部分。此外，苹果还通过 iTunes、App Store 等平台将其数字内容和应用服务推向全球市场，这些平台在全球范围内都得到了广泛的用户基础。

然而，苹果的全球化战略也并非没有挑战。随着中国、印度等新兴市场的崛起，苹果面临着越来越大的本地竞争压力。中国本土的科技巨头如华为、小米等在产品设计和技术上不断创新，在全球市场中逐渐占据一席之地，苹果的市场份额也面临一定的下降。同时，由于中国和美国之间的贸易战，苹果在中国的生产基地面临了关税上调和政策不确定性的压力，这影响了苹果的全球供应链运作。

苹果面临的社会责任问题。除了市场竞争和政策挑战，苹果还面临着越来越大的社会责任问题。在全球化进程中，苹果的供应链不仅是经济层面的合作，更涉及环境保护、劳动条件和社会责任等问题。苹果在中国的生产工厂曾多次爆发劳动争议，工人薪酬、工作时间和工作环境等问题引起了媒体和社会的广泛关注。此外，苹果还面临着全球范围内关于环境保护的压力，消费者和社会组织要求苹果采取更环保的生产方式，并加强其产品的回收和再利用。

[案例来源：HBR（Harvard Business Review）《苹果公司的全球化之路》]

思考题
1. 苹果如何通过全球化优化其生产成本，并拓展全球市场？
2. 苹果在中国的生产基地面临了哪些挑战，如何应对中美贸易战带来的影响？
3. 苹果在全球化过程中如何解决社会责任问题，特别是劳动条件和环保问题？
4. 苹果的全球供应链布局对于其品牌价值和市场竞争力有哪些影响？

第二章 国际贸易前沿

学习目标

本章旨在引导学生掌握当前国际贸易理论的最新发展，分析新贸易理论和全球价值链等新兴理论对国际贸易流动的影响，探讨自由贸易与保护主义的博弈，理解数字贸易对传统国际贸易规则的挑战，评估绿色贸易对全球贸易结构的影响。学生将能够识别国际贸易中的新兴问题，如数字贸易、绿色贸易及其对国际企业经营的影响，并为未来的贸易政策制定提供理论支持。

第一节 国际贸易理论的基本问题

国际贸易研究的基本问题涉及从微观经济学到宏观经济学的多个维度，包括贸易的动因、形式、收益、收入分配、生产与贸易的空间定位，以及生产与贸易的组织方式等。

一、贸易的动因

国际贸易的动因（Cause of Trade）是研究国际贸易最基本的问题之一。理论上，贸易的动因可以归结为几种主要的因素：技术差异、要素禀赋差异、需求偏好差异以及生产率差异。然而，除了这些传统的解释因素，还有市场结构、规模经济、政策环境等因素在影响国际贸易模式和贸易流量的形成。

1. 技术差异与要素禀赋差异

最经典的国际贸易理论之一是李嘉图的比较优势理论，基于技术差异解释国际贸易的动因。李嘉图认为，不同国家由于技术水平的不同，在生产不同商品时的相对效率不同，因此即使一个国家在所有商品的生产上都处于劣势，它仍然可以通过专注于其相对优势的商品生产，并与其他国家进行交换，从而获益。这一理论强调了国家间技术进步和创新对贸易的推动作用。

另一方面，赫克歇尔-奥林模型则强调要素禀赋差异的作用，即不同国家拥有不同的生产要素（如土地、劳动、资本等），这些差异导致了不同国家在生产某些商品时具有比较优势。因此，贸易的动因不仅仅是技术创新，还在于资源的禀赋差异。富有自然资源的国家可能会专注于资源密集型商品的生产，而劳动力充足的国家可能专注于劳动密集型商品。

2. 需求偏好与生产率差异

需求偏好差异也会影响贸易的动因。消费者的偏好差异使得各国市场对于产品的需求有所不同，进而影响国际贸易的商品种类和流向。而生产率差异则是另一个影响国际贸易的因素。一国的生产率提高会使该国能够以更低的成本生产某些商品，并在国际市场上更具竞争力。

3. 市场结构与规模经济

除了技术差异和要素禀赋差异，市场结构和规模经济也是影响国际贸易的重要因素。规模经济使得一些大规模生产的商品能够降低单位成本，从而在国际市场上具有更强的竞争力。航空、汽车、制药等高技术产业往往具有显著的规模经济效应，推动了全球贸易的扩展。此外，市场结构的差异也会影响贸易模式的形成。竞争性的市场与寡头垄断市场在生产和贸易模式上有明显差异，前者更多依赖价格竞争，后者则可能通过技术创新和品牌效应占据市场份额。

4. 政策环境与制度因素

贸易政策和制度环境对国际贸易的动因也起到了重要作用。关税、非关税壁垒、贸易协定等政策措施能够改变国家之间的贸易流向。世界贸易组织（WTO）的成立促进了全球贸易的自由化，而区域性贸易协定（如欧盟、北美自由贸易区、亚太经合组织等）则通过减少关税和其他壁垒促进了成员国间的贸易。此外，一些国家可能通过实施外汇管制、补贴政策等手段，来保护本国产业或通过"出口导向型"政策促进国际竞争力。

二、贸易模式

国际贸易模式（Trade Pattern）指的是全球或区域间贸易流动的具体表现。研究国际贸易的模式不仅有助于理解理论提出时国际贸易的格局，还能预测未来可能的变化。

1. 能否解释现实中的贸易格局

绝对优势理论在解释早期工业化国家，如19世纪的英国在纺织工业中的主导地位，具有一定的解释力。然而，随着全球经济的复杂化和技术进步，绝对优势理论在解释多元化和高度分工的贸易格局时显得力不从心。现代国际贸易中，许多国家并不在所有商品上拥有绝对优势，但依然通过国际贸易实现互利，这超出了绝对优势理论的范畴。

比较优势理论在解释当前全球贸易格局中表现出更强的适用性。美国在高科技和资本密集型产业中具有比较优势，而中国和印度则在劳动密集型制造业中展现出比较优势。这一理论能够有效解释发达国家与新兴经济体之间的贸易流动，以及全球供应链中不同国家在不同产业中的分工。

要素禀赋理论在解释现实贸易格局时具有重要作用，尤其是在解释资源依赖型和资本密集型国家的贸易行为方面。例如石油出口国如沙特阿拉伯，依赖其丰富的自然资源，主要出口石油及其衍生产品，而资本和技术密集型国家如德国，专注于高端制造业和机械设备的出口。然而，要素禀赋理论在解释高科技和知识密集型产业的贸易流动时存在一定的局限性。现代国际贸易中，技术创新和知识产权的作用越来越重要，而要素禀赋理论主要关注静态的生产要素分配，未能充分考虑动态的技术进步和知识溢出效应。因此，尽管要素禀赋理论在解释部分贸易模式上仍然有效，但在面对技术驱动型产业的贸易流动时，其解释力有所不足。

新贸易理论在解释高附加值产品和跨国公司主导的贸易流动方面具有显著优势。美国和日本在高技术产业中通过跨国公司的全球布局，实现了规模经济和市场垄断，推动了高附加值产品的国际贸易。新贸易理论还能够解释同质化商品贸易的存在，如汽车和电子产品在全球市场中的广泛流通，这些现象无法用传统的比较优势理论完全解释。通过考虑规模经济和市场结构，新贸易理论提供了更加全面的解释框架，适用于解释现代高度全球化和跨国化的贸易格局。

新贸易理论技术进步和知识扩散是推动国际贸易流动的关键因素，跨国企业通过技术创新和知识产权保护，在全球市场中保持竞争优势，从而推动高附加值产品和服务的国际化。在解释高科技和知识密集型产业的贸易流动方面展现出更强的解释力，反映了现代贸易中的技术驱动和创新导向特征。然而，该理论在面对全球化带来的快速变化和不确定性时，也存在一定的局限性。技术创新和知识产权保护的复杂性使得理论在实际应用中难以全面覆盖所有因素，且主要关注高科技产业，对传统制造业和劳动密集型产业的解释力相对有限。

可以看出，主要贸易理论在解释当前贸易格局方面各有其优势和局限。比较优势理论和要素禀赋理论提供了理解国家间贸易流动的基础框架，适用于解释资源和生产要素差异驱动的贸易流动。而新贸易理论和新新贸易理论则更适用于解释现代跨国公司主导的高附加值产品和知识密集型产业的贸易流动，能够更好地适应现代全球化背景下的复杂贸易现象。绝对优势理论尽管在早期国际贸易中具有重要的解释力，但在面对现代高度分工和技术驱动的贸易环境时，其解释力有所减弱。

2. 对未来贸易格局的预测

比较优势理论在未来贸易预测中仍然具有重要的指导意义，特别是在分析技术进步和经济发展的过程中。随着全球经济的不断变化，比较优势将随着技术进步和要素禀赋的动态调整而不断演化。随着技术进步，一些国家可能在高技术产业中获得新的比较优势，而原本在劳动密集型产业中具有优势的国家，可能通过技术升级进入技术密集型产业，从而改变其在全球贸易中的地位。未来，随着技术和资本的持续积累，新兴经济体，如印度和中国在高科技和资本密集型产业中的比较优势将进一步增强，推动全球贸易向更加高端和技术导向的方向发展。

要素禀赋理论在未来贸易格局预测中依然具有参考价值，尤其是在资本和技术的全球流动方面。随着全球资本流动的自由化和跨国投资的增加，资本和技术将更加跨国界地配置，推动资源的全球优化配置和生产效率的提升。将进一步深化全球供应链，促使全球贸易向更加一体化和多元化方向发展。未来，随着新兴经济体通过吸引外资和技术积累，全球贸易格局将呈现出更加多极化和区域化的特点。

新贸易理论在分析跨国公司、规模经济和市场结构对贸易流动的影响时具有重要的指导意义。随着全球市场的进一步一体化和跨国公司的持续扩展，规模经济和产品多样化将继续推动国际贸易的增长。跨国公司通过全球布局和品牌战略，实现了生产和销售的最优化布局，从而推动全球贸易的高附加值化和智能化。

新贸易理论能够预测跨国公司如何通过技术创新和市场策略应对全球竞争，从而影响未来的贸易流动。随着人工智能和自动化技术的发展，跨国公司可能通过智能制造和自动化生产线，实现更高效的全球生产布局，进一步优化全球供应链。将推动国际贸易向更加智能化和高科技化的方向发展，形成新的贸易流动模式。

随着技术的快速进步，国家间的贸易优势将更加动态化和可变性。新贸易理论能够更好地预测技术驱动型产业的国际贸易流动，以及跨国公司在全球范围内通过技术创新和知识产权保护实现的市场主导地位。随着人工智能和物联网技术的发展，未来的制造业和服务业将更加依赖智能化和自动化生产，这将导致高科技产业的国际贸易流动进一步增加。跨国公司通过技术创新和全球研发网络的布局，能够在全球市场中保持竞争优势，并推动相关技术产品和服务的国际化。这种技术驱动的贸易流动将推动全球贸易向更加高端和技术密集型方向发展。

三、贸易的收益

国际贸易作为全球经济体系的重要组成部分，对各国经济发展、资源配置和社会福利产生了深远影响。国际贸易的收益可以分为静态收益和动态收益两个方面。静态收益主要涉及贸易对当前经济福利的直接影响，而动态收益则涵盖贸易对长期经济增长与发展的促进作用。以下将从这两个方面详细分析国际贸易的收益，探讨其对各国经济的具体影响。

1. 静态收益

（1）资源配置的优化。国际贸易通过比较优势理论解释了资源在全球范围内的最优配置。比较优势理论认为，各国应专注于生产和出口那些具有比较优势的产品，同时进口那些在本国比较劣势的产品，从而实现全球资源的高效利用。这一理论基础上，国际贸易促进了各国在生产要素上的优化配置，使得资源能够流向其最具生产力和效率的用途。资源配置的优化不仅提升了全球生产效率，还通过国际分工与合作，增强了全球经济体系的整体竞争力和稳定性。

资源配置的优化体现在多方面。一方面，资本、劳动和技术等生产要素通过国际贸易得以跨国流动，促使各国充分利用自身的要素禀赋，实现要素的最优组合。另一方面，国际贸易通过市场机制的作用，使得资源配置更加符合市场需求和供给状况，减少了资源的浪费和低效利用。此外，国际贸易的开放性还促进了各国间的技术转移和知识溢出，进一步提升了资源配置的效率和经济增长的潜力。

（2）消费者福利的提升。国际贸易通过降低商品和服务的价格，增加了消费者的选择，直接提升了消费者福利。贸易自由化使得商品和服务在国际市场上的流通更加自由，消费者能够以更低的价格购买到更多样化的产品，从而提高了生活水平。这一过程主要通过以下机制实现：

首先，贸易自由化通过削减关税和非关税壁垒，降低进口商品的价格，使得消费者能够以更低的成本获得更多的商品和服务。不仅扩大了消费者的选择范围，也提高了消费的福利水平。

其次，国际贸易促进了市场竞争，迫使企业提高生产效率和产品质量，以保持竞争力。在激烈的国际竞争环境中，企业为了满足消费者需求，不断进行技术创新和管理优化，从而提升了产品和服务的质量，进一步提升了消费者的福利。

最后，国际贸易还推动了产品多样化和技术进步，使得消费者能够享受到更多元化和高质量的产品选择。通过国际市场的开放，消费者能够接触到不同国家和地区的先进技术和优质产品，满足了其多样化的消费需求，提高了整体的生活质量。

（3）生产效率的提高。国际贸易激励企业通过竞争提升生产效率。面对国际市场的竞争压力，企业必须不断提高技术水平和管理效率，以保持竞争力。这种竞争机制推动了生产率的提高，促进了技术创新和产业升级，从而实现了经济效益的最大化。生产效率的提高主要体现在以下方面。

第一，国际贸易通过促进规模经济，使得企业能够在更大规模的生产中实现单位成本的下降。这种规模经济效应不仅提升了企业的竞争力，也提高了整个产业的生产效率和资源利用率。

第二，国际贸易通过引入先进技术和管理经验，推动了企业的技术进步和管理创新。企业在国际市场中面对来自全球的竞争，需要不断进行技术革新和管理优化，以提升生产效率和产品质量。这种技术进步和管理创新，不仅提升了企业的生产效率，也推动了整个产业的技术水平和生产能力的提升。

第三，国际贸易还促进了劳动力的专业化和技能提升。通过参与国际市场，企业能够吸引和培养高素质的劳动力，提升劳动力的生产效率和创新能力，从而进一步推动生产效率的提高和经济增长。

（4）专业化与规模经济。通过专业化生产，各国能够充分利用其资源和技术优势，实现规模经济效应。规模经济指的是随着生产规模的扩大，单位产品的生产成本下降的现象。国际贸易通过促进各国专注于其具备比较优势的产业，推动了专业化生产和规模经济的实现，从而提升了市场竞争力和经济效率。

专业化生产的实现，使得各国能够在其具备相对优势的产业中集中资源，提升生产效率和产品质量。通过专注于特定产业，各国能够积累和优化生产要素，提高生产过程的效率和经济效益。这种专业化不仅提升了企业的竞争力，也促进了整个产业链的协同发展和经济结构的优化。

规模经济效应进一步提升了生产效率和市场竞争力。通过大规模生产，企业能够降低单位产品的生产成本，提高生产效率和经济效益。同时，规模经济使得企业能够在国际市场中实现更大的市场份额和更高的盈利能力，推动了全球贸易的增长和经济的繁荣。而且，专业化与规模经济还促进了技术创新和管理优化。通过大规模生产，企业能够投入更多资源进行技术研发和管理创新，提升产品质量和生产效率。这种技术创新和管理优化，不仅提升了企业的竞争力，也推动了整个产业和国家经济的持续发展和升级。

（5）产业链的优化与全球供应链的形成。国际贸易推动了全球供应链的优化与产业链的形成。跨国公司通过全球布局，实现生产过程的分工与协作，提升了生产效率和产品质量。不仅优化了全球资源的配置，还通过全球供应链的协同作用，促进了国际贸易的深化和扩展。

全球供应链的优化，主要体现在以下方面。首先，通过全球布局和分工，各国能够在全球范围内实现生产过程的高效分工与协作。跨国公司通过在不同国家设立生产基地和研发中心，优化了生产流程和资源配置，提高了生产效率和产品质量。其次，全球供应链的形成，促进了国际贸易的协调与合作。跨国公司通过全球供应链，实现了原材料、零部件和成品在全球范围内的高效流动，提升了供应链的透明度和响应速度。这种供应链的协同作用，不仅降低了生产成本和物流成本，还提高了市场的响应速度和竞争力，推动了国际贸易的增长和全球经济的繁荣。最后，全球供应链的优化，还推动了技术和知识的跨国传播和共享。通过全球供应链，各国能够获取先进的技术和管理经验，提升自身的生产能力和创新能力。这种技术和知识的跨国传播，促进了全球生产力的提升和产业的持续发展，进一步优化了全球供应链的效率和效益。全球供应链的形成，还通过促进产业链的延伸和产业集聚，推动了区域经济的一体化和全球经济的协同发展。跨国公司通过全球供应链，实现了不同国家和地区产业的紧密联系和协同合作，推动了全球经济体系的高效运转和协调发展。

2. 动态收益

动态收益是指国际贸易在长期内对国家经济增长和发展的促进作用，涵盖了技术进步、资本积累、创新驱动和产业结构升级等多个方面。这些动态收益通过持续的经济活动和制度变迁，促进了国家经济的可持续增长和整体社会福利的提升。

（1）技术进步与知识溢出。国际贸易作为全球化的重要组成部分，显著促进了技术进步和知识溢出效应。通过跨国合作与技术交流，各国能够获取先进的技术和管理经验，提升自身的技术水平和生产能力。技术的跨国传播不仅加速了新技术的应用和推广，还促进了技术创新的协同发展。跨国企业在全球范围内的研发活动和技术转移，使得技术创新得以迅速扩散，提高了全球整体的技术水平和生产效率。此外，国际贸易中的竞争压力激励企业不断进行技术创新和管理优化，以保持在国际市场中的竞争力，这进一步推动了技术进步和知识积累。

知识溢出效应通过多种途径实现，包括跨国企业的技术转移、国际科技合作以及人才流动等。跨国企业在不同国家设立研发中心，促进了技术的本地化和创新能力的提升。国际科研合作项目和技术联盟，增强了各国之间的知识交流和技术共享，推动了全球科研水平的整体提升。人才的国际流动使得先进的技术知识和管理经验能够在全球范围内扩散，提升了各国的人力资本水平和创新能力。

（2）资本积累与投资增长。国际贸易通过吸引外国直接投资（FDI），显著推动了资本积累和投资增长。跨国公司在全球范围内设立生产基地和研发机构，带来了大量的资本和先进技术，促进了投资的增长和资本的积累。外国直接投资不仅增加了东道国的资本存量，还带来了技术转移和管理经验，提升了当地产业的技术水平和生产效率。资本积累的增加为国家的经济发展提供了坚实的资金支持，促进了基础设施建设、产业升级和技术创新。

国际贸易环境的开放和投资自由化政策的实施，为外国投资者提供了更加有利的投资条件，吸引了更多的跨国投资者。资本的跨国流动不仅优化了资源配置，还推动了全球资本市场的整合和发展。通过资本积累和投资增长，国家能够扩大生产规模，提高经济增长的潜力和质量，增强国际竞争力。

（3）创新驱动与产业升级。国际贸易在促进创新驱动和产业升级方面发挥了重要作用。面对全球市场的竞争压力，企业必须不断进行技术创新和产品升级，以适应市场需求的变化。这种创新驱动机制推动了产业的高端化和多元化发展，促进了经济结构的优化和升级。

技术创新通过提高生产效率和产品附加值，推动了产业的转型升级。企业通过研发投入和技术改造，不断提升产品质量和生产工艺，增强了在国际市场中的竞争力。产业升级不仅提升了企业的盈利能力，也推动了整个产业链的技术进步和创新能力。国际贸易为企业提供了广阔的市场和合作平台，促进了技术交流和创新合作，推动了产业的持续升级和发展。

产业结构的升级通过优化资源配置和提升技术水平，实现了经济的高质量发展。高技术产业和知识密集型产业的快速发展，不仅提升了国家的科技水平和创新能力，也推动了经济增长方式的转变和产业链的高端化。通过国际贸易，国家能够在全球产业分工中占据更有利的位置，实现经济结构的优化和可持续发展。

（4）经济增长与收入提升。国际贸易通过促进出口和经济增长，显著提升了国家的总体收入水平。出口的增长带动了国内生产和就业的增加，提升了国家的经济活力和收入水平。经济增长通过扩大生产规模和提高生产效率，实现了国内生产总值（GDP）的增长，增强了国家的经济实力和国际地位。出口的增加不仅带动了相关产业的发展，还通过产业链的扩展和技术进步，推动了整体经济的增长。出口导向型经济模式通过专注于具有比较优势的产业，实现了资源的高效利用和生产能力的提升，促进了经济的快速增长。收入的提升通过提高居民的收入水平和消费能力，提升了整体社会福利和生活质量。

国际贸易对经济增长的推动作用通过资本积累、技术进步和产业升级等多方面机制实现，形成了经济增长的良性循环。经济的持续增长和收入的提升为国家的社会发展和民生改善提供了坚实的基础，促进了社会的全面进步和繁荣。

（5）人力资本与技能提升。国际贸易通过促进跨国企业的全球布局和国际合作，显著提升了人力资本和技能水平。跨国企业在全球范围内设立研发中心和培训机构，推动了当地劳动力技能的提升和人力资本的积累。人力资本的提升通过提高劳动力的生产效率和创新能力，增强了国家的整体竞争力和经济发展潜力。

跨国企业通过培训和技术转移，提高了员工的技术水平和管理能力，促进了人力资本的积累和技能的提升。国际贸易中的技术合作和知识共享，推动了劳动力技能的多样化和专业化，提升了劳动力市场的整体素质和竞争力。人力资本的提升通过提高生产效率和创新能力，推动了经济的持续增长和产业的升级发展。

人力资本与技能的提升通过增强劳动力的适应性和创新能力，促进了经济的高质量发展和技术进步。通过国际贸易，国家能够不断提升人力资本水平，实现劳动力市场的优化和经济结构的升级，推动经济的可持续发展和整体福利的提升。

（6）产业集聚与经济集群。国际贸易通过推动跨国企业的全球布局和产业链的延伸，促进了产业集聚和经济集群的发展。产业集聚通过集中资源和优化生产流程，提升了生产效率和市场竞争力，形成了区域性的经济集群，推动了区域经济的协调发展和整体繁荣。产业集聚通过资源共享、信息交流和技术合作，促进了生产过程的高效协同和创新能力的提升。跨国企业通过在全球范围内设立生产基地和研发机构，实现了产业链的分工与协作，提升了生产效率和产品质量。产业集聚通过集中资源和优化生产流程，提升了生产效率和市场竞争力，推动了区域经济的快速发展和产业的高端化。

经济集群通过形成高度集中的产业链和创新网络，促进了区域经济的协同发展和技术创新。产业集群通过集聚优势资源和创新要素，推动了技术进步和产业升级，实现了经济的高质量发展和可持续增长。产业集聚与经济集群通过优化资源配置和提升生产效率，推动了区域经济的协调发展和整体繁荣。

（7）创新生态系统与协同效应。国际贸易通过促进跨国企业、科研机构和高校之间的国际合作，推动了创新生态系统的形成和协同效应的发挥。创新生态系统通过知识共享、技术联合开发和协同创新，提升了国家的创新能力和技术水平，推动了经济的持续增长和产业的高端化发展。创新生态系统通过建立全球性的科研合作平台和技术联盟，促进了知识的跨国传播和技术的联合开发。跨国企业通过全球研发网络和技术合作，实现了技术创新的协同效应，提升了整体的创新能力和技术水平。科研机构和高校通过国际合作项目和技术交流，推动了知识的共享和技术的扩散，提升了国家的科研水平和创新能力。

协同效应通过优化资源配置和提升技术创新能力，推动了经济的高质量发展和产业的持续升级。创新生态系统通过协同合作和技术整合，提升了生产效率和技术水平，促进了产业结构的优化和经济增长的可持续发展。协同效应通过增强各参与主体的创新能力和技术水平，推动了技术进步和经济的发展，提升了国家的整体竞争力和国际地位。

（8）动态收益的实现机制。动态收益的实现依赖于多种经济机制和政策支持，包括技术创新政策、教育与培训、研发投入、资本市场发展和国际合作等。这些机制通过推动技术进步、提升人力资本、促进资本积累和优化产业结构，全面提升国家的经济增长潜力和发展水平。

技术创新政策通过提供研发资金、税收优惠和创新激励，促进了企业的技术创新和研发活动。教育与培训政策通过提升劳动力的技能水平和专业能力，增强了人力资本的积累和创新能力。研发投入通过增加企业和科研机构的研发资源，推动了技术进步和知识积累。资本市场的发展通过提供融资渠道和资本支持，促进了资本积累和投资增长。国际合作通过促进跨国技术交流和知识共享，提升了全球创新能力和技术水平，推动了经济的持续增长和高质量发展。

政策支持通过建立良好的创新生态系统和优化资源配置，推动了动态收益的实现。政府通过制定合理的经济政策和创新驱动发展战略，促进了技术进步、产业升级和经济增长，实现了国际贸易带来的长期经济福利和社会发展的提升。

动态收益的实现还依赖于国家制度环境的优化和市场机制的完善。良好的制度环境通过保障产权、维护市场秩序和促进公平竞争，推动了企业的创新活动和技术进步。市场机制通过价格信号和竞争压力，激励企业提高生产效率和技术水平，实现了资源的高效配置和经济的持续增长。

动态收益的实现还需要国家在全球价值链中的积极参与和战略布局。通过融入全球价值链，各国能够获得技术转移、知识溢出和市场机会，提升自身的产业竞争力和经济增长潜力。全球价值链的参与通过提升企业的国际竞争力和市场地位，推动了技术进步和经济的发展，实现了动态收益的全面提升。

四、贸易的收入分配（Income Distribution Effect）

1. 贸易与不平等（Trade and Inequality）

（1）贸易条件（Terms of Trade）。贸易条件指的是一国出口商品价格与进口商品价格之比，反映了该国在国际市场上商品价格的相对水平。贸易条件的变化直接影响一国的贸易收益和收入分配。当一国的贸易条件改善，即出口商品价格相对于进口商品价格上升时，出口导向型产业的收益增加，进口导向型产业的成本下降，整体经济福利得到提升。

然而，贸易条件的改善并非均等地惠及所有产业和生产要素，导致收入分配的不均衡。

贸易条件的变化对不同产业的影响存在显著的差异性。出口价格的上升提升了出口产业的利润水平，进而增加了资本和高技能劳动者的收入。与此同时，进口价格的下降降低了进口依赖型产业的生产成本，削减了这些产业中劳动者的收入。贸易条件的波动性也会加剧经济的不稳定性，进一步影响收入分配的公平性。具体而言，贸易条件的改善可能导致资源向出口产业集聚，提升高技能劳动者和资本所有者的收入，而抑制进口依赖型产业的发展，压缩低技能劳动者的收入空间，形成收入分配的两极分化。

贸易条件的持续变化对经济结构调整和产业升级产生重要影响。贸易条件的波动性要求企业和政府及时调整产业政策和资源配置，以应对国际市场的变化，保障经济的稳定增长和收入分配的公平性。政府在制定贸易政策时，需要综合考虑贸易条件的变化对不同产业和劳动者的影响，通过政策调控实现收入分配的均衡和经济的可持续发展。

（2）要素收入份额（Factor Income Shares）。要素收入份额指的是资本和劳动力在国民收入中的比例。国际贸易通过影响各生产要素的需求和价格，进而改变要素收入份额。开放贸易通常会提升资本和高技能劳动的需求，从而提高这些要素的报酬。与此同时，低技能劳动由于受到国际竞争的压力，其相对报酬可能下降。

要素禀赋理论认为，贸易开放会使得相对丰富要素的收入份额增加，而相对稀缺要素的收入份额减少。这一理论在实践中得到了部分验证。贸易开放推动了资本密集型产业的发展，提升了资本回报率；同时，劳动密集型产业由于国际竞争压力，其劳动报酬面临下行压力，导致收入分配差距扩大。具体而言，资本和高技能劳动在贸易开放过程中获得更多的收益，推动了资本所有者和高技能劳动者的收入增长，而低技能劳动者的收入增长缓慢甚至下降，形成收入分配的不平等。

技术进步和生产过程的技术升级也会影响要素收入份额。技术进步往往偏向于高技能劳动和资本，进一步加剧了收入分配的不平等。随着国际贸易促进技术的快速传播和应用，高技能劳动者和资本所有者能够更好地适应技术变革，提升生产效率和收入水平，而低技能劳动者由于缺乏必要的技能和知识，难以适应技术升级的要求，面临收入下降和就业不稳定的风险。这种效应在全球化背景下尤为显著，因国际贸易加速了技术的跨国传播和知识的溢出，进一步加剧了高技能劳动者与低技能劳动者之间的收入差距。

贸易开放对要素收入份额的影响还体现在资本和劳动市场的动态调整过程中。资本市场的开放和国际资本流动增加了资本的供给和需求，推动资本回报率的提升；劳动市场的开放和国际劳动力流动增加了劳动供给和需求的动态变化，影响劳动报酬的分配。这些动态调整过程通过影响各生产要素的边际生产力，改变要素收入份额，进而影响收入分配结构和社会公平性。

（3）工资差距。国际贸易对工资差距的影响主要体现在不同技能层次劳动者之间的工资差距。贸易开放促进了高技能劳动者需求的增加，推动其工资水平上升；同时，低技能劳动者面临更大的就业竞争压力，其工资水平可能受到压制，导致工资差距扩大。

技能偏向性贸易理论指出，国际贸易倾向于增加对高技能劳动的需求，而减少对低技能劳动的需求，从而加剧了不同技能层次劳动者之间的工资差距。贸易开放带来的高技能劳动需求增加，提升了高技能劳动者的工资水平；而低技能劳动者由于面临国际竞争，其工资增长缓慢甚至下降，导致工资差距扩大。这种工资差距的扩大，不仅体现在高技能劳动者与低技能劳动者之间,也体现在不同地区和不同产业内部的工资差距。

全球化背景下,跨国企业对高技能人才的需求进一步加剧了工资差距。高技能劳动者能够获取更多的职业机会和更高的薪酬,而低技能劳动者则因就业机会减少和工资压缩,面临收入不稳定和生活水平下降的风险。这种工资差距的扩大,不仅影响了收入分配的公平性,也对社会稳定和经济可持续发展产生了负面影响。

工资差距的扩大还会导致社会的阶层固化和收入不平等的加剧。高技能劳动者和资本所有者由于工资和资本回报的增加,财富积累速度加快,形成了财富的集中和阶层的固化;而低技能劳动者由于工资和就业机会的减少,收入增长缓慢,财富积累有限,形成了收入分配的两极分化。这种两极分化不仅影响社会的公平性和和谐性,也制约了经济的长期发展和社会的可持续发展。

(4)收入分配。国际贸易对收入分配的影响不仅体现在要素收入份额和工资差距上,还涉及不同社会群体和地区之间的收入分配结构。贸易开放通常会促进整体经济增长和收入水平的提升,但其对不同社会群体和地区的影响具有显著的差异性。

贸易的收入分配效应表现为对富裕群体和贫困群体的不同影响。富裕群体,尤其是拥有资本和高技能的劳动者,往往能够从国际贸易中获得更多的收益,收入水平显著提高。相反,贫困群体,尤其是低技能劳动者,面临更大的就业压力和工资压缩,收入水平增长缓慢甚至下降,导致收入分配的不平等加剧。贸易开放通过提升资本和高技能劳动的回报,增加了富裕群体的收入;而通过压低低技能劳动的工资,减少了贫困群体的收入,实现了收入分配的两极分化。

国际贸易还会加剧地区间的收入差距。发达地区和经济发达国家由于拥有更强的竞争力和更高的技术水平,能够更好地适应国际市场,获得更多的贸易收益,收入水平显著提高。欠发达地区和经济落后国家由于技术和生产力的限制,难以充分利用国际贸易带来的机会,收入水平增长缓慢,甚至出现收入倒退,导致地区间的收入分配差距扩大。地区间的收入差距加剧,不仅影响社会的整体公平性和稳定性,也制约了区域经济的协调发展和整体竞争力的提升。

国际贸易对收入分配的影响还体现在产业结构和区域经济发展的不均衡上。贸易开放通过推动产业结构的优化和升级,使得高附加值产业和技术密集型产业快速发展,提升了相关产业劳动者和资本所有者的收入水平;而传统产业和劳动密集型产业则因国际竞争压力而面临产能过剩和就业减少,压低了相关劳动者的收入水平。这种产业结构的不均衡发展,导致了不同产业劳动者之间的收入差距和地区间的收入差距,进一步加剧了收入分配的不平等。

国际贸易对收入分配的影响还涉及社会保障和福利制度的调整。贸易开放带来的收入分配不平等,要求政府通过社会保障和福利政策进行调节,保障弱势群体的基本生活和收入水平,减少收入分配的不均衡。这种政策调节不仅提升了社会的公平性和包容性,也促进了社会的和谐与稳定,为经济的可持续发展提供了基础。

2. 贸易的政治经济学(Political Economy of Trade)

贸易的政治经济学研究贸易政策的制定与实施过程中的政治因素,探讨这些政治因素如何影响贸易政策的目标、工具和效果,以及贸易政策如何反过来影响收入分配和社会结构。贸易政策不仅是经济决策,更是政治决策,其制定和实施过程充满了利益博弈和权力争夺。

（1）政策制定过程中的政治博弈。贸易政策的制定过程通常涉及多个利益主体的博弈和妥协。政府在制定贸易政策时，需要平衡不同利益集团的诉求，兼顾经济效益与社会公平。资本密集型产业和跨国公司的利益集团，通过游说和政治捐助，影响政府的贸易政策决策，推动政策向有利于自身利益的方向倾斜。而劳动密集型产业和低技能劳动者的利益集团，则通过抗议、游说和宣传，争取政府采取保护主义措施，保障自身的就业和收入水平。

在这个过程中，政党的政策倾向和政治理念，决定了其在贸易政策制定中的立场和优先考虑。政党需要考虑选民的利益和诉求，通过制定符合选民期望的贸易政策，赢得选民的支持和信任。因此，贸易政策的制定过程不仅是经济决策，更是政治博弈和利益调节的过程。

（2）利益集团的影响力。利益集团在贸易政策的制定和实施中，具有重要的影响力。不同类型的利益集团因其经济地位、行业特点和社会影响力的不同，对贸易政策有着不同的诉求和影响方式。资本密集型产业的利益集团主张贸易自由化和降低关税，以获取更广阔的国际市场和降低生产成本，提升企业的竞争力和利润水平；劳动密集型产业的利益集团则倾向于贸易保护主义，主张提高关税和设置非关税壁垒，以保护本国产业免受国际竞争的冲击，保障低技能劳动者的就业和收入水平。

非传统利益集团，如环境保护组织和消费者权益组织，也在贸易政策的制定中发挥着越来越重要的作用。环境保护组织通过倡导绿色贸易和可持续发展，影响政府在贸易政策中考虑环境因素；消费者权益组织则通过推动贸易自由化和消费者保护措施，提升消费者福利和市场竞争力。

利益集团的影响力因其资源、组织能力和政治联系的不同而有所差异。强大的利益集团能够通过多种手段，影响政府的贸易政策决策，推动政策向有利于自身利益的方向发展，进而影响贸易收益的分配和收入不平等的程度。

（3）政策工具与收入分配。政府在实施贸易政策时，采用的政策工具对收入分配具有直接和间接的影响。关税和非关税壁垒作为传统的贸易保护工具，直接影响进口商品的价格和竞争力，保护国内产业免受国际竞争的冲击。然而，关税和非关税壁垒的使用，可能导致国内产业结构的扭曲和资源的低效配置，影响整体经济效率和收入分配的公平性。

补贴政策作为另一种贸易工具，通过向特定产业或企业提供财政支持，提升其竞争力和市场份额。补贴政策可以促进产业的发展和技术进步，提升高技能劳动者和资本所有者的收入水平，但也可能导致资源的过度集中和低效率，扩大收入分配的不平等。

此外，贸易协定和自由贸易区的建立，通过降低关税和非关税壁垒，促进了国际贸易的自由化和市场一体化。贸易协定的签订，通常要求各国在贸易政策上进行协调和一致，推动贸易的开放和市场的扩大，提升整体经济效率和消费者福利。然而，贸易协定的实施，可能导致部分产业和劳动者面临竞争压力，收入分配的不均衡现象加剧。

（4）选民与贸易政策。选民的经济利益和政治诉求，通过选举和政治参与，直接影响政府的贸易政策取向。选民在经济结构中的不同角色和利益诉求，决定了其对贸易政策的支持和反对态度。低技能劳动者和传统产业从业者，因贸易开放带来的就业压力和收入不稳定，可能倾向于支持贸易保护主义政策，反对贸易自由化；而高技能劳动者和资本所有者，因贸易自由化带来的技术进步和收入增长，可能倾向于支持贸易开放和自由化政策。选民对经济公平、社会正义和环境保护等问题的关注，促使政府在制定贸易政策时，兼顾经济增长与社会公平，推动贸易政策的综合调控和优化。选民的教育水平和信息获取能力，影响其对贸易政策的理解和态度。高教育水平和信息透明度的选民，能够更全面地理解贸易政策的利弊，推动政府在贸易政策制定中，注重科学决策和公众利益，提升贸易政策的公平性和效率性。选民的经济利益和政治诉求，通过影响政党的政策立场和政府的政策决策，直接决定了贸易政策的取向和实施效果。

第二节　第一代国际贸易理论

一、绝对优势理论

该理论将一国内部不同职业之间、不同工种之间的分工原则推演到各国之间的分工，从而形成其国际分工理论。绝对优势理论是最早的主张自由贸易的理论，由英国古典经济学派主要代表人物亚当·斯密创立。

1. 绝对优势理论的主要内容

所谓绝对成本，是指某两个国家之间生产某种产品的劳动成本的绝对差异，即一个国家所耗费的劳动成本绝对低于另一个国家。亚当·斯密的绝对成本说主要阐明了如下内容：

（1）分工可以提高劳动生产率，增加国民财富。斯密认为，交换是出于利己心并为达到利己目的而进行的活动，是人类的一种天然倾向。人类的交换倾向产生分工，社会劳动生产率的巨大进步是分工的结果。

（2）分工的原则是成本的绝对优势或绝对利益。分工既然可以极大地提高劳动生产率，那么每个人专门从事他最有优势的产品的生产，然后彼此交换，则对每个人都是有利的，即分工的原则是成本的绝对优势或绝对利益。

（3）国际分工是各种形式分工中的最高阶段，在国际分工基础上开展国际贸易，对各国都会产生良好效果。国际分工是各种形式分工中的最高阶段。如果外国的产品比自己国内生产的要便宜，那么最好是输出在本国有利的生产条件下生产的产品，去交换外国的产品，而不是自己去生产。每一个国家都有其适宜于生产某些特定产品的绝对有利的生产条件，如果每一个国家都按照其绝对有利的生产条件（即生产成本绝对低）进行专业化生产，然后彼此交换，则对所有国家都是有利的，世界的财富也会因此而增加。

（4）国际分工的基础是有利的自然禀赋或后天的有利条件。有利的生产条件来源于有利的自然禀赋或后天的有利条件。自然禀赋和后天的条件因国家而不同，这就为国际分工提供了基础。因为有利的自然禀赋或后天的有利条件可以使一个国家生产某种产品的成本绝对低于别国，而在该产品的生产和交换上处于绝对有利地位。各国按照各自的有利条件进行分工和交换，会使各国的资源、劳动和资本得到最有效地利用，将会大大提高劳动生产率和增加物质财富，并使各国从贸易中获益。这便是绝对成本说的基本精神。

2. 绝对优势理论简评

贸易是双赢博弈，不是零和游戏。从而驳斥了重商主义思想，主张自由贸易。暗含了很多古典经济学假设，建立在劳动价值论基础上。只能解释小一部分贸易，发达国家与发展中国家之间的贸易符合绝对优势原理。可视为是比较利益学说的特例。如果一个国家在各方面都处于绝对的优势，而另一个国家在各方面则都处于劣势，那么，它们应该怎么办？对此，斯密的理论无法回答，这个问题的解决是大卫·李嘉图的功劳。

二、比较优势理论及最新进展

比较优势是国际经济学中的一个核心概念，最早由英国经济学家大卫·李嘉图在1817年提出。该理论的基本思想是，国家间的贸易并非基于谁具有绝对优势，而是基于谁在某些商品生产上具有相对优势。即使一个国家在所有商品的生产上都不如另一个国家高效，只要它在某些商品的生产上拥有相对优势，它仍然可以通过专门化生产这些商品并与其他国家进行贸易，从中获益。李嘉图的比较优势理论至今仍然是国际贸易理论的重要基石。

1. 比较优势的基本内容

在李嘉图的经典理论中，比较优势的概念建立在劳动生产率的基础上。假设有两个国家——例如英国和葡萄牙，它们生产两种商品：布料和葡萄酒。李嘉图假定这两个国家在劳动力资源的使用上存在不同的生产效率，尽管葡萄牙在生产布料和葡萄酒上都比英国更高效，但如果葡萄牙专注于生产葡萄酒而英国专注于生产布料，两国之间依然能够实现互利贸易。

具体来说，比较优势的计算方法是通过比较生产不同商品所需的机会成本来确定。机会成本是指放弃生产一种商品以生产另一种商品所付出的代价。在李嘉图的模型中，假设葡萄牙每单位劳动可以生产更多的葡萄酒，但如果它放弃一些葡萄酒生产并改为生产布料，它所放弃的葡萄酒数量（即机会成本）相对较小。因此，葡萄牙在葡萄酒生产上具有比较优势，而英国则在布料生产上具有比较优势。通过贸易，葡萄牙可以用葡萄酒换取布料，英国可以用布料换取葡萄酒，两国都可以实现比自给自足时更高的福利水平。

2. 比较优势的核心假设与局限性

比较优势理论的核心假设是简化的，特别是在对现实经济的应用时，它可能存在一些局限性。首先，该理论假定世界上只有两个国家和两种商品，这一假设在实际情况中并不成立。全球经济中存在多个国家和各种商品，生产和消费的多样性使得比较优势的判断变得更加复杂。

其次，比较优势理论假设生产要素在各国之间是完全可移动的，但实际上，劳动、资本和技术等要素的流动受到多种因素的制约。特别是在发达国家与发展中国家之间，技术差距和生产要素的流动性差异使得比较优势的理论框架难以直接应用。

再次，比较优势理论假设各国之间没有贸易壁垒，包括关税、配额、进口限制等。然而，在现实世界中，贸易壁垒广泛存在，这些壁垒往往扭曲了各国的比较优势和全球资源的优化配置。

最后，比较优势理论并没有考虑环境成本和社会成本。在现代全球化经济中，许多国家和企业在追求成本最优和比较优势时，可能忽视了环保、劳工权益等重要因素，导致资源的浪费和不公平的社会结果。例如，某些国家可能专注于廉价劳动力的生产，而忽视了其对环境的破坏，这不仅影响全球经济的可持续发展，也可能带来贸易不平衡和社会不公的问题。

三、第一代国际贸易理论的一般化

1. 多国多商品模型

原始的绝对优势和比较优势理论主要基于双国双商品的简化假设。然而，现实中的国际贸易涉及多个国家和多种商品，因此有必要将这些理论扩展到多国多商品的情境下。

设有 N 个国家和 M 种商品，每个国家 i 在商品 j 上的生产效率为 a_{ij}，即生产 1 单位商品 j 所需的劳动时间 a_{ij}。各国的生产函数假设为线性的，即 $x_{ij} = \dfrac{L_i}{a_{ij}}$，其中 L_i 为国家 i 的总劳动量。

各国在比较优势基础上，专注于生产具有相对效率优势的商品，进口相对效率较低的商品。具体而言，对于任意两国 i 和 k，对于任意两种商品 j 和 l，如果

$$\frac{a_{ij}}{a_{il}} < \frac{a_{kj}}{a_{kl}} \tag{2-1}$$

则国家 i 在商品 j 上具有比较优势，国家 k 在商品 l 上具有比较优势。通过比较优势的比较，各国能够实现资源的最优配置和生产效率的最大化，提升整体经济福利。

在多国多商品模型中，国际贸易的主要动因仍然是基于比较优势的资源配置优化。具体而言，各国应专注于生产和出口那些具有相对比较优势的商品，进口那些在本国生产效率相对较低的商品。

在多国多商品的框架下，比较优势的概念可以通过相对生产效率来量化。假设国家 i 和国家 k 对商品 j 和商品 l 的生产效率分别为 $a_{ij}, a_{il}, a_{kj}, a_{kl}$，则国家 i 在商品上 j 相对于商品 l 的机会成本为

$$OC_{ij} = \frac{a_{ij}}{a_{il}} \tag{2-2}$$

国家 k 在商品 j 上相对于商品 l 的机会成本为

$$OC_{kj} = \frac{a_{kj}}{a_{kl}} \tag{2-3}$$

如果 $OC_{ij} < OC_{kj}$，则国家 i 在商品 j 上具有比较优势；反之，国家 k 在商品 j 上具有比较优势。

这一数字表达形式在多国多商品的情境下，能够更精确地描述各国在不同商品上的比较优势，指导国际贸易的资源配置和专业化生产。

在多国多商品的模型中，贸易均衡涉及多个商品和多个国家之间的资源重新分配。通过引入贸易量和价格机制，可以构建一个多边贸易均衡模型。

假设每个国家 i 的效用函数为

$$U_i = \prod_{j=1}^{M} x_{ij}^{a_{ij}} \tag{2-4}$$

其中，$x_{ij}^{a_{ij}}$ 表示消费者对商品 j 的偏好权重。国家 i 的预算约束条件为

$$\sum_{j=1}^{M} p_j x_{ij} = \sum_{j=1}^{M} p_j x_{ij}^* + \sum_{k=1}^{N} \sum_{j=1}^{M} p_j T_{k,ij} \tag{2-5}$$

其中，p_j 为商品 j 的国际价格，x_{ij}^* 为无贸易状态下的商品 j 的消费量，$T_{k,ij}$ 为从国家 k 到国家 i 的商品 j 的贸易量。

通过求解每个国家的最大化问题，结合市场清算条件，即所有商品的供给等于需求，可以得到多边贸易均衡的价格和贸易量分布。

2. 放松标准模型的假设

第一代贸易理论在其初始模型中，作出了一些简化的假设，如完全竞争、无贸易成本、产品同质化等。然而，现实中的国际贸易存在诸多复杂因素，因此有必要放松这些假设，以构建更为现实和精准的贸易模型。主要的放松方向包括考虑贸易成本、中间产品和差异化产品。

（1）考虑贸易成本。贸易成本是指在国际贸易过程中，商品从一个国家运输到另一个国家所需的费用和时间成本，包括关税、运输费用、非关税壁垒等。引入贸易成本后，贸易流动将受到更大的限制，影响贸易的规模和方向。

假设商品 j 从国家 k 运输到国家 i 的贸易成本为 $\tau_{k \to i, j}$，则实际出口价格为 p_j，实际进口价格为 $p_j \tau_{k \to i, j}$。贸易成本的存在，使得贸易只能在贸易收益大于贸易成本的情况下进行，影响了贸易均衡的形成。

贸易成本的引入，可以通过下列均衡条件来体现

$$p_j \leqslant p_j \tau_{k \to i, j} \tag{2-6}$$

只有当贸易收益 p_j 大于贸易成本 $p_j \tau_{k \to i, j}$ 时，贸易才具有经济可行性。

（2）中间产品的引入。中间产品指的是在生产过程中作为投入使用的商品。国际贸易中，中间产品的贸易占据了重要地位，特别是在全球供应链和价值链中起到关键作用。引入中间产品，可以更准确地描述国际贸易的实际情况和复杂性。

设商品 j 在国家 i 的生产过程中需要使用另一国生产的中间产品 k。生产函数可以表示为

$$x_{ij} = f(x_{ik}, L_i) \tag{2-7}$$

其中，x_{ik} 为使用的中间产品 k，L_i 为国家 i 的劳动量。中间产品的引入，使得贸易模型需要考虑产业间的相互依赖和供应链的协同效应，增加了模型的复杂性和真实性。

（3）差异化产品的考虑。产品差异化是指商品在质量、功能、品牌等方面存在差异，使得消费者对不同产品具有不同的偏好。差异化产品的引入，打破了产品同质化的假设，增强了市场竞争的复杂性和多样性。

引入差异化产品后，可以使用垄断竞争模型来描述国际贸易。设每个国家生产的商品 j 存在一定程度的差异化，消费者对不同国家生产的商品具有不同的偏好和接受度。此时，贸易模型需要考虑产品差异化对价格、产量和市场份额的影响。

差异化产品的贸易模型可以表示为

$$U_{ij} = \sum_{k=1}^{M} a_{jk} ln x_{ik} \qquad (2-8)$$

其中，a_{jk} 表示消费者对商品 j 中差异化特征 k 的偏好权重，x_{ik} 为消费者对商品 j 的消费量。通过引入差异化特征，可以更细致地刻画国际贸易中的产品多样性和消费者选择行为。

通过对第一代国际贸易理论的一般化和放松标准模型假设的详细分析，本文阐明了这些理论在多国多商品情境下的应用和演变。引入贸易成本、中间产品和差异化产品，使得贸易模型更加贴近现实，提升了理论的解释力和预测能力。这些理论的演变，为理解和应对复杂多变的国际贸易现象提供了更加全面和深入的理论支持，推动了国际贸易理论的发展和完善。

第三节　第二代国际贸易理论

一、H-O 模型

赫克歇尔－俄林理论（H-O 理论）是国际贸易理论的重要基石之一，其核心内容在于解释国际贸易的动因和贸易模式，强调国家间生产要素禀赋的差异如何驱动贸易流动。该理论在绝对优势和比较优势理论的基础上，进一步深入分析了生产要素如何决定贸易模式。以下是 H-O 理论的基本内容与公式推导过程。

1. 核心思想

要素禀赋的差异：各国的生产要素（如劳动、资本、土地等）在数量和比例上存在差异。

要素密集型商品：不同商品的生产所需要的生产要素的投入比例不同，有的商品劳动密集，有的商品资本密集。

2. H-O 模型的假设前提

两国（国家 A 和国家 B）、两种商品（商品 X 和商品 Y）、两种生产要素（劳动 L 和资本 K）。

两国在生产同一产品时，技术方法相同，技术水平相同，具有相同的生产函数，产量只是要素投入量的因变量。

商品要素市场属于完全竞争市场，要素在一国内可以充分流动，在国际完全不能流动。

两个国家最大的差别在于要素禀赋的差异：劳动与资本。

在两种产品中，一种是劳动密集型，一种是资本密集型。

影响贸易的一些其他因素被抽象掉，不予考虑。

3. 核心结论

H-O 定理：一个国家出口密集使用其丰裕要素的商品，进口密集使用其稀缺要素的商品。

要素价格均等化定理：在自由贸易条件下，通过商品贸易，生产要素的价格（如工资、资本回报率）趋于均等。

斯托尔珀-萨缪尔森定理：贸易会使丰裕要素的实际报酬增加，而稀缺要素的实际报酬减少。

4. 推导过程

（1）生产函数和要素密集度的定义。设生产两种商品的生产函数为

$$Q_X = f(L_X, K_X), Q_Y = g(L_Y, K_Y) \tag{2-9}$$

其中，Q_X 和 Q_Y 为商品 X 和 Y 的产量；L_X，L_Y，K_X，K_Y 分别为生产两种商品所使用的劳动和资本投入。

商品 X 是劳动密集型商品，商品 Y 是资本密集型商品。其数学定义为

$$\frac{L_X}{K_X} > \frac{L_Y}{K_Y} \tag{2-10}$$

即商品 X 的劳动与资本比例（劳动密集度）大于商品 Y 的劳动密集度。

（2）要素丰裕度。要素丰裕度的定义基于生产要素的总供给量和比例。若国家 A 和国家 B 的劳动和资本总量分别为 L_A，L_B，K_A，K_B，则国家 A 相对劳动丰裕，当且仅当

$$\frac{L_A}{K_A} > \frac{L_B}{K_B}$$

国家 B 相对资本丰裕，当且仅当 $\frac{L_A}{K_A} < \frac{L_B}{K_B}$。

这表明劳动丰裕的国家 A 将倾向于出口劳动密集型商品 X，而资本丰裕的国家 B 将倾向于出口资本密集型商品 Y。

（3）生产要素价格与商品价格的关系。生产要素的价格（劳动工资 w 和资本回报率 r）与商品价格之间通过要素价格均等化定理（Factor Price Equalization Theorem）建立联系。假设生产函数为恒定规模报酬且技术相同，则在竞争市场中：

商品价格等于其生产成本为

$$\begin{aligned} P_X &= w \times a_{LX} + r \times a_{KX} \\ P_Y &= w \times a_{LY} + r \times a_{KY} \end{aligned} \tag{2-11}$$

其中，P_X，P_Y 分别为商品 X 和 Y 的价格；a_{LX}，a_{KX} 分别为生产一单位商品 X 所需的劳动和资本投入；a_{LY}，a_{KY} 分别为生产一单位商品 Y 所需的劳动和资本投入。

将上述公式写成矩阵形式为

$$\begin{matrix} P_X \\ P_Y \end{matrix} = \begin{vmatrix} a_{LX} & a_{KX} \\ a_{LY} & a_{KY} \end{vmatrix} \begin{matrix} w \\ r \end{matrix} \tag{2-12}$$

通过求解该方程，可以得出工资 w 和资本回报率 r 与商品价格 P_X，P_Y。

（4）国际贸易中的要素流动与商品流动的替代关系。在国际贸易中，商品的流动可以替代生产要素的流动。国家 A 可以通过出口劳动密集型商品 X 来间接输出其劳动要素，从而减少国际劳动力的直接流动。

假设国家 A 和国家 B 的要素价格分别为 w_A,r_A,w_B,r_B,在自由贸易条件下,由于商品价格趋于均等,生产要素的价格也会趋于均等

$$w_A = w_B, r_A = r_B \tag{2-13}$$

这就是要素价格均等化定理(Factor Price Equalization Theorem)的核心结论。

(5)斯托尔珀-萨缪尔森定理的推导。斯托尔珀-萨缪尔森定理(Stolper-Samuelson Theorem)描述了贸易对要素收入的影响。假设商品价格发生变化,例如劳动密集型商品 X 的价格 P_X 上升,则劳动的实际报酬 w 相对于资本回报率 r 的增长更快。从商品价格与要素价格的关系式为

$$\Delta P_X = \Delta w \times a_{LX} + \Delta r \times a_{KX}$$
$$\Delta P_Y = \Delta w \times a_{LY} + \Delta r \times a_{KY} \tag{2-14}$$

通过对该方程组求解,可以证明

$$\Delta w > \Delta P_X, \Delta r < \Delta P_Y \tag{2-15}$$

即劳动密集型商品价格的上升会提高劳动的实际收入,而降低资本的实际收入。

(6)贸易模式的确定。结合上述分析,国家 A 和国家 B 的贸易模式可以通过要素禀赋和商品密集度的关系确定

若 $\dfrac{L_A}{K_A} > \dfrac{L_B}{K_B}$,则国家 A 出口劳动密集型商品 X,进口资本密集型商品 Y;

若 $\dfrac{L_A}{K_A} < \dfrac{L_B}{K_B}$,则国家 B 出口资本密集型商品 Y,进口劳动密集型商品 X。

H-O 理论通过要素禀赋差异和要素密集度解释了国际贸易的动因和贸易模式。公式推导过程展示了商品价格、要素价格、要素禀赋之间的关系,进一步证明了国际贸易对收入分配和要素价格均等化的作用。通过 H-O 理论,国家间的专业化生产和贸易流动得以实现,推动了全球资源的优化配置。

二、H-O 模型扩展

1. 商品数量与要素数量不相等的情况

(1)商品数量与要素数量相等的情况。H-O 模型假设商品数量与生产要素数量相等,即 $N=K$(其中 N 表示商品种类数量,K 表示要素种类数量)。在这种情况下,通过赫克歇尔-俄林定理(H-O 定理),可以得出以下结论:

核心思想:一国会出口密集使用其丰裕要素的商品,并进口密集使用其稀缺要素的商品。假设有两个国家 A 和国家 B、两种商品 X 和 Y,以及两种生产要素 L(劳动)和 K(资本),生产函数如下

$$Q_X = f(L_X, K_X), Q_Y = g(L_Y, K_Y) \tag{2-16}$$

在此框架下,商品的生产与要素的投入密切相关。数据表示如下:

若 $\dfrac{L_X}{K_X} > \dfrac{L_Y}{K_Y}$,则商品 X 为劳动密集型,商品 Y 为资本密集型。

若 $\frac{L_X}{K_X} < \frac{L_Y}{K_Y}$，则国家 A 为劳动丰裕型，国家 B 为资本丰裕型。

因此，根据 H-O 定理，国家 A 将出口商品 X，国家 B 将出口商品 Y。

（2）商品数量多于要素数量的情况。当商品数量 $N > K$ 时，贸易模式变得更加复杂。此时，里卡多－琼斯模型（Ricardo-Jones Model）被引入，用以分析此情况下的贸易特征。

关键结论：

一些商品可能无法在国际市场中占据优势。

贸易模式由要素禀赋和技术条件共同决定，无法简单归因于要素密集度。

数学推导如下：

设 P_i 为商品 i 的国际价格，生产商品 i 的成本为 C_i，其中

$$C_i = wL_i + rL_i \tag{2-17}$$

w 和 r 分别是劳动和资本的报酬。如果，则该商品具有出口优势；反之则不出口。

当 $N > K$ 时，部分商品的生产可能完全退出贸易，形成"非贸易品"。

（3）商品数量少于要素数量的情况。当商品数量 $N < K$ 时，超额的生产要素导致资源无法完全利用。此时，通过引入特定要素模型（Specific-Factors Model）进行分析。

数学推导如下：设 L 和 K 是可流动要素，T 是商品 i 的特定要素。生产函数为

$$Q_i = f(L_i, K_i, T_i) \tag{2-18}$$

其中，T_i 只能用于生产特定商品 i。此模型指出，贸易可能会导致特定要素的报酬显著提高，而可流动要素的收益则由市场决定。

2. 放松标准模型的假设

（1）要素国际流动。在经典 H-O 模型中，假设要素不可跨国流动。然而，在现实中资本和劳动经常跨境流动。此时，通过分析贸易与要素流动的替代性和互补性，可以更全面地解释贸易现象。

对于替代性来说，贸易与要素流动之间的替代性体现在，当商品贸易能够充分实现资源优化配置时，要素的跨境流动减少。例如资本丰裕的国家通过出口资本密集型商品，减少了资本的外流。公式表示如下：

假设资本流入导致资本丰裕国家的资本边际收益 MPK 减少，最终使资本回报率趋于一致。

$$MPK_A = MPK_B \tag{2-19}$$

此时，资本流动的需求下降。

对于互补性，在某些情况下，贸易与要素流动具有互补性。资本的跨境流动可能促进劳动密集型商品的生产，反过来增加了劳动的需求。

假设资本流动 F_K 增加了劳动的边际生产力

$$MPL : MPL = f(L, K + F_K) \tag{2-20}$$

因此，劳动力的需求随资本流动增加而上升。

（2）要素国内不流动：特定要素模型（R-V 模型）。特定要素模型放松了要素在国内完

全流动的假设，分析了特定要素如何影响贸易收益和收入分配。模型假设资本 K 是特定要素，劳动 L 是可流动要素。

生产函数为

$$Q_X = f(L_X, K_X), \quad Q_Y = g(L_Y, K_Y) \tag{2-21}$$

其中，K_X 和 K_Y 是特定于 X 和 Y 的资本。在开放贸易后，出口商品 X 的价格上升，资本 K_X 的报酬增加，而劳动的报酬可能由于资源重新配置而变化。

工资水平由以下公式决定

$$\omega = \frac{\partial Q_X}{\partial L_X} = \frac{\partial Q_Y}{\partial L_Y} \tag{2-22}$$

如果出口商品的需求上升，则劳动报酬 ω 也可能增加。

（3）要素市场扭曲。工资差异与黏性。在现实中，劳动市场和资本市场可能存在扭曲，如工资差异和黏性。这种扭曲可能影响贸易收益的分配。

工资差异：不同产业间的工资可能由于技能、地区等因素产生差异，导致资源无法完全流动。

工资黏性：工资水平无法快速调整可能导致短期内的资源错配和收入不平等。

在此情况下，需要通过动态一般均衡模型（Dynamic General Equilibrium Model）分析贸易对收入分配的长期影响。

（4）中间产品的引入。传统 H-O 模型假设商品是最终产品，但在现实中，中间产品在国际贸易中占据了重要地位。通过引入中间产品，可以更好地解释全球价值链和生产分工的现象。

设中间产品 M 的生产函数为 $\quad M = f(L, K)$
最终产品 Q 的生产函数为 $\quad Q = g(M, L)$

国际贸易中，中间产品的流动会影响最终产品的生产效率，从而改变贸易模式和收入分配。

第二代国际贸易理论通过对 H-O 模型的一般化和假设放松，扩展了传统理论的适用范围。这些变化包括考虑商品数量与要素数量的不同关系、分析要素流动性与市场扭曲的影响，以及引入中间产品的生产和流动。通过这些扩展，第二代国际贸易理论更好地解释了现实中的复杂贸易现象，为政策制定和全球经济研究提供了重要的理论工具。

第四节　第三代国际贸易理论

第三代国际贸易理论的核心在于打破传统理论关于完全竞争市场和规模不变报酬的假设，重点分析不完全竞争市场、规模经济和产品差异化对国际贸易的影响。

一、不完全竞争市场与国际贸易

传统的国际贸易理论，如赫克歇尔－俄林模型，基于完全竞争市场假设。然而现实中的许多行业都是典型的寡头垄断或垄断竞争市场。第三代理论通过引入不完全竞争市场的假设，更加贴近现实。

（一）寡头竞争市场与战略行为

在寡头竞争市场中，企业之间存在相互依赖性，每个企业的决策（如定价、产量）都会影响竞争对手的收益。寡头竞争市场可以通过 Cournot 模型（数量竞争）和 Bertrand 模型（价格竞争）进行分析。

1. Cournot 模型：数量竞争

假设两家企业 A 和 B，其总需求为

$$P = a - b(Q_A + Q_B) \tag{2-23}$$

其中，P 为市场价格，Q_A 和 Q_B 分别为企业 A 和 B 的产量。

两个企业的利润分别为

$$\Pi_A = Q_A \times (P-c), \Pi_B = Q_B \times (P-c) \tag{2-24}$$

通过求解利润最大化问题，可以得出两企业的纳什均衡产量和市场价格。这种模型解释了企业在国际市场中如何通过战略产量调整参与竞争。

2. Bertrand 模型：价格竞争

如果企业通过价格竞争，其市场需求可以表示为

$$Q_A = \begin{cases} D, & \text{if } P_A < P_B \\ 0, & \text{if } P_A > P_B \end{cases} \tag{2-25}$$

Bertrand 模型的结果表明，价格竞争会导致均衡价格趋于边际成本。这一结论为理解跨国公司之间的价格战提供了理论基础。

（二）反倾销模型

Brander 和 Krugman（1983）提出的互惠倾销模型，是分析寡头竞争市场下国际贸易行为的经典模型。

模型内容 假设两个国家 A 和 B，每个国家的企业在本国市场具有一定市场势力，但在对方国家进行倾销销售。企业通过价格歧视最大化利润：

$$\Pi_A = (P_A - c)Q_A + (P_B - c)Q_B \tag{2-26}$$

利润最大化条件显示，国际贸易中即使两国的成本结构相同，也可能由于市场势力和价格歧视产生双向贸易。

经济含义 互惠倾销模型揭示了寡头竞争市场中产业内贸易的来源，并解释了为何即使两国生产相同商品，仍可能相互出口。

二、规模经济与贸易模式

1. 内部规模经济

内部规模经济是指单个企业通过扩大生产规模来降低平均成本，从而提高市场竞争力。这种现象在汽车、航空等高技术产业中尤为显著。

成本函数：假设企业的成本函数为

$$C_q = F + c \times q \tag{2-27}$$

其中，F 是固定成本，c 是单位边际成本，q 是产量。平均成本为

$$AC = \frac{F}{q} + c \tag{2-28}$$

当 q 增加时，AC 下降，表明规模经济效应。

国际贸易的作用　在国际贸易中，开放市场使得企业可以服务更大的市场规模，从而通过扩大产量降低平均成本。这种效应推动了国际分工和专业化生产。

2. 外部规模经济

外部规模经济是指整个行业的规模扩大会降低单个企业的成本。高科技产业的集群效应使得企业共享研发成果、专业化劳动力市场和基础设施。

公式：假设行业总产量为 Q，单个企业的成本函数为

$$C_i = c(Q)$$

其中，$c'(Q) < 0$。当行业规模 Q 扩大时，每个企业的成本 C_i 下降。

经济含义　外部规模经济解释了产业集聚的形成以及国际贸易中地区专业化的动力。硅谷作为高科技产业的全球中心，是外部规模经济的典型案例。

三、产品差异化与消费者福利

1. Dixit-Stiglitz 模型（1977）：消费者多样化偏好

Dixit-Stiglitz 模型假设消费者对多样化产品具有偏好，效用函数为

$$U = \left(\sum_{i=1}^{n} c_i^{\sigma} \right)^{\frac{1}{\sigma}}, 0 < \sigma < 1 \tag{2-29}$$

消费者通过消费多样化商品增加效用，而企业通过生产差异化产品获得市场份额。

经济含义　该模型表明，国际贸易通过增加商品种类，显著提高了消费者福利。

2. Krugman 模型（1980）：产业内贸易

Krugman 将规模经济与产品差异化结合，提出产业内贸易模型，解释了发达国家间同类商品的大量贸易。

均衡条件　假设 n 家企业，每家企业生产一种差异化产品，其市场需求为

$$Q_i = S \times \frac{1}{n} - b \times P_i \tag{2-30}$$

其中，S 为市场规模，P_i 为价格。通过企业利润最大化，模型得出均衡企业数量 n^* 和均衡价格 P^*。

开放贸易后，市场规模扩大，企业数量增加，消费者能够享受更多样化的商品。

四、战略性贸易政策

Brander-Spencer 模型（1985）：政府干预的必要性。

Brander 和 Spencer 提出了战略性贸易政策模型，探讨了政府如何通过补贴和关税干预，帮助本国企业在国际竞争中获胜。

假设两个国家的企业在国际市场竞争，企业利润为

$$\Pi_i = P \times Q_i - C(Q_i) \tag{2-31}$$

通过补贴降低企业成本，可以使本国企业获得竞争优势。

经济含义 该模型为产业政策提供了理论依据，尤其在高技术和战略性行业中，政府干预可能是必要的。

第三代国际贸易理论通过引入不完全竞争、规模经济和产品差异化，深刻揭示了现代贸易模式的驱动力。这些理论不仅解释了传统理论无法覆盖的产业内贸易现象，还揭示了国际贸易如何通过增加产品种类和优化生产效率，提升消费者福利和全球经济效率。同时，战略性贸易政策模型为国家制定贸易和产业政策提供了理论支持。这些理论的发展，为应对全球经济格局变化提供了重要工具和启示。

第五节　第四代国际贸易理论

第四代国际贸易理论以 Melitz 模型为核心，在 Krugman（1980）模型的基础上进一步扩展了国际贸易理论的视角。其主要创新在于将厂商异质性纳入模型框架，并对贸易模式、福利效应、企业选择行为等进行了详细刻画。这一理论体系通过引入生产率差异和异质性企业的动态行为，更加全面地解释了国际贸易中厂商间的动态调整机制、产业升级以及贸易福利分配问题。

一、核心理论：Melitz 模型的基本内容

Melitz 模型（2003）是第四代国际贸易理论的核心，它在 Krugman 模型的基础上引入了厂商生产率差异这一关键特征。模型的主要目标是研究开放贸易如何影响异质性企业的进入、退出和生产决策。

1. 模型假设

厂商异质性：每个厂商的生产率 ϕ 是不同的，生产率服从一个已知的分布（如 Pareto 分布或 Weibull 分布）。

市场结构：垄断竞争市场，每个厂商生产差异化产品，消费者具有多样化偏好。

固定成本：厂商进入市场需要支付固定成本 f，参与出口需要额外支付固定出口成本 f_x。

规模经济：存在规模报酬递增的特性，企业生产效率随规模提高而增加。

贸易成本：包括运输成本（冰山成本）和关税等。

2. 模型的数学框架

消费者效用函数为 Dixit-Stiglitz 形式

$$U = \left[\int_{\omega \in \Omega}^{n} q(\omega)^{\sigma}\right]^{\frac{1}{\sigma}} \tag{2-32}$$

其中，ω 表示产品种类，$q(\omega)$ 表示对种类 σ 的消费量。

厂商的利润函数为：
$$\Pi = pq - cq - f \tag{2-33}$$

其中，p 是产品价格，q 是产量，c 是生产成本。

开放贸易后，厂商需要支付额外的出口成本 f_x，其出口市场的利润为

$$\Pi_x = p_x q_x - cq_x - f_x \tag{2-34}$$

3. 关键结论

（1）选择效应（Selection Effect）。生产率较低的厂商由于无法覆盖固定成本而退出市场，仅生产率较高的厂商参与贸易。

（2）资源重新配置（Reallocation Effect）。资源（如劳动和资本）从低效率的厂商转向高效率的厂商，提高了整体生产率。

（3）去多元化效应（Loss of Variety Effect）。一些低效率厂商的退出可能导致市场上产品种类的减少，带来消费者福利的损失。

（4）生产率效应（Productivity Effect）。贸易开放提高了市场竞争强度，推动生产率较高的厂商扩大规模，提高了平均生产率。

二、Melitz 模型的公式推导

1. 消费者效用函数与需求函数的建立

消费者的效用函数采用 Dixit-Stiglitz 型，用于刻画消费者对多样化商品的偏好。效用函数形式为

$$U = \left[\int_{w \in \Omega}^{n} q(w)^{\sigma} \right]^{\frac{1}{\sigma}} \tag{2-35}$$

其中，w 表示产品种类，$q(w)$ 表示对种类 σ 的消费量。

消费者的支出预算约束为

$$\int_{w \in \Omega}^{n} p(w) \mathrm{d}w = I \tag{2-36}$$

其中，$p(w)$ 是商品 w 的价格；I 是消费者的总收入。

利用拉格朗日方法求解消费者的效用最大化问题，得到商品 ω 的需求函数为

$$q(w) = \frac{p(w)^{1-\varepsilon}}{P^{1-\varepsilon}} \times I, \varepsilon = \frac{1}{1-\sigma} \tag{2-37}$$

其中，P 是价格指数，定义为：$P = \left[\int_{w \in \Omega}^{n} p(w)^{1-\varepsilon} \right]^{\frac{1}{1-\varepsilon}}$ （2-38）

2. 厂商异质性与生产函数

每个厂商的生产率 ϕ 是异质的，服从一个已知分布 $G(\phi)$。厂商的成本函数为

$$C = \frac{w}{\phi}q + f \qquad (2\text{-}39)$$

其中，w 为单位劳动成本；f 为固定成本；ϕ 为生产率（生产效率越高，单位成本越低）。厂商的边际成本为

$$c = \frac{w}{\phi} \qquad (2\text{-}40)$$

在开放贸易的情况下，厂商还需要支付出口的固定成本 f_x，因此总成本函数变为

$$C_x = \frac{w}{\phi}q_x + f_x \qquad (2\text{-}41)$$

3. 厂商的定价策略

在垄断竞争市场下，厂商面临的是消费者的需求函数 $q(w)$。厂商通过利润最大化决定商品的最优价格。

厂商的利润函数为

$$\Pi = pq - \frac{w}{\phi}q - f \qquad (2\text{-}42)$$

利润最大化的条件是

$$\frac{\partial \Pi}{\partial p} = 0 \qquad (2\text{-}43)$$

带入需求函数 $q(p) = \frac{p^{1-\varepsilon}}{P^{1-\varepsilon}} \times I$，并求解价格的最优解

$$p^* = \frac{\varepsilon}{\varepsilon - 1}c = \frac{\varepsilon}{\varepsilon - 1}\frac{w}{\phi} \qquad (2\text{-}44)$$

这是厂商在垄断竞争市场中的最优定价策略，即价格是边际成本的固定加成。

4. 进入与退出市场的门槛生产率

（1）国内市场门槛生产率。厂商的总收入为

$$R(\phi) = P^*q = \left(\frac{\varepsilon}{\varepsilon - 1}\frac{w}{\phi}\right)q \qquad (2\text{-}45)$$

总成本为

$$C(\phi) = \frac{w}{\phi}q + f \qquad (2\text{-}46)$$

利润为

$$\Pi(\phi) = R(\phi) - C(\phi) = P^*q - \frac{w}{\phi}q - f \qquad (2\text{-}47)$$

仅当厂商的生产率 ϕ 高于某个门槛值 ϕ^* 时，利润为正，厂商能够存活。设 $\Pi(\phi^*) = 0$，解得：$\phi^* = \dfrac{w}{f}$，即为临界收入水平。

（2）国际市场门槛生产率。在开放贸易条件下，厂商进入出口市场需要支付额外的固定成本 f_x。出口利润为

$$\Pi_x(\phi) = R_x(\phi) - C_x(\phi) = P_x^* q - \frac{w}{\phi} q_x - f_x \quad （2\text{-}48）$$

同理，解得出口门槛生产率 ϕ_x^* 为

$$\phi_x^* = \frac{w}{f_x} \quad （2\text{-}49）$$

为出口市场的临界收入水平。因此，只有生产率 $\phi \geq \phi_x^*$ 的厂商才会选择进入出口市场。

5. 资源重新配置效应

（1）低效率厂商退出。生产率低于国内门槛 ϕ^* 的厂商无法覆盖固定成本，选择退出市场，从而释放资源。

（2）高效率厂商扩张。生产率较高的厂商由于参与国际贸易，扩大了市场规模，提高了收入和利润，进一步提高了资源的集中分配效率。

（3）平均生产率提高。由于低效率厂商退出，高效率厂商扩大规模，整个行业的平均生产率提高。

三、扩展模型与创新分析

Melitz 模型在原始框架的基础上得到了多种扩展，以解释更多复杂的国际贸易现象，包括结合要素禀赋理论（如 H-O 模型）、放松 CES 效用假设、引入技术差异和生产组织模式（如出口与 FDI 选择）等。这些扩展模型极大增强了国际贸易理论的解释力，并在实践中得到了广泛应用。以下对这些扩展模型的推导过程进行详细说明。

（一）Melitz 模型与 H-O 模型的结合（Bernard et al., 2007）

1. 核心思想

该扩展结合了传统的赫克歇尔-俄林（H-O）模型和 Melitz 模型，引入了要素禀赋差异对贸易模式和企业选择行为的影响。通过引入要素禀赋和异质性生产率，解释了不同国家间的贸易流动以及行业内部的企业分化。

2. 生产函数与要素禀赋

假设生产函数为

$$Q = \phi \cdot f(K, L)$$

其中，ϕ 为企业的生产率；K, L 为资本和劳动两种要素；$f(K, L)$ 为生产技术函数。要素禀赋差异体现在各国资本与劳动的比例不同。若国家 A 和国家 B 的要素禀赋分别为 $\dfrac{K_A}{L_A}$ 和

$\frac{K_B}{L_B}$,且 $\frac{K_A}{L_A} > \frac{K_B}{L_B}$,则 A 是资本丰裕国家,倾向于出口资本密集型产品,B 是劳动丰裕国家,倾向于出口劳动密集型产品。

3. 生产率与要素密集度

生产率 ϕ 在不同的企业中是异质的,且高生产率企业往往更倾向于生产资本密集型商品。根据要素密集度定义:$\frac{\partial Q}{\partial K} > \frac{\partial Q}{\partial L}$,若 $\phi > \phi^*$,即只有生产率高于某一门槛 ϕ^* 的企业,才能有效利用资本密集型技术并参与出口。

4. 门槛生产率的计算

根据 Melitz 模型的逻辑,门槛生产率 ϕ^* 的解满足以下条件 $\Pi(\phi^*) = 0$,利润函数为 $\Pi(\phi) = R(\phi) - C(\phi) - f$,出口条件下,企业的收入和成本分别为

$$R_X(\phi) = P_x \times Q_x, \quad C_x(\phi) = w \times \frac{Q_x}{\phi} + f_x \tag{2-50}$$

解得出口门槛生产率为

$$\phi_x^* = \frac{w \times f_x}{P_x \times Q_x} \tag{2-51}$$

通过引入要素禀赋差异,模型进一步解释了资本密集型和劳动密集型商品在不同国家间的贸易流动。

(二)放松 CES 效用假设(Melitz and Ottaviano, 2008)

1. 核心思想

Melitz 和 Ottaviano 放松了原始模型中消费者偏好采用 CES 效用函数的假设,改用线性需求函数来描述消费者行为,从而更贴近现实。线性需求函数强调市场竞争对价格和数量的直接影响,能够解释价格与企业生产率之间的动态关系。

2. 线性需求函数

假设每种商品的市场需求为

$$q_i = a - b \times p_i$$

其中,q_i 对商品 i 的需求,p_i 商品价格,a,b 需求函数参数,a 代表最大可能需求,b 代表需求对价格的敏感程度。

3. 厂商利润最大化

厂商的总成本为

$$C_i = \frac{w}{\phi_i} q_i + f$$

利润函数为

$$\Pi_i = p_i q_i - C_i$$

将需求函数 $q_i = a - b \times p_i$ 代入利润函数,并对价格 p_i 求导

$$\frac{\partial \Pi_i}{\partial p_i} = a - 2b \times p_i + \frac{b \times w}{\phi_i} = 0 \tag{2-52}$$

解得最优价格

$$p_i^* = \frac{a}{2b} + \frac{w}{2\phi_i} \tag{2-53}$$

4. 价格与生产率的关系

放松 CES 假设后，价格不再仅仅是边际成本的固定加成，而是随着企业生产率的提高而下降：$p_i^* \propto \frac{1}{\phi_i}$。

这个结果解释了高生产率企业能够以更低价格参与市场竞争的现象。

（三）与技术差异结合（Yeaple, 2005）

1. 核心思想

Yeaple（2005）将技术差异引入 Melitz 模型，通过分析技术领先国家与落后国家的生产效率差异，解释了贸易模式和企业选择行为。技术差异体现在生产函数的效率参数 A 上。

2. 生产函数

假设生产函数为

$$Q = A \times \phi \times f(K, L)$$

其中，A 技术效率参数，ϕ 企业生产率，K, L 资本与劳动投入。技术领先国家的 A 较大，从而在国际市场中占据更大的竞争优势。

3. 高技术企业的门槛

技术领先国家的高生产率企业能够更容易进入出口市场，门槛生产率 ϕ_x^* 满足以下条件

$$\Pi_x(\phi_x^*) = P_x Q_x - \frac{w}{\phi_x^*} Q_x - f_x = 0 \tag{2-54}$$

解得

$$\phi_x^* = \frac{w}{P_x \times Q_x - f_x} \tag{2-55}$$

4. 技术差异的贸易模式

高技术国家倾向于出口技术密集型商品，而低技术国家出口劳动密集型商品。这一扩展模型深化了对要素禀赋和技术效率在贸易中的作用的理解。

（四）与企业组织模式结合（Helpman et al., 2004）

1. 核心思想

Helpman 等人研究了企业在出口和外国直接投资（FDI）之间的选择，并将其与 Melitz 模型结合，形成了分析企业国际化行为的重要模型。

2. 出口与 FDI 的选择条件

企业的选择取决于两种模式的成本比较：

（1）出口成本：包括运输成本 τ 和固定成本 f_x。

（2）FDI 成本：包括设厂成本 f_m。
企业总成本分别为

$$C_{\exp} = \tau \times \frac{w}{\phi} + f_x, \quad C_{FDI} = \tau \times \frac{w}{\phi} + f_m \tag{2-56}$$

3. 生产率门槛的划分

根据企业生产率 ϕ 的高低，可以划分为以下三种情况：

（1）$\phi < \phi_d$：企业生产率过低，退出市场；
（2）$\phi_d \leqslant \phi < \phi_m$：企业选择出口；
（3）$\phi \geqslant \phi_m$：企业选择 FDI。

其中 ϕ_d 和 ϕ_m 分别为进入国内市场和选择 FDI 的门槛生产率。

4. 公式推导

设 $\Pi_{FDI}(\phi) = \Pi_{\exp}(\phi)$，解得选择出口与 FDI 的临界点：$\phi_m = \dfrac{f_m - f_x}{\tau - 1}$，高生产率企业倾向于选择 FDI，而中等生产率企业选择出口。

本章小结

国际贸易理论经历了长期的发展，从最初的亚当·斯密和大卫·李嘉图的经典理论，到现代的新贸易理论，特别是保罗·克鲁格曼等学者提出的"规模经济"与"网络效应"理论，突破了传统的比较优势框架。新贸易理论强调了技术、创新和市场结构在国际贸易中的作用，特别是在全球供应链和跨国公司战略中。随着全球经济的数字化转型，数字贸易已成为当前国际贸易中的重要新兴领域。跨境电子商务、云计算、数据流动等推动了数字化全球贸易的快速发展，但也给传统的国际贸易规则带来了挑战，尤其是在数据隐私、跨境支付和税收问题上。此外，全球气候变化促使绿色贸易成为新趋势，各国的环保标准、碳排放政策以及绿色认证等措施正在重塑国际贸易的生态。然而，国际贸易的发展仍然面临自由贸易与保护主义的激烈博弈，特别是在一些地区和国家，贸易壁垒和市场准入限制依然存在。未来，国际贸易将受到技术创新、区域经济一体化以及可持续发展的影响，数字化、绿色化和区域化将成为全球贸易的新趋势。

习题

1. 新贸易理论如何解释全球贸易的现象？
2. 如何评价自由贸易与保护主义在全球贸易中的对立？
3. 全球价值链如何改变传统的国际贸易模式？
4. 数字贸易的兴起如何挑战传统的国际贸易规则？
5. 绿色贸易如何推动国际贸易结构的变化？
6. 当前全球贸易政策中的主要问题是什么？
7. 数字化如何影响跨国公司的国际化路径？
8. 如何看待"数字鸿沟"对国际贸易的不平衡影响？
9. 如何理解绿色认证在国际市场中的作用？

10. 国际贸易中的数字税收问题如何解决？

案例：亚马逊的全球电商战略

亚马逊（Amazon）是全球最大和最具创新性的电子商务公司之一，其全球化战略不仅推动了全球电商行业的蓬勃发展，也引领了全球贸易的新方向。从1994年在美国成立以来，亚马逊已经扩展到全球多个市场，成为数字贸易和国际电商领域的领导者。

亚马逊的国际化扩展策略。亚马逊的全球化战略可以概括为通过平台化、技术驱动和市场渗透三个方面来扩展其业务。首先，亚马逊通过构建全球化的电商平台，打破了地域限制，使得来自世界各地的消费者都能够便捷地购买商品。亚马逊不仅将美国市场作为起点，还在多个国家和地区建立了本地化的运营模式。例如，亚马逊在英国、德国、法国、印度等地设立了本地化的站点，针对不同市场的需求，调整产品种类、物流系统和支付方式。

其次，亚马逊的全球扩展不仅限于线上电商，它还通过收购本地公司来加速市场渗透。例如2017年，亚马逊收购了全食超市（Whole Foods），从而进入了线下零售市场，并扩大了其在食品领域的业务。此外，亚马逊还通过亚马逊云服务（AWS）进入了全球云计算市场，成为全球领先的云服务提供商之一。

跨境电商与数字贸易的推动者。作为全球电商领军企业，亚马逊不仅推动了全球零售的数字化转型，还在跨境电商领域取得了显著的成绩。通过全球物流网络，亚马逊能够实现全球商品的快速配送，尤其是在亚洲、欧洲和北美之间的跨境交易中，亚马逊通过高效的物流体系将商品送到全球消费者手中。亚马逊的全球化供应链体系使得其能够迅速满足各国消费者的需求，降低了国际贸易中的交易成本。

在数字贸易领域，亚马逊不仅在商品交易方面占据了主导地位，还通过其平台推动了全球的数字内容流通。亚马逊的Kindle电子书、Prime Video等内容服务在全球范围内吸引了大量用户，促进了全球文化内容的交流。

面临的挑战与国际竞争。尽管亚马逊在全球化过程中取得了巨大的成功，但其在不同国家和地区的运营也面临着复杂的挑战。在欧洲亚马逊面临着严格的竞争法规和税收问题，欧盟委员会曾多次对亚马逊的税收和反垄断行为进行调查。此外，亚马逊在印度市场的扩展也遇到了本土电商的激烈竞争，Flipkart和印度的本土零售商成为亚马逊强有力的对手。

此外，亚马逊还面临着来自全球零售巨头的竞争压力，尤其是沃尔玛等传统零售商在全球电商领域的崛起，使得亚马逊必须在技术、服务和市场策略方面不断创新。

[案例来源：《亚马逊全球化战略分析》（哈佛商业评论）]

思考题

1. 亚马逊是如何通过全球化平台推动全球零售和电商的发展的？
2. 亚马逊在全球扩展过程中面临的主要挑战有哪些？如何应对？
3. 跨境电商如何改变了国际贸易的模式？亚马逊的经验如何影响其他电商平台？
4. 亚马逊未来如何应对来自传统零售商和本地竞争对手的挑战？

第三章 贸易与空间经济学

> **学习目标**
>
> 本章的学习目标是帮助学生理解贸易与空间经济学的核心概念,掌握空间经济学理论的基本框架,分析空间布局、区域经济与国际贸易之间的互动关系。学生将通过学习区域经济的空间分布规律,理解贸易如何促进不同地区之间的资源配置和经济协同。通过案例分析,学生将能评估全球化进程中,区域经济一体化对国际贸易和空间布局的影响。

第一节 贸易与空间经济学的理论基础

一、基本概念

空间经济学是研究经济活动在空间上的分布和相互作用规律的学科,其基本概念包括地理空间、区位选择、聚集力、分散力和路径依赖等。在理论演变过程中,空间经济学逐渐形成了一套系统的分析框架,融合了地理学、经济学和区域科学的理论方法,为理解区域经济发展的内在机制提供了新视角。

1. 地理空间

用于描述经济活动的地理分布以及各区域之间的相互作用。地理空间并非均匀的平面,而是受到自然条件、资源分布、技术水平和社会经济关系等多种因素的综合影响。地理空间的异质性决定了经济活动在不同区域之间的分布格局,也使得区域间的经济互动成为研究重点。

2. 区位选择

揭示企业、消费者和政府在空间中如何选择其经济活动的最佳位置。区位选择受到多种因素的影响,包括运输成本、市场规模、劳动力成本和政策环境等。最早的区位选择理论由德国经济学家阿尔弗雷德·韦伯提出,企业的区位选择主要由运输成本、劳动力成本和聚集效应决定。在此基础上,后续研究进一步扩展了区位选择的理论框架,纳入了技术创新、环境成本和制度因素等。

3. 聚集力与分散力

聚集力包括规模经济效应、市场规模效应和知识溢出效应等,这些因素推动企业和经济活动向核心区域集中,从而形成经济集聚现象。而分散力则包括土地成本上升、市场竞争压力和环境承载力等因素,这些因素抑制了经济活动的过度集中,推动其向外扩散。聚集力和分散力的相互作用形成了经济活动的动态空间分布格局。

4. 路径依赖

描述了区域经济发展的历史惯性和不可逆性。路径依赖表明,区域经济活动的空间分布不仅受到当前条件的影响,还取决于历史上的初始条件和决策选择。例如早期的基础设施建设和技术创新可能对区域经济产生深远影响,使得某些区域在长期内保持优势地位。

二、发展演变

空间经济学的理论演变经历了从传统区位理论到现代空间经济学的多阶段发展过程。传统区位理论的奠基者包括阿尔弗雷德·韦伯、约翰·冯·杜能和克里斯塔勒,他们分别从工业区位、农业区位和中心地理论的角度对空间经济活动的分布进行了研究。阿尔弗雷德·韦伯的工业区位理论以成本最小化为核心,提出企业区位选择受运输成本、劳动力成本和聚集效应三大因素主导。运输成本影响原料与产品的空间流转效率,推动工厂向原料地或市场附近布局(如钢铁厂靠近铁矿或港口);劳动力成本则取决于区域工资水平与技能供给,劳动密集型产业倾向于迁移至低成本地区。聚集效应通过共享基础设施、专业化服务和知识外溢降低长期成本,形成产业集群(如硅谷科技园)。韦伯构建了三阶段决策模型:先优化运输成本,再权衡劳动力成本差额,最终评估聚集收益是否超过额外成本。杜能的农业区位理论通过构建同心圆模型,揭示了农产品生产在距离市场远近上的空间分布规律。而克里斯塔勒的中心地区理论则分析了城市系统的空间分布,指出了中心城市与周边区域之间的功能分工和市场覆盖范围。

现代空间经济学的起点是新区域经济学和新经济地理学的兴起。保罗·克鲁格曼在20世纪90年代提出的新经济地理学通过引入规模收益递增、垄断竞争和冰山交易成本等假设,构建了核心-边缘模型,系统解释了区域经济集聚与分散的动力机制。该模型指出,运输成本降低和市场规模扩大能够强化核心区域的聚集效应,同时使边缘区域的经济活动进一步向核心区域集中。克鲁格曼的研究为理解区域经济的非均衡发展提供了理论基础,并开启了空间经济学与国际贸易学融合的新方向。

同时,空间经济学逐渐吸收了区域科学和城市经济学的研究成果,形成了更加综合的分析框架。区域科学强调空间因素对经济活动分布的影响,重点研究基础设施、交通网络和政策干预对区域经济发展的作用。城市经济学则关注城市系统的内部结构和功能分工,研究城市集聚效应和资源配置效率。在现代空间经济学中,这些研究被有机地整合,用以解释不同规模区域之间的经济互动关系。

近年来,空间经济学开始将数字经济和信息技术纳入研究范围,探索技术进步对经济活动空间分布的影响。数字技术的普及降低了信息传递成本和交易成本,使得企业和消费者可以在更大范围内参与经济活动。这种"空间压缩"效应重新塑造了区域经济布局,推动了一些边缘地区通过数字技术与核心区域竞争。此外,数据流动和平台经济的兴起也为空间经济学提供了新的研究视角。通过分析数据的空间流动模式和网络效应,可以更全面地理解数字经济背景下的区域经济分布和资源配置。

空间经济学的理论演变还体现了从静态分析到动态分析的转变。传统理论更多关注经济活动在给定条件下的空间分布，而现代空间经济学则强调经济活动的动态演化过程。区域经济的路径依赖性、聚集效应的强化机制以及政策干预的长期效应都是动态分析的重点内容。此外，动态模型的引入使得空间经济学可以更好地解释区域经济的周期性波动和非均衡增长现象。

国际化与全球化的发展也推动了空间经济学理论的深化。在全球价值链的框架下，空间经济学研究区域间生产分工和价值创造的地理分布。通过分析核心区与边缘区的功能分工，可以揭示贸易自由化、技术进步和政策干预如何塑造全球经济格局。与此同时，全球化带来的竞争压力和技术扩散也为边缘地区的发展提供了机遇，使得空间经济学的研究更加复杂和多样化。

三、贸易与空间经济学的理论基础

1. 规模收益递增与区域经济聚集的非显性效应

与新古典的规模收益递减（不变）和完全竞争不同，空间经济学以规模收益递增和垄断竞争为主要的理论基础。虽然张伯伦早就提出了垄断竞争思想，但垄断竞争思想与主流经济学所推崇的一般均衡建模技术结合在一起的分析框架，是由迪克希特和斯蒂格利兹于1977年完成的。他们指出最终产品生产者的规模收益递增来自消费者对多样性产品的偏好。

规模收益递增和某一生产部门出现垄断是紧密联系在一起的，由于规模收益递增的存在，生产者不可能选择多元化战略，而各自选择具有规模收益递增特征的生产部门进行生产，因此不同的生产者成了在其生产领域的垄断者。

尽管这些厂商都具有垄断特征，但这些生产部门不是自然垄断行业，也不是获得特许权的部门，因此市场上存在许多潜在进入企业。正因为许多潜在进入企业的进入威胁，这些垄断厂商不能按垄断价格定价，而是按边际成本加成定价法定价。

规模收益递增不仅是生产效率提升的来源，还通过其非线性效应深刻影响了区域经济的聚集过程。规模收益递增的特点使得企业在特定区域的生产规模达到一定阈值后，其平均成本显著降低，从而吸引更多资源和资本向该区域流动。这种非线性效应在区域经济的早期发展阶段尤为显著，因为区域经济的发展初始需要克服聚集门槛效应，即在外部性不足以显现时，企业往往选择更分散的区位。

在贸易与空间经济的动态框架中，规模收益递增还会通过集聚效应与分散效应的反复博弈产生周期性波动。当聚集效应主导时，区域内企业通过共享基础设施、技术扩散和市场效应而不断吸引资源；而当分散效应加剧（例如土地价格上涨或资源紧张），部分企业可能外迁，形成新的区域经济活动。

2. 垄断竞争的多维空间效应

垄断竞争的空间效应不仅表现在企业区位选择上，还影响了消费者福利、市场结构和区域之间的经济平衡。在垄断竞争框架下，消费者的多样化偏好成为企业产品差异化的重要驱动力，这种多样化需求直接导致了区域市场规模与企业数量的正相关性。扩展的垄断竞争模型中，假设消费品种 n 越多，消费者效用越高，但由于生产品种需要固定成本，企业会根据市场规模的变化调整其供给数量。消费者效用函数为

$$U = \left(\sum_{i=1}^{n} x_i^{\frac{\sigma-1}{\sigma}}\right)^{\frac{\sigma}{\sigma-1}} \quad (3\text{-}1)$$

其中，品种数量 n 与区域市场规模 S 呈正相关关系为 $n = \dfrac{S}{F}$。

区域市场规模越大，能够支持的企业数量越多，从而形成垄断竞争市场的集聚特征。垄断竞争的市场机制进一步促进了区域核心与边缘之间的非对称性，因为核心区域拥有更大的市场规模和消费者基础，而边缘区域因市场需求不足而难以吸引企业。

3. 冰山交易成本

冰山交易成本模型通过对运输成本的抽象化处理，揭示了地理距离对贸易流量和区域经济分布的非线性影响。在基础模型中，运输成本 t 的降低对核心区域的经济活动有正向放大效应，因为核心区域能够更高效地将商品输送至边缘区域市场。然而，当运输成本接近零时，边缘区域的经济活动可能反向吸引核心区域的资源外流，导致核心区域的聚集效应被部分削弱。扩展分析中，冰山交易成本还可以加入运输基础设施质量和地理障碍等变量，使其更加贴近实际。假设运输成本是以下函数

$$t = t_0 \times e^{-\beta I} \quad (3\text{-}2)$$

其中，t_0 为初始运输成本；I 表示基础设施投资；β 为运输效率改善的弹性参数。当基础设施投资 I 增加时，运输成本下降，促进跨区域贸易流量的增加。冰山交易成本还可结合区域物流能力和数据流动的动态变化，以分析数字经济背景下数据贸易的空间分布特征。

4. 核心 – 边缘模型（CP 模型）

以迪克希特和斯蒂格利兹的垄断竞争一般均衡分析框架为基础，借鉴国际贸易理论，利用萨缪尔逊（1952）的"冰山"交易技术，克鲁格曼（1991）把空间概念引入一般均衡分析框架中，完成了空间经济学的开山之作，即核心 – 边缘模型，简称 CP 模型。

核心 – 边缘模型（CP 模型）在基础框架上分析了区域间的集聚与分散规律，但其应用范围可以进一步扩展至多区域、多产业和动态均衡情境。首先，多区域扩展分析可以通过引入多个核心区域与边缘区域的互动关系，研究贸易成本和市场规模在多中心经济体中的分配效应。假设存在 N 个区域，每个区域的价格指数为 p_i，则均衡条件变为

$$P_i = \left(\sum_{i=1}^{n} p_{ij}^{1-\sigma}\right)^{\frac{1}{1-\sigma}} \quad (3\text{-}3)$$

价格指数 P_i 的变化不仅取决于区域内企业的供给能力，还受到其他区域竞争力的影响。通过动态分析，可以揭示多区域经济体中核心区域之间的资源竞争和市场联动关系。

其次，产业扩展分析可以通过引入不同产业的规模收益递增特性和交易成本差异，研究产业分工对空间经济的影响。制造业因具有较高的运输成本敏感性，更容易集中于核心区域，而服务业因其非物质性和低运输成本特性，可能分布在更广泛的区域。产业分布的动态变化进一步影响区域间的经济格局和贸易结构。

5. 贸易与空间经济活动的内生互动机制

贸易与空间经济活动之间的互动机制可以从动态博弈的角度进一步分析。核心区域通

过聚集力吸引企业和劳动力，导致市场规模和实际工资水平上升；而分散力通过土地成本上升和资源稀缺性抑制了核心区域的扩张。贸易成本、技术进步和政策调控对聚集力与分散力的动态平衡起到关键作用。

技术进步的加速往往会放大核心区域的竞争优势，尤其是在知识密集型产业中，核心区域通过知识溢出效应和网络效应巩固其主导地位。同时，政策调控（例如区域补贴和税收激励）可以通过增强边缘区域的吸引力来对抗核心区域的过度聚集效应。

内生互动机制的实质在于核心区域与边缘区域之间的动态资源流动过程。假设区域 A 和 B 的劳动力流动由实际工资差异驱动，则流动方程为 $L_A \to L_B = \alpha(w_A - w_B)$。其中，$L_A \to L_B$ 表示劳动力从 A 流向 B 的数量 α 为劳动力流动弹性。劳动力流动的方向和速度影响了区域间经济格局的调整周期，同时决定了核心区域与边缘区域的长期均衡状态。

第二节 空间经济学理论的基本构架

一、聚集力

空间经济非连续和突发性的"块状经济"特征表明区域之间存在着某种非均衡力，这种非均衡力导致经济活动在空间上的集聚和分散。非均衡力由两种基本作用机制构成：聚集力与分散力。聚集力主要包括本地市场效应和价格指数效应，而分散力则表现为市场拥挤效应。两种作用机制在空间经济活动的分布中互相交织，构成了区域经济动态调整的核心机制。

1. 本地市场效应

本地市场效应指垄断竞争型企业倾向于选择市场规模较大的区位进行生产，同时将其产品销往市场规模较小的区域。这一行为是基于垄断竞争市场的利润最大化动机。由于市场规模较大的区域具有更高的需求水平，企业可以通过集中生产以实现更低的平均成本，同时更容易覆盖市场需求，获得更高的市场份额。本地市场效应也被称为市场接近效应，其本质是生产者为了最大化市场接近度而形成的空间行为。

从理论看，企业在选择生产区位时会比较不同区位的市场规模和运输成本。市场规模较大的区域通过降低运输成本的相对重要性，吸引更多的企业进入，从而形成聚集。聚集的企业数量进一步扩大了市场规模，增强了聚集效应，这种效应的强化机制构成了区域经济的循环累积特性。

2. 价格指数效应

价格指数效应描述了企业的集中能够通过降低当地居民的生活成本，提高实际收入水平的现象。居民的生活成本与企业生产的多样化商品相关，商品种类越多，价格越低，生活成本越低。价格指数效应也被称为生活成本效应，或者前向联系。在价格指数效应的作用下，企业的聚集能够通过降低商品价格，提高居民的购买力和实际消费能力，从而吸引更多的劳动力流入。

当区域内企业数量增加时，商品种类的多样化程度提高，价格指数降低，生活成本下降。价格指数效应形成了区域聚集与生活成本下降之间的正反馈机制，从而进一步吸引更

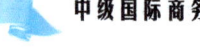

多的劳动力流入该区域。这种正向的反馈效应进一步增强了区域聚集力。

3. 循环累积因果关系

本地市场效应和价格指数效应共同构成了聚集力的基础,并具有循环累积特征。企业的聚集扩大了区域市场规模,降低了运输成本,进一步增强了本地市场效应。同时,企业聚集还降低了商品价格,吸引更多劳动力流入,强化了价格指数效应。这种相互强化的机制被称为循环累积因果关系。循环累积效应的核心在于区域内经济活动的双向因果联系,即企业的聚集增强了市场吸引力,市场吸引力又进一步促进了企业的聚集。

劳动力流动由实际工资的差异驱动,价格指数的下降会增强区域对劳动力的吸引力,从而进一步促进企业的聚集。这种双向联系推动了区域内经济的循环累积发展。

4. 分散力:市场拥挤效应

市场拥挤效应是分散力的主要表现形式,描述了不完全竞争企业趋向于选择竞争者较少的区位进行生产的行为。当某一区域的企业数量过多时,市场竞争加剧,利润空间缩小,同时资源的供给成本增加,导致企业外迁至其他区域,以寻求更低的竞争压力和成本优势。市场拥挤效应对区域经济的分布起到调节作用,抑制了核心区域的过度集中,形成了聚集与分散之间的动态平衡。随着企业数量增加,每家企业的市场份额下降,导致利润下降。当利润降至某一临界值时,企业选择迁出该区域,分散到竞争较少的地区。

市场拥挤效应的存在削弱了聚集力的自强化机制,从而避免了经济活动在某一区域的无限集中。分散力的作用使得边缘区域能够在一定程度上吸引资源和经济活动,实现区域间的相对平衡。

二、空间经济研究方法

空间经济学的研究方法核心在于理解经济活动在空间上的分布及其动态变化。阿尔弗雷德·马歇尔提出的外部经济三分法——知识溢出、熟练劳动力市场的形成和前后向联系,为研究区域经济活动的聚集与分散提供了理论框架。

1. 知识溢出

知识溢出是指创新知识、技术和经验在企业之间的无偿扩散现象,是推动区域经济活动聚集的重要因素之一。知识溢出的区域性特征表明,地理临近性能够显著提升知识传播的效率。这种传播通过非正式交流、合作研发和技术模仿等渠道实现,成为区域经济创新能力提升的关键。

知识溢出对空间经济学的影响可通过技术进步的动态效应加以刻画。假设某区域A的技术水平为 T_A,其增长率 g_A 依赖于本地企业研发活动 R_A 和邻近区域B的技术水平 T_B 所带来的知识外溢,即 $g_A = \phi R_A + \varphi T_B$。其中,$\phi > 0$ 表示本地研发活动对技术增长的贡献,$\varphi > 0$ 表示邻近区域知识溢出的贡献。

2. 熟练劳动力市场的形成

熟练劳动力市场的形成是区域聚集的重要外部经济之一,指企业和劳动力在地理空间上的集中能够有效降低匹配成本并提高劳动市场效率。企业聚集创造了更多的就业机会,而熟练劳动力的聚集又反过来吸引更多企业进入该区域。这种相互依存关系构成了劳动力市场的动态循环累积效应。

劳动力市场的匹配效率可以通过以下函数刻画 $M = \gamma E L$,其中,M 表示成功匹配的熟练劳动力数量，E 表示企业数量，L 表示劳动力数量，$\gamma>0$ 表示匹配效率参数。匹配效率的提升降低了企业的招聘成本和劳动力的失业风险，从而增强了区域对企业和劳动力的吸引力。

在空间经济学的建模中，熟练劳动力市场的作用通常以实际工资差异为核心变量反映。假设区域 A 和区域 B 的名义工资分别为 W_A 和 W_B，生活成本分别为 P_A 和 P_B，实际工资为 $\omega_A^* = \dfrac{W_A}{P_A}$，$\omega_B^* = \dfrac{W_B}{P_B}$，劳动力流动的方向取决于实际工资的差异：$L_{A \to B} = \lambda(\omega_B^* - \omega_A^*)$，其中，$\lambda>0$ 表示劳动力的流动弹性。通过这种方式，熟练劳动力市场的形成推动了区域经济活动的集聚，反映了空间经济学对区域劳动力动态分布的研究。

3. 前后向联系

前后向联系是马歇尔外部经济三分法中最为重要的一部分，也是现代空间经济学建模的核心内容。前后向联系通过产业链上下游的相互依存关系增强区域聚集力，并形成循环累积因果关系。前向联系是指供应商为下游企业提供生产要素，后向联系是指下游企业为供应商提供市场需求。

假设某区域 A 的企业数量为 n_A，上游企业的产量 Q_s 由下游企业的需求 D_d 决定，而下游企业的生产效率 ϕ_d 取决于上游企业的供给能力 ϕ_s。这种循环关系可以表示为

$$D_d = f(n_A)，\phi_s = g(D_d) \tag{3-4}$$

前后向联系的强化会导致企业数量 n_A 的快速增长，从而形成区域经济的集聚效应。通过模型可以发现，当区域内企业数量增加时，产业链上下游的互动效率提升，进一步吸引了更多企业进入该区域。

在空间经济学中，前后向联系的作用通常通过核心-边缘模型（CP 模型）进行分析。核心区域由于聚集了更多的上下游企业，从而形成更高的生产效率和更低的交易成本，增强了对边缘区域的吸引力。这种机制推动了核心区域的进一步发展，而边缘区域则可能因资源流失而被边缘化。

4. 联系效应

联系效应的数学表述基于价格指数、市场规模和运输成本等变量的联动关系。假设价格指数 P_A 与区域企业数量 n_A 相关，则价格指数的下降会增强区域的生活吸引力。

$$P_i = \left(\sum_{i=1}^{n} p_{ij}^{1-\sigma} \right)^{\frac{1}{1-\sigma}} \tag{3-5}$$

价格指数的降低吸引了更多企业进入，进一步扩大了市场规模。这种正向反馈形成了区域经济的循环累积机制。

联系效应的核心在于揭示聚集力与分散力之间的动态平衡，以及运输成本、技术进步等外生变量对区域经济分布的影响。通过分析联系效应，空间经济学能够解释区域经济的非均衡分布，并为政策干预提供理论依据。

5. 收益递增与不完全竞争条件下的空间经济建模技术

（1）迪克希特和斯蒂格利茨的垄断竞争模型（D-S 模型），其核心是不变替代弹性函数（CES 函数）。

（2）"冰山贸易成本"假设，由萨缪尔森（P. A. Samuelson, 1952）提出：把运输成本看成在运输途中一部分产品因"溶解"或"蒸发"而造成的损失。在另一区域出售 1 单位的某产品必须从本地运出 τ 单位的该产品（$\tau \geqslant 1$），即 $\tau - 1$ 单位在运输途中融化了，这部分就是"冰山贸易成本"。

（3）计算机数值模拟。在新的理论框架下，空间经济学模型包含的变量和参数很多，变量之间的关系无法用显函数给出，给出的大多是隐函数，解均衡的方法：对不同的参数代入一定的值，再利用计算机进行数值分析，求均衡。

三、空间经济学的基本假设

空间经济学在研究经济活动空间分布时，采用了一套严格的理论假设，结合现代建模方法和传统经济学框架，为分析区域间的经济互动与动态调整提供了基础。与传统经济学的研究路径相比，空间经济学将多重均衡和均衡稳定性纳入研究范围，从而拓展了分析的广度和深度。

1. 空间经济学与传统经济学研究方法的比较

传统经济学的研究方法强调单一均衡条件，假设经济系统会通过最优决策自发趋向长期均衡状态。其典型路径为：提出假设→最优决策→长期均衡（单一解）。这种方法假设市场机制能够在完全竞争条件下自动协调供需，形成唯一的稳定均衡。空间经济学在此基础上进一步引入地理空间维度，强调经济活动的非均衡分布与动态演化特性。其研究路径为：提出假设→最优决策→长期均衡（条件）→多重均衡→均衡的稳定。空间经济学认为，多重均衡是区域经济活动分布的普遍现象，不同均衡点的形成取决于初始条件、外部冲击和政策干预。同时，均衡的稳定性分析是理解区域经济动态演化的关键。

2. 空间经济学的基本假设

（1）区域设定：两个区域。空间经济学通常假设经济活动发生在两个区域：南部和北部。两个区域在地理位置和经济条件上具有一定的对称性，但可以通过政策、资源禀赋或技术水平的差异逐渐形成非对称格局。这种双区域设定的目的是简化分析，同时揭示区域间贸易流动、资源配置和经济集聚的基本规律。

南部和北部之间通过商品流动和要素流动产生经济联系。假设南部为农业主导区域，北部为工业主导区域，两区域之间的互动决定了区域经济的长期均衡分布。运输成本（冰山交易成本）是影响两个区域经济活动分布的重要变量，模型通常假设运输成本以距离为函数 $t = f(d)$，其中 $f'(d) > 0$。

（2）部门设定：农业与工业。经济活动被划分为两个部门：传统农业部门和现代工业部门。农业部门以收益不变和完全竞争为特征。农业部门的生产函数通常表现为：$Q_A = F(L_A)$，其中，Q_A 为农业产出；L_A 为农业劳动力；F 为线性生产函数，收益不随规模变化。

工业部门以收益递增和不完全竞争为特征。工业部门的生产函数表现为 $C = F + cQ$，其中，F 为固定成本，c 为单位边际成本，Q 为工业产出。工业部门的收益递增特性是区域经济集聚的主要驱动力。

农业与工业之间的区位选择受到要素流动性的影响，工业部门倾向于聚集于运输成本低、市场规模大的区域，而农业部门因收益不变特性分布较为均匀。

（3）要素设定：可流动要素与不可流动要素。空间经济学假设经济活动由两种生产要素驱动：

可流动要素指工业劳动力，其可以在区域间自由流动，流动方向取决于实际工资水平的差异。假设工业劳动力的流动函数为

$$L_{N \to S} = \lambda(\omega_S^* - \omega_N^*) \tag{3-6}$$

其中，$L_{N \to S}$ 表示从北部流向南部的劳动力数量，$\lambda > 0$ 为劳动力流动弹性。

不可流动要素指农业劳动力，其位置固定，不参与区域间的流动。农业劳动力的固定性导致农业产出在空间上的分布较为均匀。这种要素流动性假设反映了工业活动的区位选择与市场条件的动态调整关系，同时为区域间的聚集与分散提供了理论依据。

（4）研究起点：对称空间。空间经济学通常从对称空间出发，即假设南部和北部在初始条件下具有相同的市场规模、资源禀赋和技术水平。对称空间为分析区域间的动态演化提供了理论基准。

在对称空间假设下，任一扰动都可能打破区域间的均衡，形成经济活动的集中效应。例如当北部工业部门的技术水平因外部冲击提高时，本地市场效应和价格指数效应将吸引更多企业和劳动力流入，导致北部成为经济核心，而南部则逐渐边缘化。这种动态过程体现了空间经济学的多重均衡特性。

3. 空间经济学的多重均衡与均衡稳定性

（1）多重均衡。多重均衡是空间经济学的重要特征，指在相同的初始条件下，不同的路径选择可能导致区域间经济活动分布的显著差异。假设南部和北部分别具有两个可能的均衡点：

均衡点 1：$G_S > G_N$；均衡点 2：$G_S < G_N$。

其中，G_S 和 G_N 表示南部和北部的聚集力。当初始条件或外部干预发生变化时，系统可能跳跃到另一均衡点，从而改变区域经济布局。

（2）均衡稳定性。均衡稳定性分析关注区域经济在多重均衡间的动态调整过程。假设某均衡点的稳定性由聚集力与分散力的相对强度决定

$$\Delta G = G - D \tag{3-7}$$

当 $G > D$ 时，区域经济活动趋于集中；当 $G < D$ 时，区域经济活动趋于分散。均衡的稳定性取决于 $\Delta G = 0$ 的条件下扰动的方向和幅度。

稳定均衡的数学表达可以通过雅可比矩阵（Jacobian Matrix）确定。假设劳动力流动和企业分布的动态系统为

$$\frac{dL}{dt} = f(L), \frac{dN}{dt} = g(N) \tag{3-8}$$

系统的稳定性由以下特征值决定

$$\det(J) = 0, \operatorname{tr}(J) < 0 \tag{3-9}$$

当满足稳定条件时，系统将收敛于某一均衡点；否则，系统可能出现周期性波动或跳跃至另一个均衡点。

第三节 空间经济学基本模型

一、模型演变

目前已发展成熟的空间经济学模型主要有两大类（非线性模型和线性模型），大部分以垄断竞争一般均衡理论为分析框架。

（1）第一类模型沿用克鲁格曼的核心-边缘模型思路，没有摆脱迪克希特-斯蒂格利兹的垄断竞争一般均衡理论分析框架。

消费者的偏好用两个层面的效用函数来表示，即工业品集合和农产品的消费，用柯布-道格拉斯型效用函数来表示；多样化的工业品组合的消费，用不变替代弹性（CES）效用函数来表示；利用"冰山"型交易技术假设。

第一类空间经济学模型主要包括：克鲁格曼（1991）的核心-边缘模型（CP模型）；马丁和罗格斯（1995）的自由资本模型（FC模型）；奥塔维诺（2001）、福斯里德（1999）、福斯里德和奥塔维诺（2003）等发展起来的自由企业家模型（FE模型），也就是要素流动模型。鲍德温（1999）的资本创造模型（CC模型）；马丁和奥塔维诺（1999）的全域溢出模型（GS模型）；鲍德温、马丁和奥塔维诺（2001）的局部溢出模型（LS模型）。

（2）第二类模型可以称之为线性模型，放弃柯布-道格拉斯型效用函数和不变替代弹性效用函数以及"冰山"型运输成本假设，利用准线性二次效用函数及线性运输成本，并把这种假设与第一类不同模型结合起来，从而摆脱了困扰核心-边缘模型的非线性关系。由于准线性二次效用函数的一阶条件满足线性关系，因而大大简化了模型，并且长期均衡下的内生变量也可以得到显性解。第二类模型主要是由奥塔维诺等发展起来的，包括奥塔维诺（2001）的线性自由资本模型（LFC模型）；奥塔维诺、塔布吉、蒂斯（2002）的线性自由企业家模型（LFE模型）。

二、线性自由资本模型（LFC模型）

塔维诺（Ottaviano，2001）的线性自由资本模型（LFC模型）是空间经济学的一个重要模型，用于研究资本自由流动下的区域经济活动分布。该模型的核心在于引入资本作为生产要素，并假设资本可以在区域之间自由流动，从而影响区域间的经济均衡。通过线性效用函数的构建，LFC模型以更简化的形式分析了资本流动对区域经济集聚的作用。

1. 模型假设

区域设定：假设经济活动分布在两个区域 A 和 B，区域之间存在交易成本，且资本和商品可以跨区域流动。

生产要素：劳动力 L 不流动的，分布在两个区域之间，劳动力的总量为固定值 $L = L_A + L_B$。资本 K 是自由流动的生产要素，可以根据回报率的差异在两个区域间重新分配。

生产结构：每个区域生产单一商品，生产函数为

$$Q_i = A_i K_i + B_i L_i \tag{3-10}$$

其中，K_i 和 L_i 分别表示区域 i 的资本和劳动力投入，A_i 和 B_i 分别是资本和劳动力的生产率。

资本回报率：区域 i 的资本回报率 r_i 由边际产出决定

$$r_i = \frac{\partial Q_i}{\partial K_i} = A_i \tag{3-11}$$

资本流动：资本流动取决于区域间资本回报率的差异

$$K_A \to K_B \propto (r_B - r_A) \tag{3-12}$$

2. 模型分析

（1）资本流动与区域经济集聚。在资本自由流动的情况下，资本会从资本回报率较低的区域流向资本回报率较高的区域。这一流动会增加资本较多区域的生产能力，进一步提高其资本回报率，形成区域经济活动的集聚效应。

假设初始状态下，两个区域的资本分布为 K_A^0 和 K_B^0。在资本回报率 r_A 和 r_B 的驱动下，资本分布的动态变化可表示为

$$\frac{dK_A}{dt} = \lambda(r_A - r_B) \tag{3-13}$$

其中，$\lambda > 0$ 是资本流动弹性。当资本在两个区域间达到均衡时，有 $r_A = r_B$。

（2）交易成本的影响。交易成本对资本流动的影响可以通过引入资本有效边际回报率进行描述。假设区域 A 和 B 之间的交易成本为 t，资本有效边际回报率分别为

$$r_A^* = r_A - t,\ r_B^* = r_B - t \tag{3-14}$$

当交易成本 t 较高时，资本流动速度减缓，区域间经济活动的集聚效应减弱。

3. 经济解释

LFC 模型的核心在于揭示资本自由流动对区域经济活动分布的影响。资本的自由流动通过回报率的动态调整推动区域间的资源重新配置，从而加剧区域经济的非均衡分布。资本流动的方向由区域间生产率和交易成本决定，而资本的集聚效应强化了核心区域的经济主导地位。

三、线性自由企业家模型（LFE 模型）

奥塔维诺（Ottaviano）、塔布吉（Tabuchi）和蒂斯（Thisse）在 2002 年提出的线性自由企业家模型（LFE 模型）通过引入企业家作为决策主体，分析了在企业家自由流动的情况下，区域经济活动的分布规律。该模型扩展了新经济地理学的分析框架，将企业家的区位选择与区域经济的动态演化结合起来。

1. 模型假设

区域设定：经济活动分布在两个区域 A 和 B，企业家可以在两个区域间自由流动。

决策主体：企业家是生产活动的核心决策者，选择区位的目标是最大化利润。

生产函数：每个企业的生产函数为

$$Q = F + cE \tag{3-15}$$

其中，F 为固定成本，c 为单位产出成本，E 为企业家数量。

利润函数：企业家的利润由市场规模和生产成本决定

$$\Pi_i = S_i - F - cE_i \tag{3-16}$$

其中，S_i 为区域 i 的市场规模，E_i 为区域 i 的企业家数量。

企业家流动：企业家流动由利润差异驱动

$$E_A \to E_B \propto (\Pi_B - \Pi_A) \tag{3-17}$$

2．模型分析

（1）市场规模与企业家区位选择。市场规模是企业家选择区位的核心因素。区域 i 的市场规模 S_i 由本地需求和邻近区域的需求构成

$$S_i = D_i + \gamma D_j \tag{3-18}$$

其中，D_i 是区域 i 的本地需求，γ 是跨区域需求的转换率（与交易成本相关）。企业家数量的动态变化可以表示为

$$\frac{dE_A}{dt} = \beta(\Pi_A - \Pi_B) \tag{3-19}$$

其中，$\beta > 0$ 为企业家流动弹性。当 $\Pi_A = \Pi_B$ 时，企业家在两个区域间达到均衡分布。

（2）固定成本与企业分布。固定成本 F 对企业家的区位选择具有重要影响。当 F 较高时，企业家更倾向于集中于市场规模较大的区域，以分摊固定成本并获得更高利润。这种效应加剧了区域间的经济集聚。

3．经济解释

LFE 模型揭示了企业家作为决策主体对区域经济分布的关键作用。在企业家自由流动的条件下，市场规模的差异驱动区域间的经济活动重组，强化了核心区域的经济优势。同时，交易成本和固定成本的变化会显著影响企业家的区位选择，从而决定区域经济活动的空间格局。

第四节　贸易与空间经济学政策含义

一、空间经济学的政策分析工具

空间经济学的基本结论与新古典经济学不同，因此分析区域经济政策的基本思路也不同于传统的新古典理论。原因是：空间经济学认为区域经济是"块状经济"而非"平滑的经济"，而块状经济以"非线性""不连续"为主要特征。

空间经济学的这种非线性特征，必然导致多重均衡、黏性、分叉等许多不同于新古典的特征，因而分析区域经济政策的基本逻辑也不同。

1．门槛效应

空间经济学不同于新古典经济学的第一个特征：非线性和不连续性，即政策工具力度

小于门槛值时，政策的边际变动无法影响产业的区位。

产业集中于某一区域而产生的聚集力具有很强的惰性，当以某种政策或措施试图改变这种聚集时，由于存在聚集资金，在政策力度小于门槛值时，政策无效；只有在政策力度超出门槛值时，留在原地的成本大于聚集资金，生产要素开始转移，企业选择新的区位。随着企业和生产要素的转移，聚集租金开始下降，该区位也失去吸引力，并导致产业分散。图 3-1 中横轴表示贸易自由度，纵轴表示北部地区流动要素在流动要素总量中所占份额。粗实线表示稳定均衡：

$0<\varphi<\varphi_S$，对称结构（$S_H=\frac{1}{2}$）是唯一的稳定均衡；

$\varphi_S<\varphi<\varphi_B$，有三个稳定均衡：对称结构（$S_H=\frac{1}{2}$）、CPN 结构（$S_H=1$）、CPS 结构（$S_H=0$）；

$\varphi_B<\varphi<1$，有两个稳定均衡：CPN 结构（$S_H=1$）、CPS 结构（$S_H=0$）。

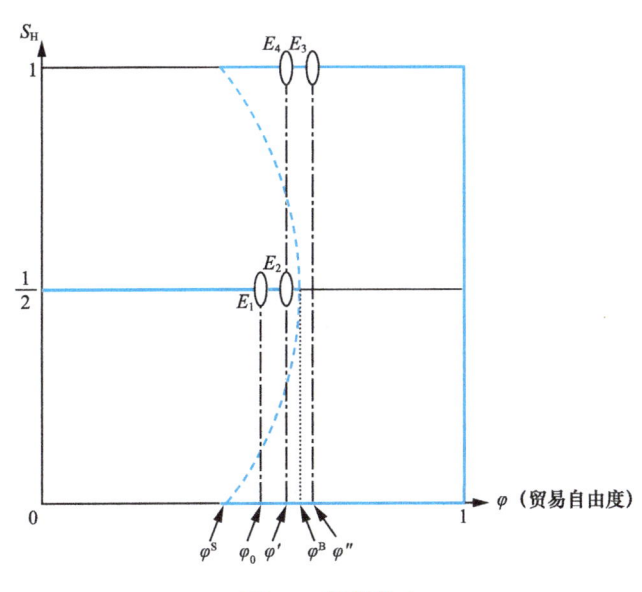

图 3-1 门槛效应

均衡 E_1（贸易自由度为 φ_S）开始，贸易自由度提高到 φ'，均衡到 E_2，不改变产业空间格局；再提高同样规模的贸易自由度到 φ''，对称均衡变得不稳定，假设所有产业集中到北部，形成新的均衡点 E_3。

传统理论：政策与绩效呈线性关系，政策力度小，绩效就小；反之，政策力度大，绩效就大。但空间经济学揭示：政策变化的效果是非线性的、急剧的。

2. 区位黏性（Locational Hysteresis）

区位黏性，即路径依赖：φ^S、φ^B 对政策分析而言是至关重要的。

路径 1：贸易自由度从 φ'' 推移到 φ'，北部区位条件缺少吸引力，但在 $\varphi_S<\varphi<\varphi_B$ 区间内，CPN 仍然是稳定的均衡，政策的变动没有剧烈的影响，均衡点从 E_3 移到 E_4，不会后移到 E_2；（如要回到 E_2，只有经济系统把贸易自由度降低到小于 φ_S 的位置，然后再提高到 φ_0 的位置）。

路径2：贸易自由度从 φ_0 开始，均衡点 E_1。如前所述，提高到 φ'，均衡点在 E_2，只有越过 φ_B 后才会改变对称均衡，达到聚集均衡。

区位黏性，对于经济政策而言，政策含义是警告：一个"坏"的政策，尽管实施的时间很短，但其"影响"（后遗症）可能是持续而长远的。

3. 生产补贴（Production Subsidies）

图 3-2 中空间经济学的滚摆线图，横轴表示北部的产业份额，纵轴表示北部和南部实际工资差异（北部实际工资 - 南部实际工资）。在一定的贸易自由度下，当北部的流动要素所占份额超过 1/2 时，北部的实际工资超过南部；如果南部的流动要素所占份额超过 1/2 时，南部的实际工资超过北部。

显然，这是一个聚集均衡滚摆线。所有产业都集中在北部或南部。假设所有产业集中于北部，均衡点在 CPN，假设南部政府对可流动要素进行补贴。

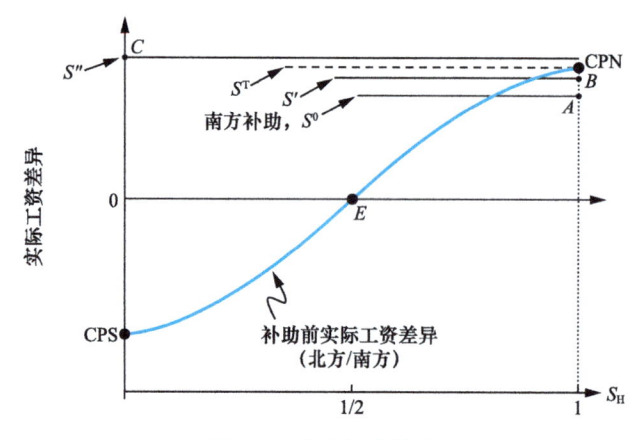

图 3-2 生产补贴效应

在南部政府补贴下：北部的流动要素（主要指工业劳动力）所获收入为实际工资 w，南部为实际工资 w^* 加上补贴 S（人均补贴），即 w^*+S。

（1）如果补贴是 S^0，对产业空间结构没有影响。因为此时聚集租金（北部和南部实际工资差距）大于补贴。

（2）进一步提高到 S'，仍没有影响。

（3）如以同样增幅再提高到 S''，将发生急剧性变化。

4. 赋税（Tax Hikes）

$$财政收入 = 税率 \times 税基$$

赋税的结果：一方面，税率提高增加税收收入，另一方面，税率提高损失税基，减少税收收入。

如图 3-3 所示，当处于对称均衡时，北部对流动要素赋税 Δt，北部流动要素南移，直到北部实际工资 $w - \Delta t = w^*$ 为止。对应的，均衡点从 E 点移到 A 点，要素的损失为 $1/2 - n'$。因为 $1/2 - n' < \Delta t$，北部的财政收入增加了。进一步增加赋税 Δt，效果与前次不同。均衡点移到 B 点。此时，$n' - n'' > \Delta t$，财政收入下降。

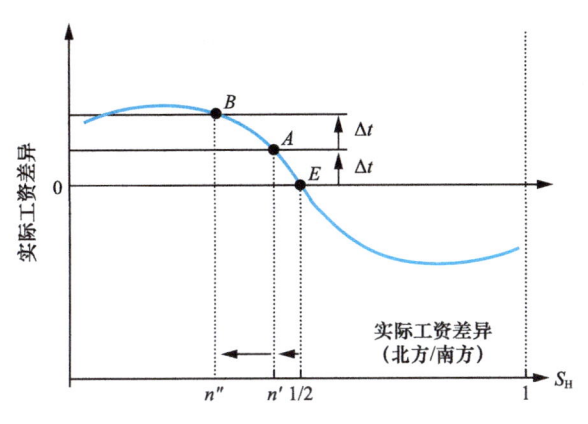

图 3-3 赋税效应

5. 贸易自由度（Trade Freeness）

贸易自由度是贸易成本的简单函数：用 $\varphi = \tau^{1-\sigma}$ 来定义贸易自由度（经济开放度）。空间经济学揭示：经济开放程度不同，相同经济政策的效应也是不同的。考虑贸易成本足够高、对称均衡是稳定均衡的情景。仍然以补贴为例，如图 3-4 所示。

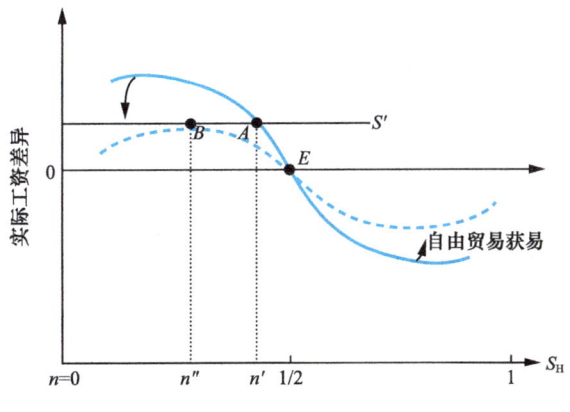

图 3-4 贸易自由度效应

假设：最小补贴额度为 S'，在较低的贸易自由度（$\varphi < \varphi_S$）下，对称均衡稳定，补贴的影响不明显（E 点移到 A 点），企业数量减少 $1/2 - n'$。

但随着贸易一体化、贸易更开放，实际工资差异线将变得更加平滑，区际实际工资差异更小。此时同样幅度的补贴的效应是很大的：贸易更自由，实际工资差异线在 S' 的下方，贸易成本很高时小到可以忽略的补贴水平，在贸易成本较低时，可以对区位产生巨大的影响。

空间经济学表明：政策变量与贸易自由度之间的相互作用必须重视，否则不可能全面分析政策变量的影响。

6. 选择效应（Selection Effects）

前面讨论过：当贸易自由度大于 φ_B 时，在外生冲击下，所有产业都聚集到一个区域（北部或南部），但模型本身并不能确定聚集选择哪个区域。这时，即使力度很小的政策也可能产生巨大的影响，这种效应被称为选择效应。图 3-5 中（集聚均衡稳定，对称均衡不稳定）实线表示实际工资差异曲线，E 为原来的对称均衡点，由于贸易自由度很高（大于 φ_B），该对称均衡不稳定（E 点上实际工资差异曲线斜率为正）。图3-5中用箭头表示了两种调整路径：CPN 和 CPS。实践中，任一区域通过补贴、减税等政策措施产生的扰动，足以改变初始条件，引发产业向该区域聚集。

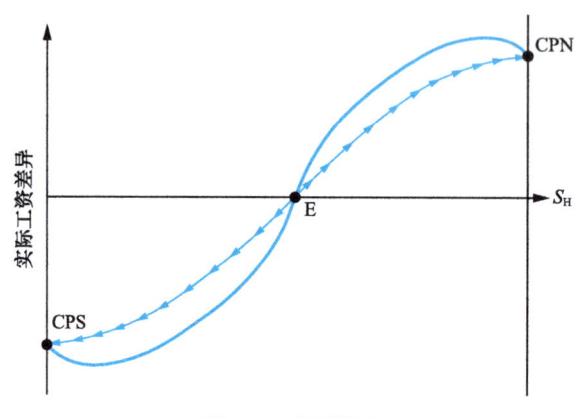

图3-5 选择效应

政策的选择效应本质上是人为的一种扰动。

7. 协调效应（Coordination Effects）

个体的理性选择就是选择他认为其他人都选择的地方。因此，预期比历史起着更重要的作用。

图3-6中滚摆线表示贸易自由度在突破点和持续点之间（$\varphi_S < \varphi < \varphi_B$）时的实际工资差异。对称均衡和两个聚集均衡都是稳定均衡（斜率为负），另外两个交点表示的均衡为不稳定均衡（斜率为正）。

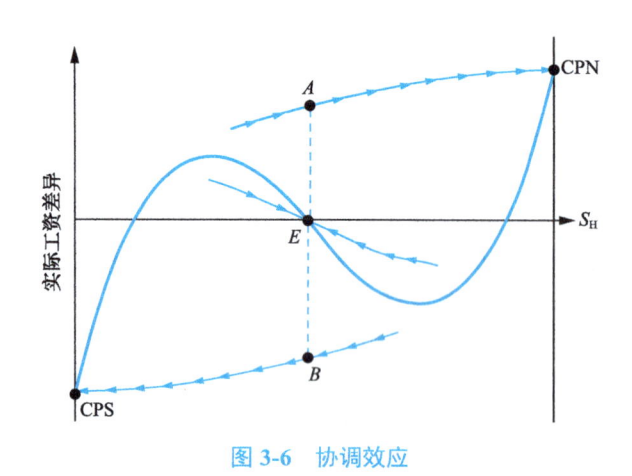

图3-6 协调效应

理性预期的调整路径由箭头表示：

在 E 点存在三种可选择的调整路径：发生震荡后又恢复到原来对称结构的调整路径；偏离原有对称结构向 CPN 的调整路径；偏离原有对称结构向 CPS 的调整路径。

现实情况如何调整，要取决于工人的理性选择，而每个工人都选择他们认为大家都会选择的路径，因此，人们的预期起着重要的作用。

即使是其他参数没有发生变化的情况下，预期的突然变化也足以改变产业分布的空间结构。因此，政府可以通过协调人们的预期实现区域经济稳定的目标，西方的区域繁荣主义思潮就是这个原理的现实应用。

事实上，答应提供补贴的区域，即使没有提供补贴，也能吸引企业，因为聚集的外部性锁定了所有企业。

二、空间经济学的政策含义

由于空间经济学的许多观点不同于传统经济理论，因此其政策含义也不同于传统理论。

1. 企业区位选择行为分析

传统的区位理论讨论区位时，主要从静态、外生角度去考虑区位条件，而空间经济学强调的是动态的区位。

因为在非均衡力作用下常形成循环累积因果关系，形成循环累积因果链的区域的经济不断得到发展，而经济的发展使得该区域具有更大的吸引力，这是内生决定区位优劣的过程。

因此，在空间经济学中，企业区位选择与市场规模的大小以及区内区外贸易自由度的大小有关：

（1）企业将选择市场规模较大的区域。

（2）其他条件相同的情况下，企业将选择区内贸易自由度较大的区域。

（3）当区际贸易自由度很大时，企业的生产区位很不稳定，将向市场规模较大的区域转移。

2. 产业分散与集中机理分析

目前许多人热衷于产业集群的研究，但许多研究没能揭示出形成产业集群的内在机理，其主要的原因是缺乏必要的分析工具，空间经济学可以提供这种分析工具。

（1）产业扩散源于核心区工资成本的持续上升。假设某一区域在初始时有自我强化的生产优势，使得该区域较其他区域可以支付较高的工资。随着经济系统对工业品需求的增长，该区域生产活动更加活跃，强化产业聚集的同时进一步提高工资水平，这种循环累积过程使得区际工资差距过大且难以维持，此时在另一个区域投资设厂是有利可图的，产业逐渐扩散到区外；第二个、第三个区域也经历同样的过程。

产业扩散具有一定的规律：

第一，多区域情况下，产业由某个核心区向外围区扩散，但并非同时扩散，而是依次扩散，首先向那些因外生因素而获得初始工业化优势的区域扩散。

第二，多产业情况下，依据各产业的劳动密集程度，以及投入产出结构等特征的不同，产业扩散的先后次序都不尽相同，劳动密集型产业首先从聚集体扩散出去；消费指向的产业首先从聚集体扩散出去；中间投入较少的产业首先从聚集体扩散出去。

总之，对工资成本较敏感且关联度较弱的产业对聚集区的依赖程度弱，最先扩散出去。

（2）产业的聚集过程与产业扩散过程相反。若源于产业前向联系和后向联系的成本节约足以超越聚集导致的工资成本的上升，那么产业聚集会维持下去，不会发生产业扩散。因此在空间经济学中，产业内联系成为主导产业聚集的核心内容，而从整体经济系统来讲，产业聚集的过程又是产业专业化的过程。

在空间经济学中，产业聚集的突出共性就是产业聚集与贸易自由度之间的倒 U 字形关系，也就是前面讨论的驼峰状聚集资金曲线，贸易自由度取某一特定区间值时，最易形成产业聚集，形成产业聚集时，区际差距最大。

3. 贸易自由化绩效分析

空间经济学可以把经济增长、国际贸易、产业经济、区域经济、城市经济都融入统一的框架中去讨论，这与传统理论不同。

（1）单边贸易政策。一般认为贸易自由化可以促进工业化的发展，但空间经济学指出，适度保护消费品市场，开放中间投入品市场，有利于本国的工业化。

如果一个国家在最终消费品市场上通过壁垒避免同国外企业的竞争并在中间投入品市场上提高贸易自由度，可以降低本国工业化成本，提高本国对工业生产的吸引力，这种局部贸易自由化政策有利于欠发达国家的工业化。

全面的贸易自由化政策也可以促进工业化的发展，但需要一定的条件：该国的市场规模相对要小；国外市场又是相当开放。欠发达国家经济起步时的最小市场规模取决于该国的比较优势和两国的贸易开放度。如果发达国家实行严格的贸易保护政策，那么欠发达国家难以实现工业化。

（2）优惠贸易协定。如果两个以上的国家签订优惠贸易协定，组成贸易集团，那么因块状经济的聚集力，将产生不同的影响：

首先，如果某一国的市场规模大于平均规模，则贸易自由化使得该国成为工业品的净出口国，其他国家成为工业品进口国，贸易自由化有利于大国而不利于小国。

其次，如果多国取消贸易壁垒，那么形成一个很大的本地市场，这导致非成员国家的生产向贸易集团内部转移，成员国受惠，非成员国受损。

再次，在贸易集团内部，随着贸易自由化的推进，产业活动逐渐向市场规模大的国家转移，集团内市场规模最大的成员受益。

实际上如果集团内部所有成员间的贸易壁垒完全消除的话，贸易集团内的所有产业将聚集在集团内的市场份额最大的成员国，这种结果必然导致贸易集团成员与非贸易集团成员、贸易集团内部不同成员之间在产业分布方面的不均衡。

贸易自由化是否提高整个世界福利水平，值得深入研究。

4. 公共产品供给

因为在市场经济条件下，公共产品主要是利用纳税者的税收来进行生产的。因此，区际公共产品竞争主要表现为区际税收竞争。

如果在空间经济学框架下讨论区际税收竞争，则由于存在聚集租金，区际税收竞争及其结果与传统理论是不同的。

（1）当贸易自由度足够高时，即使区际不存在税收差异，聚集力将促使流动要素在某一区域集中。

（2）只有当贸易成本足够高或聚集力很弱时，流动要素不会集中在某一区域，此时空间经济学的结论与新古典经济学框架下的结论是相同的。

（3）当存在聚集租金时，资本聚集区域可以对资本征收高税率而不会造成产业的流失，并且贸易自由度足够高时，资本-劳动比高的地区征收高税率是可能的，此时资本聚集区或资本-劳动比更高的地区能提供更多的公共产品。

（4）对产业均衡分布的情况而言，某一个区域提高税率，则将损失税基，如果此时聚集力越大，则损失的税基越多。这意味着，区域初始经济状况相同时，各个区域独立制定税率的空间很小，反过来经济系统的初始状态为聚集时，聚集区域独立制定税率的空间很大。

显然，非对称分布状态总是不利于产业份额小的地区，进而无法提供更多的公共产品。

任何强化聚集的力量都存在把产业锁定在产业聚集区的趋势，也就是赋予了聚集区在对流动要素征税方面更大的自由度，这与"大国优势"在本质上是一致的。

因为拥有更大份额产业的区域拥有更大的税基来支撑更多的公共产品，而拥有大量高质量公共产品的区域对可流动要素的吸引力很大，这意味着公共产品本身就是一种聚集力。

5. 资本流动与税收政策

块状世界的经济特征必然与各种非线性、非单调性和突变联系在一起的，因此具有"平滑"特征的传统理论下的税收政策与现实经济状况并非很符合。

（1）初始状态为对称区域。如果资本是完全自由流动，且所有区域都是对称区域，那么为吸引更多的资本，区际税收竞争迫使追求社会福利最大化的政府选择较低的税率。

如果贸易更加自由和聚集力更强，那么区际税收竞争必然导致更低的纳什均衡税率，即使资本完全不流动，但只要存在资本创造和资本折旧，则区际税收竞争仍然导致均衡时的税率低于社会最优税率。

由于存在聚集力，资本完全自由流动条件下的税收竞争，必然使初始产业分布均衡的所有区域，最终存在税率上的差异。

（2）初始状态为非对称区域。经济规模较大且比较富裕的区域所选择的实际税率通常低于政府所希望的税率，但这些区域的税率比经济规模较小且落后地区的税率高，尽管如此，它们仍然是资本的主要流入区。

如果对公共产品的偏好随人均收入的提高而增强，那么在贸易自由化过程中的区际税收竞争会出现向高税率竞争的现象，也就是随着贸易自由化程度的提高，较低税率的贫穷区域和较高税率的富裕区域都提高他们的税率，但富裕区域提高税率的速度更快。

6. 国民收入区际分配、效率和公平问题

在空间经济学框架下的国民收入地区分配，主要取决于各区域拥有的资本份额的大小，所拥有的资本份额越大，则所分得的国民收入也就越大。

社会最优的产业分布，主要考虑人口规模，它要求规模较大区域应拥有较大份额的产业。而产业的市场配置主要考虑市场规模，尽可能把更多的产业配置在市场规模大且收入水平高的地区。

除了区域相对要素禀赋相等或资本收益和劳动力报酬相等这两种锋刃情况，市场条件下的产业分布是社会次优的，随着贸易自由化进程的加快，市场配置的产业空间分布越来

越偏离社会最优分布。

不管是市场配置还是计划配置，市场规模较小地区的福利水平总是低于市场规模较大地区的福利水平，这是无法调节的一对矛盾。

从空间经济学角度来说，除非完全对称的世界，存在聚集力的块状世界中，区际福利差异是永远存在的，不可能实现绝对的公平。

如果政府的目标函数为提高福利水平，那么通过政府的规范行为，可以把这种差异控制在不会激化社会矛盾的范围内。

政府规范行为：

（1）为建立和完善市场机制，保护合理竞争，尽可能消除市场的扭曲。

（2）为对市场规模较小的欠发达地区和弱势群体实行有别于发达地区和强势群体的一些特殊政策，尽可能"保护"他们。

7. 区域协调发展问题

目前主流经济学有关区域协调发展的主要观点之一为实现区域经济一体化。

空间经济学指出在存在聚集力的块状经济中，完全自由化使得各种要素向经济发达地区集中，可以提高整体经济的增长率，但同时降低欠发达地区所拥有的产业份额。因此，区域经济一体化的福利效应从动态和静态两个方面去考虑：

动态效应是指产业的集中导致整体经济增长率的提高，整体经济增长率的提高将提高整体的福利水平。

静态效应是指自由化提高可流动要素的流动性，使得可流动要素向经济发达地区集中，这将减少欠发达地区的产业份额，而国民收入的区际分配取决于不同区域所拥有的产业份额的多少，因此产业份额的减少降低欠发达地区的福利水平。

如果动态效应大于静态效应，则一体化可以实现区域协调发展，反过来，则一体化加大区域差距。

但是动态效应常与某一区域消费者对工业品的支出份额密切相关，如果该区域消费者对工业品的支出份额很大，则这种动态效应大于静态效应，反过来，则动态效应小于静态效应。

本章小结

空间经济学作为一门研究区域经济布局和资源配置的学科，强调了空间因素对经济活动和贸易流动的影响。区域经济的空间分布直接影响贸易流向、跨境投资及全球供应链的形成。国际贸易不仅是商品和服务的流动，更涉及资源、技术和资本在全球范围内的优化配置。随着全球化进程的加快，区域经济一体化成为全球贸易格局中的重要力量，尤其是欧盟、东盟及北美自由贸易区等区域经济组织的出现和发展，进一步推动了区域内贸易的自由化与便利化。然而，区域经济一体化并非没有挑战，各地区间的经济差距、文化差异以及政治因素常常会影响区域合作的效果。全球化进程中的空间经济重构要求各国加强区域协调与合作，通过贸易政策引导区域平衡发展，以应对国际贸易中出现的资源分配不均和发展不平衡问题。

习题

1. 空间经济学的核心概念是什么？
2. 如何理解区域经济布局对国际贸易的影响？
3. 区域经济一体化如何改变国际贸易流向？
4. 如何评价"一带一路"倡议对全球空间经济的影响？
5. 如何解决区域经济一体化中的不平衡问题？
6. 空间重构如何影响全球供应链的配置？
7. 跨境投资如何与区域经济的空间分布相关？
8. 区域经济不平衡对国际贸易的具体影响有哪些？
9. 全球化进程中，如何利用空间经济学优化贸易政策？
10. 区域合作与全球贸易自由化之间的关系如何？

案例：全球供应链中的中国角色：从"世界工厂"到全球价值链的核心

自改革开放以来，中国在全球供应链中的角色发生了巨大变化。最初，中国作为"世界工厂"专注于低附加值的生产和制造，依靠大量廉价劳动力生产消费品，出口到全球市场。然而，随着经济发展和产业升级，中国逐步转型为全球价值链的核心组成部分，尤其是在电子消费品、汽车、机械设备等领域，中国的制造业占据了举足轻重的地位。

中国的"世界工厂"地位。加入WTO以后，中国逐渐成为全球制造业的重要基地。由于劳动力成本低廉且生产规模庞大，跨国公司纷纷将其生产线外包到中国，从而使得中国成为全球贸易中的最大制造国。特别是在电子消费品领域，中国制造的手机、电视机、计算机和其他电子产品占据了全球市场的大部分份额。像苹果、三星、惠普等公司的生产线也迅速迁往中国，苹果iPhone的生产几乎完全依赖于中国的富士康工厂。

全球价值链中的中国角色。随着中国经济的持续增长和产业的不断升级，中国的地位逐渐从"世界工厂"向"全球价值链"的核心转变。在此过程中，中国不仅是全球低端制造的基地，还通过技术创新、资本积累和市场扩展，逐步进入全球价值链的中高端。中国在全球供应链中发挥着越来越重要的作用，特别是在高科技产业和先进制造业领域。中国的高铁产业，尤其是中车公司，已经成为全球高铁建设的重要供应商。中国不仅在本土市场建立了庞大的高铁网络，而且积极参与全球高铁项目的建设。中国还通过"一带一路"倡议，向全球提供基础设施建设的资金和技术支持，推动了中国在全球价值链中的进一步上升。

挑战与机遇。尽管中国的制造业和技术能力得到了显著提升，但中国在全球价值链中的上升也面临着诸多挑战。首先，中国在某些高科技领域仍然依赖于外国技术和设备，特别是在半导体、先进芯片制造和软件开发等方面。为了进一步提升自身的技术水平，中国亟须加大研发投入，提升自主创新能力。其次，国际竞争压力日益增大，尤其是来自东南亚及其他新兴市场国家的竞争。这些国家正在凭借较低的劳动力成本和逐渐增强的生产能力，吸引跨国公司将生产线转移出去。

此外，中美贸易战也使得中国在全球价值链中的角色面临不确定性。美国政府对中国高科技企业，如华为、海康威视的打压，导致中国企业在国际市场上面临更多的技术封锁和政治压力。

中国的转型之路。在这一背景下,中国政府提出了"制造2025"战略,旨在推动中国制造业的升级,从低端制造向高端制造转型。通过提升技术创新、增强智能制造能力以及鼓励本土企业自主研发,中国正在努力实现从"世界工厂"到全球价值链核心的转型。此外,中国还加强了与其他新兴经济体的合作,推动多边合作伙伴关系,以应对全球经济中的不确定性。

［案例来源：经济学人（The Economist），《中国：从"世界工厂"到全球价值链的核心》］

思考题

1. 中国是如何从"世界工厂"转变为全球价值链的核心的？
2. 全球价值链中的技术转移对中国经济转型起到了什么作用？
3. 中国如何应对来自其他新兴经济体在全球价值链中的竞争？
4. 中美贸易战如何影响中国在全球价值链中的地位？

第四章 数字贸易

> **学习目标**
>
> 本章旨在帮助学生理解数字贸易的概念和发展背景，掌握数字贸易对传统贸易模式的挑战与影响，探索数字化技术对全球贸易流动、商业模式和国际市场的重塑。能够分析数字贸易的主要形式（如跨境电子商务、数字服务、平台经济等），理解数字贸易背后的政策、法规及其带来的国际合作与竞争问题。最终，能够识别数字贸易在全球经济中的地位，分析其对未来国际贸易规则的影响，并提出相关政策建议。

第一节 数字贸易概述

一、数字贸易内涵

数字贸易是一种以数据为核心资源、以数字技术为支撑的国际贸易形式，涵盖了通过数字平台和网络实现的商品、服务和数据的跨境交易。数字贸易的本质是将传统贸易的交易模式转变为依赖数据流动和数字化技术的全球资源配置方式。数字贸易中的商品不局限于实体商品，还包括数字化商品，如电子书、软件、在线音乐和视频流媒体等。

数字贸易是一种新的、仍在发展中的贸易形式，其概念与内涵在不断变化，对其争论也从未停止过，相信未来随着科技的进步、贸易模式和商业模式的变化，数字贸易的概念仍将处于不断调整和更新的过程。

美国对于数字贸易的定义由来已久。2012年，美国商务部经济分析局（USBEA）提出"数字化服务贸易"的概念：指通过信息通信技术完成的跨境服务贸易，包括金融和保险服务、商业、技术、咨询服务、版权和许可费服务，通信服务等。2017年，美国贸易代表办公室（USTR）指出，广义而言，数字贸易不但涵盖个人消费品的网络交易和在线服务的供给，还涉及全球价值链的数据流和智能制造服务的实现，以及其他平台和应用。

中国数字贸易发展迅速，也对数字贸易进行了深入的研究。2018年，国务院发展研究中心《面向大数据时代的数字经济发展举措研究》课题组从贸易的传输通道、交换手段及结算方式对数字贸易进行了定义。2020年，国家工业信息安全发展研究中心发布了《2020年我国数字贸易发展报告》，指出数字贸易是以数字技术为内在驱动力，以信息通信网络为主要交付形式，以服务和数据为主要标的的跨境交易活动，不仅包括传统服务贸易的数字化转型，而且涵盖了数字技术催生的新模式新业态。浙江大学马述忠教授等（2018）在结合数字贸易发展现状及以往研究定义的基础上，基于中国发展情况对数字贸易重新做了更为全面的定义：数字贸易是以现代信息网络为载体，通过信息通信技术的有效使用实现传统实体货物、数字产品与服务、数字化知识与信息的高效交换，进而推动消费互联网向产业互联网转型，并最终实现制造业智能化的新型贸易活动，是传统贸易在数字经济时代的拓展与延伸。该定义认为数字贸易是智能制造发展的基础，进一步深化了数字贸易在国家战略和经济增长中的重要性与基础作用。

数字贸易的核心特征在于数据的跨境流动与数字平台的广泛应用。数据作为数字贸易的基本要素，不仅扮演了商品或服务的交付形式，还构成了贸易生产与交易的关键资源。跨境数据流动的价值体现在数据的收集、处理、分析和交易过程中，企业利用数据构建商业决策模型，优化全球供应链，提升生产效率和市场竞争力。数字平台作为连接消费者与生产者的重要桥梁，通过信息中介作用极大地降低了交易成本，并形成了集成化的数字生态系统。大型跨境电商平台整合了交易撮合、支付清算、物流配送等服务，使中小企业能够更轻松地参与全球贸易。与此同时，数字平台的数据聚合能力促进了精准营销和消费者偏好的个性化挖掘。数字贸易还表现出高度的灵活性与虚拟化，跨境商品和服务的交付方式不再局限于传统的物流和海运，而是更多依赖数字技术和虚拟交付形式，例如云端存储的使用、数字文件的下载，以及在线服务的实时提供。

整体来看，数字贸易的内涵正在不断地扩大，既包括贸易产品的数字化，如数据交易、数字服务交易、数字化产品交易，也包括贸易方式的数字化，即商品借助于数字化的交易平台、媒介进行国际贸易。

二、数字贸易的特征

（1）贸易内容与方式的数字化。贸易内容与方式的数字化是数字贸易的核心特征之一，涵盖了贸易内容和交易方式的全面转型与升级。从概念上看，数字贸易不仅涉及商品与服务本身的数字化，还涵盖了交易过程的数字化转型。贸易内容的数字化主要包括传统服务贸易的数字化转型，以及数据本身作为独立交易对象的商品化。传统服务贸易的数字化体现在教育、医疗、金融等领域，借助数字技术将这些服务在线化和跨境化，提升了服务的可得性和交易效率。数据作为贸易内容的重要组成部分，既体现为企业间数据流动和技术授权，也包括消费者数据、用户行为数据等无形资产的跨境交易。数据本身的商品化不仅使数据成为生产要素，也使其成为经济收益的直接来源，推动了数据驱动型经济的快速发展。

贸易方式的数字化进一步推动了传统贸易向数字贸易的转型，以跨境电商为代表的交易模式成为贸易方式数字化的重要表现形式。跨境电商平台利用数字技术整合了全球供应链，实现了商品从生产到交付的高效衔接。传统货物贸易和服务贸易的交易方式通过电子支付、智能物流、数字化营销等手段进行全面升级，极大地降低了交易成本并提升了交易效率。以信息通信技术（ICT）为核心的贸易方式数字化，优化了买卖双方之间的信息匹配，消除了传统贸易中存在的信息不对称问题。此外，基于区块链技术的贸易平台也开始应用于国际贸易的合同签署、支付清算和物流追踪等环节，确保了交易的透明性和可追溯性。这种数字化方式通过构建数字生态系统，推动了传统贸易模式向网络化、智能化和实时化方向转变。

（2）数字贸易具有数据驱动的特征，数据在其中扮演核心资源和生产要素的双重角色。数据驱动的本质体现在交易的每个环节，包括消费者行为的捕捉、交易匹配的优化、商品和服务的定价，以及交易后端的供应链管理。数据作为核心生产要素，能够帮助企业通过算法和分析技术进行精准的市场预测和需求匹配，从而显著提升资源配置效率。数字贸易中的商品和服务交易不再依赖于传统的实物交付，而是通过数据流动实现即时交付。

（3）数字平台企业的作用。数字平台企业正在逐步取代传统跨国公司，成为全球产业链和全球价值链的组织者、管理者和协调者，这种趋势背后反映了全球经济运行机制的深刻变革。数字平台企业通过先进的数字技术和庞大的数据处理能力，打破了传统跨国公司依赖资本和实体资源构建产业链的方式，取而代之的是以信息流和数据流为核心的价值创造与传递模式。平台企业通过集成化的数字生态系统，实现了资源的高效配置和全球化协同。

（4）数字贸易的灵活性和即时性特征。使得其交易模式突破了时间和空间的限制。交易双方可以通过数字平台和网络进行实时的沟通与协作，商品和服务的交付可以跨越时区和国界，在最短时间内完成。数字支付和跨境结算技术的发展进一步支持了这种即时性特征，通过无现金、无边界的支付方式使得交易的便捷性大幅提高。商品和服务的数字化形式进一步增强了灵活性，数字贸易中的商品可以根据消费者需求进行个性化定制，服务可以通过在线平台实现远程定制化交付。这种灵活性还体现在供应链管理方面，企业能够根据实时的市场需求调整生产规模和物流路径，从而大幅降低了库存成本和交易成本。数字贸易的即时性和灵活性特征还带动了跨国企业和小微企业的全球化扩展，使得它们能够通过数字技术突破资源和市场的限制，更快、更高效地融入全球经济网络。

三、主要区别

（一）数字贸易与传统贸易的对比

数字贸易与传统贸易在交易对象、交付方式、交易成本、参与主体和规则体系等方面存在显著区别。交易对象的差异是数字贸易与传统贸易的核心区别之一。传统贸易的交易对象以实物商品为主，交易过程中涉及商品的生产、运输和最终交付的物理流动。数字贸易的交易对象包括数字化商品、服务和数据，商品形式更加多元化。数字化商品如电子书、软件、视频和音乐以数字形式存在，服务如在线教育、远程医疗、云计算等通过网络交付，数据作为新的生产要素在数字贸易中发挥关键作用。交易对象的数字化使得商品和服务在交付方式上摆脱了物理流通的约束，可以通过网络实现即时传输，满足了市场对高效率和高便利性的需求。

交付方式的差异体现了数字贸易对传统贸易模式的深刻变革。传统贸易依赖于物理物流体系完成商品交付，交付过程通常需要较长的时间周期并涉及高额的运输和仓储成本。数字贸易通过数据流动完成商品和服务的交付，交易环节更加高效，交付过程即时性强且成本极低。跨境电商平台使得数字贸易的交付更加集成化，通过整合物流、支付和售后服务实现了交易环节的简化和效率提升。数字化商品的交付则完全摆脱了物流的限制，买方可以通过在线平台即时获取商品和服务。这种交付方式的变化极大缩短了交易周期，降低了企业在全球贸易中的参与门槛，促进了中小企业的跨境扩展。

交易成本的差异是数字贸易与传统贸易的重要区别之一。传统贸易的交易成本主要包括物流成本、关税成本、信息搜寻成本和中介费用,这些成本对中小企业的国际化构成了显著障碍。数字贸易通过数字技术降低了交易成本,在物流成本方面,平台经济和智能物流技术的应用大幅优化了跨境商品运输的效率;在信息成本方面,数字平台使得买卖双方能够直接对接,信息的不对称性显著降低;在中介成本方面,数字技术通过去中介化和平台化运作降低了中介费用,提升了资源配置的效率。数字贸易的低交易成本特性使得更多企业和个体能够轻松参与国际贸易,特别是在发展中国家和欠发达地区,数字贸易为小微企业提供了进入全球市场的机会。

参与主体的差异反映了数字贸易在推动经济包容性增长方面的作用。传统贸易的参与主体通常是大型跨国企业和出口导向型制造业,这些企业通过资本和技术的优势在国际市场上占据主导地位。数字贸易拓宽了国际贸易的参与范围,不仅包括大型企业,还涵盖中小企业、个体经营者和独立创作者等多样化主体。跨境电商平台降低了进入门槛,赋能中小企业实现跨境销售,平台上的个体经营者通过数字化商品或服务开拓国际市场。参与主体的多样化推动了数字贸易的包容性发展,使得更多经济体和个体能够享受全球化带来的收益,同时也带动了发展中国家在全球贸易中的参与度和竞争力。

规则体系的差异反映了数字贸易对全球贸易治理提出的新要求。传统贸易的规则体系以货物贸易为核心,通过关税和非关税壁垒管理商品的跨境流动。数字贸易的规则体系更加复杂,涉及跨境数据流动、数据隐私保护、平台经济监管、数字税收等多维度内容。数字贸易的无形化和跨境性特征对传统的贸易政策工具提出了挑战,特别是在数据本地化要求、知识产权保护和网络安全方面,各国的政策分歧加大了数字贸易规则协调的难度。区域性贸易协定(如CPTPP、RCEP)逐步将数字贸易规则纳入协议内容,试图通过多边框架推动规则统一,为数字贸易的可持续发展提供制度保障。规则体系的差异还体现在治理主体的多元化上,除了国家和国际组织,跨国企业和数字平台在数字贸易规则的制定中也发挥了重要作用。

(二)数字贸易与跨境电商

数字贸易与跨境电商密切相关,但二者在涵盖范围、交易对象、运作模式和经济意义上存在明显的联系与区别。

1. 数字贸易与跨境电商的联系

数字贸易与跨境电商在运行基础上高度重合,二者均依托于信息通信技术(ICT)和全球互联网基础设施来实现交易活动的数字化和跨境化。跨境电商是数字贸易的重要组成部分,主要表现为以在线平台为载体,通过互联网技术实现商品和服务的国际交易。数字贸易的实现高度依赖跨境电商平台提供的技术支持和网络生态系统。

2. 数字贸易与跨境电商的区别

(1)涵盖范围的差异。数字贸易的涵盖范围远大于跨境电商。数字贸易不仅包括通过跨境电商实现的商品和服务交易,还涉及数字化服务、数据流动和技术输出。例如数字贸易涵盖跨境云计算服务、远程教育、远程医疗、软件开发外包等广泛领域,而跨境电商主要聚焦于商品的在线交易和配送。在数字贸易中,数据作为独立的交易标的物被视为关键内容,而跨境电商则主要围绕实物商品的流通展开。

(2)交易对象的差异。跨境电商的核心交易对象以实物商品为主,例如服装、电子产品和家居用品等，通过物流和配送完成交付。数字贸易的交易对象不仅包括数字化商品和实物商品，还包括完全虚拟化的内容，例如电子书、音乐、在线教育课程等，甚至涵盖数据本身的跨境交易。数字贸易的内涵更广泛，例如数据服务、知识产权交易和平台经济生态的构建均属于数字贸易的范畴，而跨境电商通常不涉及这些领域。

（3）交付方式的差异。跨境电商的交付方式主要依赖于物流体系的支撑，交易的完成需要经历跨境运输、仓储和配送等环节，物流交付是其不可或缺的一部分。数字贸易的交付方式则更灵活，其包含通过互联网传输完成的数字化商品交付（如电子书、音乐文件）以及虚拟化服务的实时交付（如云计算服务、远程会议服务）。数字贸易的即时性和无缝交付特性使其在效率和便捷性方面优于传统的跨境电商交易。

第二节 数字贸易动因

数字贸易的发展受到多重因素驱动，其动因可以从技术进步、全球市场需求、政策推动、成本效率提升和平台经济兴起等方面展开分析。

一、技术进步

技术进步是数字贸易发展的最根本动因。信息通信技术作为数字贸易发展的技术基础，通过构建高速、稳定的互联网基础设施，实现了全球范围内的即时信息互联互通，显著提升了交易效率和资源配置能力。信息通信技术支持在线交易平台的运作，优化了跨境数据流动的技术环境，为数字支付和跨境结算提供了必要条件，并降低了贸易沟通中的信息成本和不对称性。云计算技术通过分布式存储和弹性计算能力，为数字贸易提供了高效的存储、计算和数据处理能力，使企业能够动态调整资源配置，降低运营成本。云计算支持跨境电商平台和数字服务提供商高效运行，为在线教育、云服务等数字服务贸易的无缝交付提供了基础设施保障，并推动了全球供应链的数字化转型。大数据技术通过采集、处理和分析贸易相关数据，驱动了市场预测、精准营销和供应链优化，显著提升了数字贸易中的需求匹配效率。企业利用大数据评估市场风险、分析消费者行为，并根据实时数据调整生产和物流策略，降低交易中的不确定性和成本。人工智能通过推荐算法、智能客服、动态定价和风险管理等应用场景，推动了数字贸易的智能化和自动化。人工智能优化了交易流程，提高了平台服务能力，同时在物流、支付和风险监控等领域提升了交易效率和安全性。区块链技术通过去中心化的特性增强了数字贸易的可信度，智能合约技术优化了合同履行效率，供应链的可视化和追踪功能显著提高了物流透明度，并为跨境支付清算提供了安全、高效的技术支持。物联网通过智能设备和传感器实现了物流、库存和配送的实时监控，优化了商品流通效率和供应链管理。物联网技术为商品状态的全生命周期追踪提供了数据支持，提升了跨境贸易的透明度和精准性。这些技术通过交互作用，推动了数字贸易在交易模式、运营效率和全球协同等方面的深刻变革。

二、全球市场需求

消费者对个性化商品的需求推动了数字贸易的发展，数字技术为满足个性化需求提供了精准的工具和方法。个性化商品的生产与销售依赖于对消费者偏好的准确理解与数据支持，数字贸易通过大数据和人工智能技术对消费者行为进行深度分析，为企业提供市场需求的动态信息。企业根据消费者的个性化需求调整生产流程和产品设计，使得商品与消费者偏好的匹配度大幅提高。消费者对多样化服务的需求也推动了数字服务贸易的崛起，数字化手段扩大了服务的内容与形式，服务的在线化和远程化使得消费者可以随时随地获得多样化的服务选择。数字贸易通过跨境数据流动和平台技术的支持，打破了地理与文化的界限，使得服务贸易的范围从单一领域扩展到多元化行业，进一步满足了消费者的多样化需求。便利性交易的需求对数字贸易模式的推动作用体现在交易过程的即时性和低成本化。消费者更倾向于选择支付便捷、配送高效的交易方式，数字贸易通过信息通信技术实现了交易全过程的数字化，使得消费者无需经历复杂的传统交易流程即可完成购买。平台经济通过整合支付、物流和售后服务，优化了消费者的交易体验，降低了消费者在时间和精力上的交易成本。消费者对便利性的需求推动了数字支付、智能物流和数字服务的不断进步，这种对便利性的追求使得数字贸易更加贴近市场需求，增强了其在全球贸易体系中的竞争力和普及率。消费者需求的变化使数字贸易从单一的商品流通逐步演变为包含商品、服务和数据的综合交易体系，为贸易模式的创新和经济增长提供了重要动力。

三、政策推动

政策对数字贸易发展的推动作用体现在制度供给、技术支持和市场开放三个方面。政府通过制定和实施支持性政策，营造了适合数字贸易发展的制度环境，特别是在跨境数据流动、知识产权保护和网络安全等领域提供了规则保障。政策的制度供给降低了数字贸易运行的不确定性，促进了市场信心的提升。数字贸易的发展需要高质量的数字基础设施支持，政策推动了信息通信技术的普及和云计算、大数据等数字技术的研发应用，提升了数字贸易的技术能力。政策还通过促进市场开放，为企业和消费者提供了更多参与数字贸易的机会，例如降低关税壁垒、简化海关手续以及协调跨境支付等措施，促进了全球数字贸易的高效运行。政府的财政支持和税收优惠也为数字平台企业和跨境电商提供了发展动力，尤其是中小企业和新兴企业能够借助政策激励进入数字贸易市场。

主要国家通过实施具体政策在技术研发、数据流动、市场开放和监管规则等方面促进了数字贸易的发展。美国推出《美国本土外云计算战略（OCONUS）》和《国家人工智能研究与发展战略计划》，加大对云计算、大数据和人工智能等数字技术的研发投入，同时推动《美墨加协定》（USMCA）中加入跨境数据自由流动的条款，保障数据跨境传输和数字服务贸易的开放性。欧盟通过《一般数据保护条例》（GDPR）对跨境数据流动进行规范，平衡数据隐私保护与市场开放，同时实施《数字服务法案》（DSA）和《数字市场法案》（DMA），规范平台经济运行并促进数字贸易的公平竞争。中国出台了一系列促进跨境电商的政策，包括建设跨境电商综合试验区、优化出口退税政策、推动人民币跨境支付结算，同时通过《中华人民共和国数据安全法》和《中华人民共和国个人信息保护法》加强数据安全监管，为数字贸易的可持续发展提供制度保障。日本通过《电子商务推进计划》和《信息通信战略》推动电子商务与数字服务贸易的发展，并与多个国家签署自由贸易协定以降低数字贸易壁垒；同时，依托 5G 技术布局，提升数字基础设施能力。韩国则通过"数字新政"加速数字化转型，强化云服务、人工智能和大数据的产业布局，并通过简化跨境结算和物流监管的政策促进中小企业参与数字贸易。东盟国家依托《区域全面经济伙伴关系协定》(RCEP),推动区域内数字贸易规则协调,简化关税程序,并通过区域性数据中心建设提高基础设施能力。这些具体政策的实施强化了主要国家在数字贸易中的竞争优势,推动了全球数字经济一体化进程。

第三节 数字贸易的分类

数字贸易的分类可以从交易对象、交易方式、技术支撑和服务内容等多个维度进行划分,具体包括以下几类。

一、按交易对象分类

数字贸易按照交易对象可分为数字商品贸易、数字服务贸易和数据贸易。

1. 数字商品贸易

以数字化形式存在的商品为核心,其交易对象通过互联网实现传输和交付,与传统商品贸易相比,具有非物理性和即时性等显著特征。数字商品以无形资产形式存在,依赖数字技术的支持,从生产到消费的全过程实现了数字化。数字商品贸易的核心特性在于其可复制性和低边际成本,由于数字化商品能够以极低的成本进行大规模传播和分发,其商业模式更具灵活性和扩展性。数字商品贸易推动了知识产权的全球流动,并在全球范围内促进了文化、技术和知识的传播。数字商品贸易还通过数字平台实现了消费的个性化和精准化,消费者能够根据自身需求快速获取符合其偏好的数字化产品。商品形式的数字化为贸易内容的创新和全球化扩展提供了更多可能,使数字商品贸易成为数字经济的重要组成部分。

2. 数字服务贸易

以技术驱动和远程交付为主要特征,为服务贸易的形式和内容带来了深刻变革。数字服务依托信息通信技术和数字平台,通过远程交付打破了传统服务贸易对地域和时间的限制。数字服务贸易的核心在于服务内容的无形性和交付的即时性,其交易范围涵盖从基础通信服务到高附加值专业服务的多个领域。云计算服务通过提供弹性存储和计算能力支持了数字经济的运行,在线教育和远程医疗通过网络平台为消费者提供了高效的服务解决方案,虚拟现实和增强现实体验推动了消费者体验的全新升级,金融科技服务优化了跨境支付和结算的效率。数字服务贸易还显著降低了服务贸易的交易成本,为更多中小企业和新兴经济体提供了参与全球贸易的机会。通过技术创新和模式优化,数字服务贸易在推动全球服务业结构升级的同时,也进一步深化了全球经济的数字化转型。

3. 数据贸易

数据贸易是以数据本身作为交易标的物的跨境流动和交换形式,其核心特征是数据的经济价值和商品属性。数据贸易的对象包括消费者行为数据、企业运营数据、生产过程数据、地理空间数据等多种类型,这些数据通过采集、存储、处理和分析转化为具有商业价值的产品或服务。数据贸易的关键在于数据的标准化、可互操作性以及隐私保护,数据作为数字经济的核心要素,对资源配置效率和生产效率的提升具有重要意义。数据贸易推动了商业决策的智能化和市场匹配的精准化，为企业提供了更好的市场洞察力和竞争优势。同时，数据贸易也对数字贸易规则和治理提出了新要求，包括数据主权、数据安全和跨境数据流动等问题成为各国政策制定的重要议题。数据贸易的兴起还为数字经济发展提供了新的增长点，拓宽了全球价值链的边界，并为传统产业的数字化转型提供了关键支持。

二、按照形式划分

数字产品贸易化和贸易数字化是数字贸易的两种重要表现形式，它们在内容、实现方式和经济效应上具有显著差异，但共同推动了全球贸易的深刻变革。

数字产品贸易化是指传统产品通过数字化转型，成为以数字形式存在并实现贸易的新型商品。数字产品以无形资产形式存在，借助数字技术完成生产、存储、分发和交付，其核心特征在于商品内容的数字化和交付方式的虚拟化。数字产品的生产和分发依赖信息通信技术、大数据和云计算等技术的支持，使得生产环节从物理形态向数字形态转变。数字产品贸易化的实现方式包括通过在线平台进行销售、借助互联网完成传输，以及利用数字化工具优化生产和消费环节的效率。数字产品的贸易化改变了传统贸易模式中商品依赖物流流通的局限性，赋予商品以更多创新属性和多样化形式。数字产品的边际成本极低，由此带来的规模经济效应显著，推动了全球范围内的资源优化配置。数字产品贸易化还促使知识产权和文化创意领域进入国际贸易体系，使数字产品成为数字经济时代的重要增长点。

贸易数字化是指传统贸易活动通过数字技术手段完成流程优化、交易模式重构和效率提升。贸易数字化覆盖贸易全过程，包括交易撮合、支付清算、物流管理、合同履约和售后服务等环节，依托信息通信技术、人工智能、区块链和物联网等先进技术实现交易流程的高效运行。贸易数字化的核心在于利用数字技术解决传统贸易中的信息不对称、提高交易成本和跨境壁垒等问题，为企业和消费者提供更加便捷的交易体验。贸易数字化的实现方式包括搭建数字化交易平台、实施智能化物流系统，以及推动电子支付技术的普及，最终形成标准化、高效化和透明化的贸易生态体系。贸易数字化不仅降低了跨境贸易的准入门槛，还为中小企业和个体经营者提供了融入全球市场的机会。贸易数字化还通过数字技术推动了供应链的协同优化，使贸易环节更加灵活、透明和可控，增强了全球价值链的抗风险能力和适应性。

数字产品贸易化强调商品内容和形式的数字化特征，通过技术手段实现无形商品的价值流通，拓展了商品贸易的内涵和外延。贸易数字化则聚焦于贸易方式的转型升级，通过技术赋能提升贸易效率和运行模式的现代化水平，优化了传统贸易的运行逻辑。两者在实现手段上有所不同，但均以数字技术为支撑，推动了全球经济一体化进程和贸易结构的深度变革。数字产品贸易化促进了数字化商品的流通和消费升级，而贸易数字化通过优化交易模式提升了资源配置效率。两种形式在推动全球化和数字经济发展中具有重要的协同作用，成为现代国际贸易的重要组成部分。

本章小结

数字贸易作为现代国际贸易的新兴领域，正在快速发展并深刻改变全球经济结构。随着互联网、物联网、大数据、云计算等技术的普及，数字贸易形式多样，跨境电商、数字

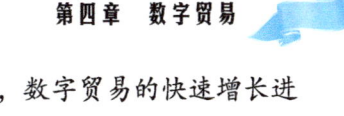

服务、云平台和大数据交易成为全球贸易的重要组成部分。目前，数字贸易的快速增长进一步推动了全球市场的互联互通，企业和消费者的行为模式发生了根本变化。然而，数字贸易也带来了一些亟待解决的问题，包括数据隐私保护、数字税收、跨境数据流动等。不同国家在这些领域的政策差异，给全球贸易带来了新的挑战。数字贸易不仅影响商品与服务的贸易，还深刻影响着全球供应链的构建和国家公司战略的调整。在未来，随着数字化进程的加速，数字贸易将对传统贸易规则、全球治理体系以及跨国公司业务模式产生深远影响。全球贸易规则的建立必须紧跟数字化发展，形成更加统一和公平的国际合作框架。

习题

1. 数字贸易与传统贸易有哪些本质区别？
2. 跨境电子商务如何推动全球市场的整合？
3. 数字服务在国际贸易中的地位如何？
4. 数据隐私和跨境数据流动问题如何影响数字贸易？
5. 数字平台经济如何改变传统商业模式？
6. 如何评价不同国家在数字税收和数据治理上的政策差异？
7. 数字贸易如何影响全球供应链的重构？
8. 人工智能、大数据如何推动数字贸易的发展？
9. 数字贸易对国际企业战略有哪些影响？
10. 未来数字贸易可能面临的挑战和机遇是什么？

案例：阿里巴巴与全球数字贸易的崛起

阿里巴巴自1999年成立以来，凭借其强大的电商平台和数字化技术，迅速发展成为全球最大的电子商务公司之一。通过跨境电商平台、云计算服务和金融技术，阿里巴巴推动了数字贸易的发展，并为全球中小企业提供了跨境电商平台，帮助它们进入全球市场。

阿里巴巴的全球化布局。阿里巴巴的国际化战略始于其B2B平台Alibaba.com，旨在通过数字化技术将全球的买卖双方联系在一起。与传统贸易模式相比，阿里巴巴通过建立一个全球在线交易平台，突破了地理和时间的限制，使得全球各地的中小企业能够在这个平台上寻找供应商或客户，开展跨境贸易。

阿里巴巴的成功不仅仅在于平台建设，更在于其利用数字技术建立了一个完整的全球供应链网络。从产品的供应、物流配送、支付、结算到售后服务，阿里巴巴为全球中小企业提供了全方位的跨境电商解决方案。例如阿里巴巴旗下的AliExpress平台便允许中国的小型制造商直接向全球消费者销售商品。与此同时，阿里巴巴还通过蚂蚁金服（Ant Financial）提供跨境支付解决方案，解决了全球消费者和卖家在交易过程中的支付难题。

数字技术的赋能。阿里巴巴的全球化不仅是通过电商平台完成的，它还借助技术优势，推动了全球数字贸易的发展。阿里巴巴通过阿里云（Alibaba Cloud）提供云计算服务，为全球企业提供存储、计算和数据分析等服务，进一步促进了数字化经济的发展。通过这些技术，阿里巴巴不仅提高了自己的运营效率，也为全球企业提供了平台，推动了全球数据流动、跨境支付和物流等数字贸易的提升。

全球市场的挑战。然而，阿里巴巴在全球化过程中也面临着诸多挑战，尤其是在欧美市场的竞争和当地政策的压力。在美国和欧盟等发达市场，阿里巴巴面临着强大的本土竞争对手，如亚马逊和eBay，这些公司在市场份额和品牌影响力上占据了主导地位。阿里巴巴虽然通过收购和合作不断扩大其市场份额，但在欧美市场的扩展仍然面临不少挑战。

此外，阿里巴巴还面临着不同国家在数字贸易方面的法律法规差异。例如欧盟实施的GDPR（通用数据保护条例）使得阿里巴巴必须对其数据处理和隐私保护进行严格的合规审查，这增加了其在欧洲的运营成本和复杂度。

跨境电商的未来。随着全球互联网的普及和跨境电商的蓬勃发展，阿里巴巴将在未来继续推动全球数字贸易的发展。特别是在"一带一路"倡议的背景下，阿里巴巴积极参与国际贸易合作，通过为"一带一路"共建国家的中小企业提供电商平台，推动这些国家融入全球经济。

[案例来源：《华尔街日报》《阿里巴巴的全球化与数字贸易》]

思考题

1. 阿里巴巴如何通过全球电商平台推动数字贸易的发展？
2. 阿里巴巴如何应对欧美市场的本土竞争和政策压力？
3. 阿里巴巴的跨境电商平台如何帮助中小企业进入全球市场？
4. 阿里巴巴如何利用数字技术推动全球供应链的优化？

第五章 数据跨境流动

> **学习目标**
>
> 本章旨在帮助学生系统理解数据跨境流动的核心概念、政策逻辑与经济影响，掌握中美欧数据治理模式的差异化特征，以及数据主权与隐私保护的制度性矛盾。通过理论解析、案例研讨与技术分析，培养学生运用"场景适配"模型评估跨境数据风险的能力，并设计企业合规化传输方案。同时，引导学生深入认识数字治理中的全球化与本土化张力，理解数据主权在国家安全与经济发展中的平衡逻辑，最终形成包容性数字治理的思维框架，为参与国际数字规则制定储备跨学科分析能力。

第一节 数据及数据监管

一、数据的定义

早在1946年，数据（data）第一次有了明确的定义，被认为是"可传输和可存储的计算机信息"。一直以来，对于数据的描述大多集中在计算机领域，而目前学者们广泛认为数据的含义已不再局限于计算机领域，而是泛指对事物的所有定性或者定量的描述。国际数据管理协会（DAMA）认为数据是以文本、数字、图形、图像、声音和视频等格式对事实进行表现，这表明数据是来表现事实的，但需要注意的是，数据并不等于事实。只有那些在特定的需求下，符合准确性、完整性、及时性等一系列特定要求的数据才可以表现特定事实。美国质量学会（ASQ）将数据定义为"收集的一组事实"。美国资深数据质量架构师劳拉·塞巴斯蒂安认为，"数据是对真实世界的对象、事件和概念等被选择的属性的抽象表示，通过可明确定义的约定，对其含义、采集和存储进行表达和理解。"数据要描述的客体包括对象（人、物、位置等）、时间和概念等。国际标准化组织（ISO）将数据定义为"以适合于通信、解释或处理的正规方式来表示的可重新解释的信息"。数据本质上是一种表示方法，是人为创造的符号形态，是它所代表的对象的解释，同时又需要被解释。数据对事物的表示方式和解释方式必须是权威、标准、通用的，只有这样，才可以达到通信（传输、共享）、解释和处理的目的。新牛津美语词典（NOAD）将数据定义为"收集在一起的用于参考和分析的事实"。

联合国贸易和发展会议《2021年数字经济报告》中指出，本质上数字经济时代的万事万物都是数据。任何产品和活动都可以数字化，都可以将其编码为二进制语言"0"和"1"。因此，互联网时代的一切事物都是数字，而这些数字表示的就是数据。实际上，联合国给出的关于数据的定义是属于计算机科学领域的概念，即所有能输入到计算机并能由计算机程序处理的数据的统称。法律意义上的数据则是认识论视野中所认知的数据，不包括虽然客观存在但是无法表达的数据，因为这些无法被人所认知和表达的数据缺乏法律调整的必要性。所以，从法律意义上，可以将数据定义为经信息系统所处理的，为满足人们生产和生活需要并且能够为人所支配的客观资料。而在经济学领域中，尽管数据作为一种新兴的生产要素已经成为学界共识，但其经济学概念还未达成统一，但可以确定的是数据作为一种经济学名词，就要有经济学意义，要具有经济价值。

数据可以沿着多种维度进行分类。从基础定义视角看，数据通常被划分为贸易数据（如商品流通记录）、商业数据（如企业运营信息）与个人数据（如身份识别信息）三大类。在法律研究范畴内，数据分类则更强调合规性，典型划分为个人数据（受隐私法保护）、非个人数据（可公开共享）及敏感数据（需特殊授权）。我国《信息安全技术 网络数据分类分级要求》（国家标准征求意见稿）采用业务领域导向的分类方法，将数据细分为12大行业类别：工业数据（制造业生产数据）、电信数据（通信网络运行数据）、金融数据（支付交易信息）、能源数据（电力油气监测数据）、交通运输数据（物流轨迹信息）、自然资源数据（地理环境数据）、卫生健康数据（诊疗记录）、教育数据（教学管理信息）、科学数据（科研实验数据）等，体现了垂直行业数据治理的实践导向。

而随着互联网的发展，海量数据可以通过数字的形式进行存储，进而用以相对精确地记录客观数据的物理特性，从而出现了一个新概念——大数据。大数据（big data）就是基于数据价值化而构建出来的一个概念，是指无法在一定时间范围内用常规软件工具进行捕捉、管理和处理的数据集合，是需要新处理模式才能具有更强的决策力、洞察发现力和流程优化能力的海量、高增长率和多样化的信息资产。大数据必须借由计算机对数据进行统计、比对、解析方能得出客观结果。

数据和信息并不等同，数据是信息的表达形式，但并不是所有的信息都能用数据表达。不同的数据可以表达同一种信息，而信息是对世界的客观反映，不会随着表达形式的改变而发生变化。信息是数据处理而来，数据经过加工处理后就成为信息，而信息需经过数字化才能被记录和存储。数字是数据的载体，是计算机时代为了让数据更加可视化的一种记录和存储数据的方式，即数字化。Kratovo 和 Eppeldheimer（2019）对使用文本挖掘的数据治理进行了文献回顾，其中他们就区分了数据和信息，他们将信息定义为经过处理的精炼数据组成，以增加其价值，而数据则用来描述事件和对象的特征和属性。经合组织将数据定义为未处理点的集合，经过处理和分析成为信息。

二、数据监管

随着数字经济时代的到来，数据作为一种新型生产要素参与到了国际贸易当中。当前世界已经进入了信息全面渗透、数据跨界融合、产业加速创新、科技引领发展的新阶段。而大数据和互联网在为人类的生活带来便利的同时，数据泄露、数据造假等数据安全问题也越来越突出，此时，数据的监管就格外重要。确保交易数据真实可靠是进行数字贸易的

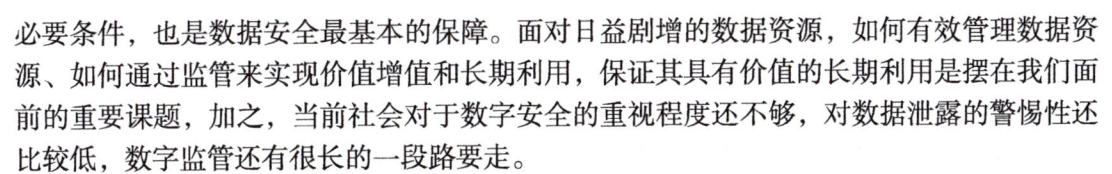

必要条件，也是数据安全最基本的保障。面对日益剧增的数据资源，如何有效管理数据资源、如何通过监管来实现价值增值和长期利用，保证其具有价值的长期利用是摆在我们面前的重要课题，加之，当前社会对于数字安全的重视程度还不够，对数据泄露的警惕性还比较低，数字监管还有很长的一段路要走。

由于《中华人民共和国数据安全法》等法律的实施，国家开始在互联网、政务民生等领域加大对数据资源的监管力度，数据资源迎来了历史上最严格的监管时代。各政府、非政府机构都出台了一系列的政策落实数据监管要求，从数据监管全生命周期过程所涉及的数据对象及其完整性、数据监管的技术、法律和组织等因素和要素来看，数据监管的重点为：数据筛选、数据存储、信息交互等部分。关于数据筛选，关键在于辨别数据的真实性和价值性，更加注重数据来源问题，要及时有效地剔除虚假数据以及没有经济价值的数据。而数据存储则更加注重数据的安全性问题，要保证数据在存储时不会遗漏，不被损坏，在存储过程中不会出现数据泄露问题。信息交互则是数据监管的一个互操作、互链接的过程，最重要的就是为使用者提供有效数据资源的获取渠道，保证数据的开放性和可获得性，同时也要保证数据监管的价值性、有效性。

美国、中国和欧盟在数据相关政策方面存在显著差异，其政策目标、监管重点和治理框架体现了不同的经济、政治和社会背景，深刻影响了全球数据治理格局。

美国的数据相关政策以自由市场和技术创新为核心，强调数据流动的自由性和市场主导地位。美国政府鼓励数据作为经济资源的最大化利用，通过减少监管限制促进数据在企业间的自由流通，以推动科技创新和产业升级。美国的数据政策倾向于行业自律和市场竞争，政府通过法律框架为数据流动提供基本保障，同时避免过度干预以维持企业的创新动力。美国的监管重点集中在数据的商业价值开发，优先支持企业对数据的挖掘和应用，特别是在人工智能、大数据和物联网等领域。美国对数据隐私保护采取相对宽松的态度，联邦层面缺乏统一的隐私保护法律，而是通过不同州的法律和行业标准加以规范。这种分散的法律体系虽然增强了数据使用的灵活性，但也带来了监管协调不足和法律适用不一致的问题。

中国的数据相关政策以维护国家数据主权和保障国家安全为核心，注重数据资源的掌控和有序开发。中国政府通过实施全面的数据立法和严格的监管政策，建立起一套以国家为主导的数据治理框架。数据安全法和个人信息保护法等法律明确了数据采集、存储、处理和跨境流动的具体要求，以确保数据资源不受外部威胁和不正当使用。中国强调数据作为战略资源的经济价值，同时注重数据的社会管理功能，通过严格的数据审查机制平衡经济和发展中国家安全的需求。在数据跨境流动方面，中国采取审慎态度，要求企业通过安全评估后方可进行跨境数据传输，以防止敏感信息的泄露和国家核心利益的损害。中国的数据政策还特别关注个人信息保护，通过法律规定强化消费者权益，为数字经济的可持续发展提供基础保障。

欧盟的数据相关政策以数据隐私保护和消费者权益为核心，体现了高度规范化和价值导向的特点。欧盟通过《通用数据保护条例》（GDPR）确立了严格的数据保护标准，对数据处理的合法性、透明性和责任性提出了明确要求。欧盟的数据政策强调个人数据权利，消费者在数据收集和使用中的知情权和控制权受到高度重视。GDPR对数据跨境流动采取了严格的限制，要求跨境数据传输符合等效性标准，以确保欧盟公民数据在国际范围内的安全性和隐私保护。欧盟还通过立法推动数据的开放共享和创新应用，例如数据治理法和数字市场法案旨在促进数据的公平使用和数字经济的健康发展。欧盟的数据政策在保护隐私的同时，对企业的数据使用设定了较高的合规门槛，这在一定程度上增加了企业的运营成本和创新压力。

美国、中国和欧盟在数据政策目标上的差异反映了其对数据经济价值、国家安全和社会治理的不同认知。美国侧重数据的市场化和自由流动，以充分发挥其在全球数字经济中的竞争优势。中国强调数据资源的国家掌控，通过严格监管实现经济安全与发展目标的平衡。欧盟则以个人数据权利保护为优先，构建了高度规范化的数据治理体系，以增强消费者信任和市场稳定性。

在监管重点上，美国关注数据的商业价值开发，政策以支持企业创新为主导。中国重点放在数据的安全性和主权管控，强调防范数据外泄对国家安全和社会秩序的潜在威胁。欧盟则注重隐私保护和数据伦理，通过高标准的数据保护法规强化个人数据权益。

在治理框架上，美国依赖市场力量和行业自律，法律体系较为分散，具有较强的灵活性但协调性不足。中国以国家为主导，通过立法和行政手段实现对数据全生命周期的监管，政策执行力度较强。欧盟采取高度一体化的立法模式，通过统一的法律框架规范数据处理活动，但在促进企业竞争力和创新能力方面存在一定约束。

第二节　数据跨境传输

一、数据跨境传输的定义

数据的跨境流动是进行数字贸易的基础，数字贸易是利用通信系统将数据数字化并将其存储在计算机等信息存储平台，从而实现数据在不同国家之间的流通，实现经济利益等价值交换。数据跨境流动（Cross-Border Data Flows），顾名思义就是数据跨越国境的运动，即数据基于通信系统在不同国家之间进行传输、存储、处理的现象，需要注意的是，这里所讨论的数据流动仅指具有经济价值的数据的流动。

商业软件联盟（BAS）（2017）则将数据的跨境流动定义为位于不同国家的服务器之间的数据传输，该定义使得这个数据流的起点处和终点处更具有操作性。

这两种定义都更加强调数据的传输，然而数据跨境流动不一定是发生地理上的移动，还包括象征意义上的流动，即在不同的国境对另一国境的数据进行访问等，同时还应包括数据的跨境采集。但数据跨境采集可以视为数据跨境传输的一种特殊形式，即数据的跨境流动可以分为两种形式，一种是数据的跨境访问，另一种则是数据的跨境传输，数据的传输还包括其特殊情况——数据的跨境采集。

数据跨境传输不仅涉及技术层面的传输过程，还涵盖了法律、经济、安全和隐私保护等多方面的内容。

从技术角度来看，数据跨境传输是指数据从一个国家或地区的网络空间传输到另一个国家或地区的网络空间的过程。这个过程可以通过多种方式实现，包括但不限于互联网传输、卫星通信、光纤网络等。数据可以是文本、图像、音频、视频等形式，其传输的载体通常是电子信号。数据跨境传输的实现依赖于强大的通信基础设施和先进的网络技术，这些技术的发展使得数据能够在瞬间跨越国界，实现全球范围内的快速流动。

从法律角度来看，数据跨境传输涉及不同国家和地区的法律管辖权和监管要求。数据在跨境过程中会受到不同国家法律的约束，这些法律可能在数据保护、隐私权、网络安全等方面存在显著差异。欧盟的《一般数据保护条例》（GDPR）对数据跨境传输设定了严格的条件，要求数据传输必须符合欧盟的隐私保护标准；而美国则更倾向于通过行业自律和市场机制来管理数据跨境传输。法律差异导致跨国企业在进行数据跨境传输时，必须面对复杂的合规挑战，确保其行为符合所有相关国家的法律要求。

经济层面，数据跨境传输是全球数字经济发展的关键要素。数据的自由流动能够促进国际贸易、跨国投资和全球产业链的优化配置。企业和组织通过数据跨境传输，可以实现全球范围内的业务协同、客户服务和市场拓展。跨国企业可以通过数据跨境传输实现供应链的优化管理，提高生产效率和降低成本；金融科技公司可以通过跨境数据传输提供跨境支付和金融服务，促进全球金融市场的互联互通。然而，数据跨境传输也可能带来经济风险，如数据泄露可能导致企业声誉受损、经济损失甚至市场竞争力下降。

在安全和隐私保护方面，数据在跨境过程中可能面临被窃取、篡改、滥用等风险，不仅威胁到个人隐私和企业利益，还可能涉及国家安全。因此，各国政府纷纷出台相关法律法规，加强对数据跨境传输的安全审查和隐私保护。技术手段如数据加密、访问控制、匿名化处理等也被广泛应用于数据跨境传输过程中，以降低安全风险。

数据跨境传输的另一个重要维度是其对主权的影响。数据作为一种重要的战略资源，其跨境流动可能涉及国家主权和信息安全问题。一些国家担心，数据跨境传输可能导致本国数据被外国政府或企业不当利用，从而威胁到国家的主权和安全。因此，数据本地化政策在一些国家应运而生，要求关键数据必须存储在本国境内，以确保数据的控制权和主权。

二、数据跨境流动面临的现实困境

（一）数据跨境流动困境表现为数据壁垒

数据壁垒是限制数据跨境流动的主要成因，目前各个国家之间逐渐产生了一种以数据与主权关系为内核的壁垒。数据壁垒主要体现为两种互相冲突的法律原则——数据主权论与数据自由主义。前者坚持全球数据治理应当以尊重主权为基础展开，强调数据治理离不开对技术主权的尊重。后者倾向于各个国家和地区不应以主权为借口，通过对数据及其控制者实施跨境执法来限制数据的自由流动。欧盟《个人数据隐私保护指令》和《通用数据保护条例》（GDPR）对个人数据的跨境流动施加了更加严格、明确的限制。随后，欧盟先后颁布了《非个人数据自由流动条例》《数字市场法》《数字服务法》《数据法案》。从上述立法中可以看出，欧盟基于基本人权，把数据及数据跨境流动的治理视为国家主权的主要内容，并制定了一系列管理、限制数据及数据跨境流动的规则。与欧盟不同的是，美国倡导数据跨境流动自由以及行业自律。美国在数据及其跨境流动领域并没有专门、统一的立法，也没有设立类似欧盟数据保护监督机构（EDPS）的统一执法组织，而是把数据及其跨境流动中的隐私保护交由行业自律来解决。

（二）数据定位壁垒：数据本地化制度

数据本地化指基于维护国家安全的角度，对数据跨境流动进行绝对的限制。数据定位壁垒的具体规范形式包括：第一，数据存储要求。通常要求企业在本国或本地区境内建立数据中心或存储设施，以存储其在该国或地区的业务所产生的数据。第二，数据处理要求。通常要求企业在本国或本地区境内对其在该国或地区的业务所产生的数据进行处理，而不允许跨境处理。第三，数据备份要求。通常要求企业在本国或本地区境内备份其在该国或地区的业务所产生的数据，以确保数据的可靠性和安全性。上述三项数据定位要求的实施可能会对企业跨境业务产生不利影响，增加企业成本和管理难度、限制企业业务拓展和发展空间、加大数据泄漏风险等。

（三）数据出境壁垒：数据出境限制措施

数据出境壁垒指某些国家和地区对跨境数据流动实施出口限制、管制的措施。这些措施旨在保护国家的重要利益，如国家安全、公共利益、经济利益和技术创新等，但同时也会对跨境数据流动产生一定的限制和影响。具体来说，数据出境壁垒的措施一般包括以下几个方面：

第一，出口许可证制度。世界上主要国家和地区均对涉及国家安全、公共利益等重要领域的数据出口设定审批和许可制度，只有获得出口许可证的企业才能够合法地进行数据跨境流动。

第二，数据出口备案制度。世界上主要国家和地区均要求企业在数据跨境流动之前向相关机构备案，以确保数据的安全与合法性。在数据出境安全评估之外，确立了适用标准合同条款的数据备案出境管理模式。

第三，数据出口禁令。部分国家和地区会对涉及重要国家利益的数据实施出口禁令，即禁止该类数据的跨境流动。

第四，数据出口管制。一些国家和地区对涉及国家安全、公共利益等重要领域的数据实施出口管制，即只允许数据出口到特定的国家和地区，或只允许特定的企业进行数据出口。

本章小结

随着全球数字化转型的加速，数据跨境流动已成为国际商务中的核心议题。数据流动不仅推动了信息交换、技术传播和国际合作，也为全球供应链和跨国公司的运作提供了重要支持。然而，数据跨境流动也面临着复杂的法律和安全问题。各国的法律法规差异，尤其是在数据保护、隐私保护和网络安全方面，给跨境数据传输带来挑战。欧盟的 GDPR 等法律的出台，使得数据保护问题成为国际贸易中的热点问题。与此同时，数据的安全性、隐私保护和滥用问题也亟待解决。为促进数据跨境流动并确保全球贸易的公平与安全，国际社会必须建立更加统一的法律框架和监管机制，进一步加强合作。

习题

1. 数据跨境流动的基本概念是什么？
2. 跨境数据流动如何推动全球经济和国际贸易发展？
3. GDPR 等数据保护法律如何影响国际数据流动？
4. 数据隐私问题如何影响跨境数据流动？
5. 如何平衡数据流动与数据安全之间的矛盾？

6. 各国在数据保护上的立场差异如何影响全球贸易？
7. 数据流动对全球供应链的影响有哪些？
8. 如何看待中国在数据治理方面的政策？
9. 跨境数据流动的未来发展趋势是什么？
10、全球数据流动的监管体系如何改进？

案例：欧盟 GDPR 与跨境数据流动

2018 年 5 月 25 日，欧盟正式实施了《通用数据保护条例》（GDPR），这一法规对全球的数据隐私和保护体系产生了深远影响。GDPR 的出台旨在加强欧盟公民的个人数据保护，并规范跨境数据流动。它不仅对欧盟境内的数据处理和传输提出了严格要求，还对全球范围内的公司产生了广泛影响。

GDPR 的实施背景。GDPR 的实施背景源于近年来全球范围内发生的多起数据泄露事件，包括 Facebook 的剑桥分析丑闻等，这些事件引发了公众对数据隐私和安全的高度关注。GDPR 要求所有在欧盟境内收集、存储或处理个人数据的企业，必须遵守严格的数据保护标准，并对其收集和处理的所有数据给予透明处理和保护。

GDPR 的实施要求企业对欧盟公民的个人数据进行加密、匿名化处理，并在数据泄露发生时迅速向监管机构报告。GDPR 还赋予欧盟公民更大的数据控制权，包括访问权、更正权、删除权等，使得个人可以控制自己的数据。

跨境数据流动的影响。GDPR 的实施对跨境数据流动产生了深远影响。由于 GDPR 要求在数据流动中保护欧盟公民的隐私，欧盟与其他国家和地区之间的数据传输也需要符合严格的标准。在跨境数据流动方面，欧盟与美国、印度、中国等国家达成了一系列数据保护协议，以确保数据跨境传输不会泄露个人隐私。与此同时，GDPR 对一些国际企业的运营产生了重大影响，特别是全球性的大型互联网公司，如 Google、Facebook 和 Amazon，它们必须对其全球数据处理方式进行全面的审查和调整。

国际企业的应对。面对 GDPR 的严格要求，全球范围内的企业纷纷调整其数据治理策略，投资于数据安全和合规性建设。例如 Facebook 在 GDPR 实施后，投资了数亿美元来强化其数据保护措施，并成立了专门的合规团队。其他科技巨头如谷歌、微软也加强了对数据隐私的保护，推出了一系列新的隐私政策，增强用户对其数据处理的透明度。

[案例来源：《纽约时报》《GDPR：全球数据流动与隐私保护的分水岭》]

思考题
1. GDPR 如何影响了跨境数据流动和全球数据保护政策？
2. 全球性公司如何应对 GDPR 带来的合规压力？
3. GDPR 对数据隐私和个人权利保护的贡献是什么？
4. 如何平衡跨境数据流动与隐私保护之间的矛盾？

第六章 全球价值链

> **学习目标**
>
> 本章旨在帮助学生理解全球价值链（GVC）的概念及其形成与发展过程，掌握全球价值链在全球贸易、产业链重构和国际企业战略中的重要作用。学生将分析全球价值链中的价值增值过程，探讨全球供应链的管理模式和跨国公司的战略布局。最终，学生将能够识别全球价值链对国际经济结构和国家产业政策的影响，理解如何通过参与全球价值链提升产业竞争力。

第一节 引言和方法基础

一、内涵

全球价值链（Global Value Chain，GVC）是指跨国公司、国家或地区通过分工与合作，在全球范围内围绕产品的设计、生产、加工、营销、分销以及售后服务等环节形成的价值创造和流动网络。在全球价值链中，生产过程的各个环节根据各国的资源禀赋、劳动力成本、技术水平等因素被分散到不同地区，以最大化全球资源的优化配置与价值增值。全球价值链的核心特点是高度的国际分工和专业化，各个环节由不同的国家或地区承担，跨国公司往往主导着这一过程，利用全球化生产和市场网络实现利润最大化。这一模式使得全球经济中的商品生产、技术创新、品牌建设等环节更加复杂且相互依存，同时也使得全球贸易、供应链和国际市场更加紧密地联系在一起。

二、全球价值链测度方法的技术基础——投入产出分析方法

（一）产业关联性与投入产出核算

生产过程从产出看，各部门相互提供产品。

生产过程从投入看，各部门相互消耗产品。

由此形成部门间的技术经济联系。它受客观条件制约，具有一定的数量界限和规律，需要制订和运用专门的投入产出方法来加以研究。

投入产出核算。以适当的国民经济产品部门分类为基础，通过专门的平衡表和消耗系

数描述各部门之间错综复杂的投入产出数量关系，并利用数学方法建立经济模型，进行相应的经济分析和预测。"投入产出法""产业关联分析法"或"部门联系平衡法"。

（二）投入产出法的产生和发展

法国重农学者魁奈："经济表"。首次用表格形式展示农业社会中的经济循环过程。特点是以"自然秩序"为基础，强调农业是财富源泉，提出生产与消费的平衡关系。被公认为投入产出分析的雏形，但当时未形成完整数学模型。

马克思：在《资本论》（1867年）中提出社会再生产理论，揭示资本主义生产过程中两大部类（生产资料与消费资料）的比例关系。

瓦尔拉斯：1873年出版《纯粹经济学要义》，提出一般均衡理论模型，试图用数学方程描述市场供需的全面均衡。因计算复杂度高，未建立实际操作模型，但其思想启发了后续学者。

瓦西里·列昂节夫：1936年发表《美国经济中的生产与分配》，提出投入产出表（Input-Output Table），并将其发展为可计算的数学模型。引入逆矩阵系数（如列昂节夫逆矩阵），用于分析产业关联效应。首次用线性代数方法解决经济系统中的复杂依赖关系。该方法被联合国统计署（UNSD）采纳为标准工具，至今仍是各国GDP核算的核心方法之一。

SNA和MPS：投入产出核算均构成其重要部分。

中国：1974—1976年试编投入产出表，1982年正式编制；新国民核算制度规定：每隔五年（逢二或七的年份）采用全面调查方法编表，其间通过局部修订编制"延长表"。

三、投入产出法的部门分类

（一）产品部门及其特征

基本特征如下：

（1）产出的同质性：一个部门只能生产同一种类的产品。

如果一个部门除了主要产品之外，还生产其他次要产品，就必须把后者的产出划归到将其作为主要产品来生产的相应部门。例如林场生产林木、木材和木制家具。

（2）投入的同质性：一个部门只能以相同或相似的投入结构和生产工艺生产同一种类的产品。

如果在生产同类产品的过程中使用了两种不同的投入结构或生产工艺，也应该把有关生产活动分别划归到不同产品部门。例如火力发电和水力发电。

（二）投入产出表

投入产出表（部门联系平衡表）：以产品部门分类为基础的棋盘式平衡表，用于反映国民经济各部门的投入和产出、投入的来源和产出的去向，以及部门与部门之间相互提供、相互消耗产品的错综复杂的技术经济关系，见表6-1。

第Ⅰ象限（中间产品或中间消耗）：核心。反映各部门之间相互提供、相互消耗产品的技术经济联系。特点如下：

横行标题和纵栏标题是名称、排序相同的产品部门，具有严整的棋盘式结构。

提供中间产品的部门（产出部门）；消耗中间产品的部门（投入部门）；表中每项数据都具有"产出"与"消耗"的双重含义。

表 6-1　　　　　　　　　　　　　全国价值型投入产出表

投入来源	分配去向	投入部门（中间产品）				最终产品	总产出
		部门 1	部门 2	…	部门 n	小计		
产出部门（中间投入）	部门 1	x_{11}	x_{12}	…	x_{1n}	$\sum x_{1j}$	f_1	q_1
	部门 2	x_{21}	x_{22}	…	x_{2n}	$\sum x_{2j}$	f_2	q_2
	⋮	⋮	⋮	⋱	⋮	⋮	⋮	⋮
	部门 n	x_{n1}	x_{n2}	…	x_{nn}	$\sum x_{nj}$	f_n	q_n
	小计	$\sum x_{i1}$	$\sum x_{i2}$	…	$\sum x_{in}$	$\sum\sum x_{ij}$	$\sum f_i$	$\sum q_i$
最初投入	固定资产折旧	d_1	d_2	…	d_n	$\sum d_j$	—	
	劳动者报酬	v_1	v_2	…	v_n	$\sum v_j$		
	生产税净额	s_1	s_2	…	s_n	$\sum s_j$		
	营业盈余	m_1	m_2	…	m_n	$\sum m_j$		
	增加值	y_1	y_2	…	y_n	$\sum y_j$		
总投入		q_1	q_2	…	q_n	$\sum q_j$	—	

该象限的所有 n_2 个数据组成"中间流量（中间产品、中间消耗）矩阵"：

第Ⅱ象限（最终产品或最终使用）：反映各部门提供最终产品的数量和构成情况（可以细分为消费、投资和净出口）。其数据组成"最终产品列向量"。

第Ⅲ象限（最初投入或增加值）：反映各部门的最初投入数量及其构成（可以细分）。其数据组成"最初投入（增加值）行向量"。

第Ⅳ象限：空白（可在国民核算矩阵中适当开发）。

横表：Ⅰ+Ⅱ，反映各部门的产出及其使用去向，即"产品分配"过程。

竖表：Ⅰ+Ⅲ，反映各部门的投入及其提供来源，即"价值形成"过程。

"横表"和"竖表"各自存在一定的平衡关系，彼此之间又在总量上相互制约，构成投入产出表建模分析的基础框架。

（1）横向：产出指标。

总产出：指经济系统各部门在一定时期内生产的所有货物和服务的价值，既包括新增价值，也包括转移价值。

中间使用：反映各部门生产的产品（或服务）分配给各部门在生产过程中消耗的数量。又称中间需求或中间产品。

最终使用：指已退出或暂时退出本期生产活动而为最终需求所提供的货物和服务。又称最终需求或最终产品。

（2）纵向：投入指标。

总投入：指一定时期内经济系统各部门进行生产活动的所有投入，包括中间投入和最初投入。

中间投入：是生产过程中消耗（一次性转移）的货物和服务，也称为中间消耗。

最初投入：通常所说的增加值，指经济系统各部门在生产过程中所创造的新增价值和固定资产的转移价值。

横向平衡方程为

$$Z_{11}+Z_{12}+\cdots+Z_{1n}+Y_1=X_1$$
$$Z_{21}+Z_{22}+\cdots+Z_{2n}+Y_2=X_2$$
$$\cdots\cdots$$
$$Z_{n1}+Z_{n2}+\cdots+Z_{nn}+Y_n=X_n$$
$$Zu'+Y=X$$
$$定义 A=ZX^{-1}$$
$$AX+Y=X$$

第二节　全球价值链贸易活动分解

一、价值增值

考虑一个经济环境，其中有 $J>1$ 个国家，$S>1$ 个行业。i 和 j 代表国家（$1\leqslant i$, $j\leqslant J$）；每当使用一对集合 ij（描述贸易流量变量）时，i 将指代来源国，而边 j 将指代目的国（ij 表示从 i 到 j 的流量）。上表 r 和 s 代表行业（$1\leqslant r, s\leqslant S$）；再次，每当使用一对上标时，左上标将指代来源（或销售）行业，而右上标将指代目的（或购买）行业。

WIOT 的中心是一个 $JS\times JS$ 的方阵 Z，Z_{ij}^{rs} 是行业 r 在国家 i（排列在 WIOT 的行中）购买行业 s 在国家 j（排列在列中）的输入价值，Z_{ij}^{rs} 的行或列中的观察单位称为"国家－行业"。

除了被其他国家－行业用作输入外，国家 i 的行业 r 的产出也可以被最终使用吸收。定义 F_j 为 $JS\times 1$ 的列向量，堆叠了行业 r 在国家 i 的产出被国家 j 最终使用的价值 F_{ij}^{r}。进一步定义 $F=\sum_j F_j$ 为在所有目的国求和后的最终使用向量。

给定国家－行业的总产出 Y_i^r 可以表示为以下两部分的和：被最终使用吸收的价值和被用作输入的价值（跨越所有可能的国家－行业）为

$$\begin{aligned} Y_i^r &= \sum_j F_{ij}^r + \sum_{j,s} Z_{ij}^{rs} \\ &= \sum_j F_{ij}^r + \sum_{j,s} a_{ij}^{rs} Y_j^s \\ &= \sum_j F_{ij}^r + \sum_{j,s} a_{ij}^{rs} \sum_k F_{jk}^s + \sum_{j,s}\sum_{k,t} a_{ij}^{rs} a_{jk}^{st} \sum_l F_{kl}^t + \cdots \end{aligned} \tag{6-1}$$

在上述第二个等式中，Z_{ij}^{rs} 被重写为 $a_{ij}^{rs} Y_j^s$，其中 $a_{ij}^{rs} = Z_{ij}^{rs}/Y_j^s$ 是直接需求系数。无限和的第 n 项是国家 i 的行业 r 的总产出，最终在恰好 n 个生产阶段后被最终使用吸收，按照每次输入或最终使用交易对应一个阶段的约定。在矩阵形式中，上述恒等式可以在国家－行业中堆叠并表示为

$$Y = F + AF + A^2F + \cdots \tag{6-2}$$

其中，Y 是总产出值 Y_i^r 的 $JS \times 1$ 向量，A 是直接需求系数的 $JS \times JS$ 矩阵。从式（6-2）中可以看出，$A^n F$（其中 $n>0$）是经过（$n+1$）个阶段后被最终使用吸收的总产出值的向量。

式（6-1）中的方法采用了需求驱动视角，因为它基于给定国家-行业的产出的需求来源（无论是作为输入还是最终使用）。另一种方法是将总产出视为价值增值（即对生产初级要素的支付）和生产中使用的中间输入的总和。价值增值 V_j^s 直接进入国家 j 的行业 s 的总产出生产。在供应驱动视角下，国家 j 的行业 s 的总产出是以下两部分价值的和：其直接支付给初级要素 V_j^s；从所有其他国家-行业购买的输入

$$\begin{aligned} Y_i^r &= V_j^s + \sum_{i,r} Z_{ij}^{rs} \\ &= V_j^s + \sum_{i,r} b_{ij}^{rs} Y_i^r \\ &= V_j^s + \sum_{i,r} b_{ij}^{rs} V_i^r + \sum_{i,r}\sum_{h,q} b_{hi}^{qr} b_{ij}^{rs} V_h^q + \cdots \end{aligned} \quad (6\text{-}3)$$

等式后面 b_{ij}^{rs} 定义为

$$b_{ij}^{rs} = Z_{ij}^{rs} / Y_i^r$$

b_{ij}^{rs} 是国家 i 的行业 r（即来源国家-行业）的产出中被国家 j 的行业 s 购买用作中间输入的份额，也称为分配系数。中的第二行然后执行类似的迭代替代，以将总产出表示为价值增值项的无限和。可以写为

$$Y = V + BV + B^2 V + \cdots \quad (6\text{-}4)$$

其中，V 是一个 $JS \times 1$ 的列向量，其本质为增加值项 V_j^s 组成的行向量的转置。B 是分配系数的矩阵。$B^n V$（$n>0$）是价值增值的原始来源进入生产恰好在（$n+1$）个阶段前的总产出价值。

总产出向量可以求解为：$Y=[I-A]^{-1}F$，其中 I 是 $JS \times JS$ 的单位矩阵。为了产生最终使用向量 F，可以通过将 F 与列昂惕夫逆矩阵相乘来计算总产出。

二、最终产品的价值增值

当进口国 j 观察到行业 s 的最终产品时，它体现的价值增值可能源自这个世界经济中的任何（甚至所有）JS 个国家-行业。假设：取国家 j 中吸收的最终产品的向量 F_j；使用列昂惕夫逆 $[I-A]^{-1}$ 来推断产生这个最终使用向量所需的总产出；将其与总产出中的价值增值份额向量 $\hat{V}\hat{Y}^{-1}$ 相乘。通过计算

$$\hat{V}\hat{Y}^{-1}[I-A]^{-1}F_j \quad (6\text{-}5)$$

其第 $[(i-1) \times J + r]$ 个条目是国家 i、行业 r 的价值增值，最终在国家 j 中被最终使用吸收。通过对所有行业 r 和所有目的国 $j \neq i$ 求和，可以获得国家 i 的价值增值出口 VAX_i 的度量，代表该国最终被世界其他地区吸收的价值增值。其中 VAX_i/GX_i 比率反映了国家是直接出口还是间接出口，提供了国家参与这些跨境生产链的（反向）度量。

总产出中的价值增值份额 V_j^s / Y_j^s（即 $\hat{V}\hat{Y}^{-1}$ 的对价条目）分解为对不同生产要素的支

付。通过向前联系到最终使用来追踪总产出中体现的价值增值。可以证明

$$\begin{aligned}\hat{V}\hat{Y}^{-1}[I-A]^{-1}F_j &= \hat{V}[(I-A)\hat{Y}]^{-1}F_j \\ &= \hat{V}[I-\hat{Y}^{-1}A\hat{Y}]^{-1}Y^{-1}F_j \\ &= \hat{V}[I-B]^{-1}\hat{Y}^{-1}F_j\end{aligned} \quad (6\text{-}6)$$

给定投入产出系统的直接需求和分配矩阵之间的关系：$B=\hat{Y}^{-1}A\hat{Y}$。价值增值出口可以通过被国家 j 的最终需求吸收的总产出份额 $\hat{Y}^{-1}F_j$，并通过预乘 $\hat{V}[I-B]^{-1}$ 来追踪其向后联系到价值增值来源来计算。上述矩阵代数步骤表明，向前和向后联系方法产生等价的价值增值出口表达式。

三、总出口中的价值增值

总出口（GX）不仅包括最终产品，还包括中间产品投入。假设给定国家 i 的总出口的 $S\times 1$ 向量 GX_i。特定输入中包含的价值增值如果在生产过程中多次运出该国，将被多次计入国家 i 的总出口，价值增值被重复计算的程度将取决于国家在 GVC_s 中作为枢纽的程度，即商品流程多次通过该国。

为了深入了解如何计算出口中体现的国内价值增值（DVA）（减去重复计算部分），定义 DVA_i 为 $S\times 1$ 的向量，源自国内（即国家 i）来源的、行业 r 出口中的价值增值。DVA_i 可以计算为

$$\hat{V}_i\hat{Y}_i^{-1}[I-A_{ii}]^{-1}GX_i \quad (6\text{-}7)$$

A_{ii} 是直接需求系数的 $S\times S$ 矩阵块（沿 A 的主对角线块），对应于纯粹的国内输入－输出交易（即仅限于国家 i 境内的交易）。式（6-7）中的表达式类似于式（6-5）：使用 A_{ii} 的列昂惕夫逆来计算纯粹国内来源的总产出（即在任何生产阶段都没有跨越国界）的总和，这些总产出用于生成总出口向量 GX_i。然后可以通过预乘 $\hat{V}_i\hat{Y}_i^{-1}$（国家 i 中每个行业的价值增值份额的对角矩阵）从 $[I-A_{ii}]^{-1}GX_i$ 中提取国内价值增值 DVA_i。对于整个国家而言，出口中的国内价值增值（DVA_i）仅仅是 DVA_i 的总和。外国价值增值向量（FVA）则由剩余部分给出：$GX_i - \hat{V}_i\hat{Y}_i^{-1}[I-A_{ii}]^{-1}GX_i$。

总出口中的国内增值有两个特性：

（1）总出口的非国内增值份额，即 $(GX_i - DVA_i)/GX_i$，恰好等于 Hummels 等（2001）提出的垂直专业化（VS）度量——总出口中的进口内容。

（2）DVA_i 等于在保持 WIOT 其他条目不变的情况下，如果国家 i 对世界其他地区的出口（包括中间投入和最终产品）停止，国家 i 的 GDP 将减少的量。

$(GX - DAVAX)/GX$ 作为衡量总出口中"GVC 贸易"份额的指标。可以写成两部分之和：第一部分捕捉前向生产联系，由 $(DVA - DAVAX)/GX$ 给出，这是在国外使用然后再出口的出口中的国内增值（因此跨越两次边界）；第二部分 $(GX-DVA)/GX$ 可以解释为捕捉后向生产联系中的进口内容。

四、GVC 中的位置度量

"上游度"和"下游度"描述了国家在专业化中是处于相对上游活动，还是定位更接

近最终需求。

上游度，衡量国家－行业相对于最终需求来源的位置，平均跨越连接该国家－行业与最终使用的生产链位置。下游度则相反，衡量了国家－行业相对于价值增加源（即劳动力和其他初级要素）的位置。"上游度"度量建立在总产出的前向联系分解的基础上。第 n 项 $A^{n-1}F$ 是跨越恰好 n 个阶段到达最终需求的总产出向量。可以计算为

$$F + 2AF + 3A^2F + \cdots = [I-A]^{-2}F \qquad (6\text{-}8)$$

从中可以定义国家 i、行业 r 的"上游度" U_i^r 为式（6-8）的第 $[(i-1)\times J+r]$ 列除以 Y_i^r。以这种方式计算的 U_i^r 是该国-行业产出到达最终需求所需的平均生产阶段的加权平均值。权重 $A^{n-1}F$ 的第 $[(i-1)\times J+r]$ 列（对于 $n=1,2\cdots$）除以 Y_i^r 等于在最终用途吸收之前经过 n 个阶段的总产出的各自份额。$U_i^r \geqslant 1$，并且只有当国家－行业的全部产出直接被最终需求吸收时，U_i^r 才等于 1。此外，当 Y_i^r 的更大份额作为中间投入被购买时，U_i^r 的值更大，特别是在最终消费/投资点之前仍需要多个生产阶段时。

根据 Fally（2012）和 Antràs 等（2012）公式

$$U_i^r = 1 + \sum_{j,s} b_{ij}^{rs} U_j^s \qquad (6\text{-}9)$$

其中，$b_{ij}^{rs} \equiv Z_{ij}^{rs}/U_i^r$ 是国家 i、行业 r 中间投入被国家 j、行业 s 分配的系数。换句话说，每个国家－行业根据 U_i^r 被认为比所有从其购买投入的国家－行业的加权平均值更上游一个阶段。这为将 U_i^r 用作衡量到最终需求的阶段距离提供了另一种基础。此外，将式（6-9）应用到所有国家－行业，可以得出 U_i^r 恰好等于 Ghosh 逆矩阵 $[I-B]^{-1}$ 的第 $[(i-1)\times J+r]$ 行的和。

类似地，从价值增加的初级来源出发的"下游度"通过方程式（6-4）中的后向联系总产出分解来定义。将式（6-4）中的第 n 项乘以 n，得到

$$V + 2BV + 3B^2V + \cdots = [I-B]^{-2}V \qquad (6\text{-}10)$$

国家 j、行业 s 的"下游度" D_j^s 从初级要素计算为式（6-10）的第 $[(j-1)\times J+s]$ 列除以 Y。

因此，D_j^s 是从初级要素到达国家 j、行业 s 的总产出的生产阶段的加权平均值。所涉及的权重 $B_{n-1}V$ 的第 $[(j-1)\times J+s]$ 列除以 Y_j^s 是经过 n 个阶段的价值增加的总产出的各自份额。同样，每个 $D_j^s \geqslant 1$，当且仅当国家－行业的全部产出直接来自价值增加的初级来源（零中间投入购买）时，D_j^s 等于 1。D_j^s 越大，Y_j^s 作为中间投入的使用份额越大，特别是如果直接购买的投入本身距离初级要素有多个阶段。

Fally（2012）和 Miller 与 Temurshoev（2017）还证明，D_j^s 是递归关系的唯一解（归一化后）。

$$D_j^s = 1 + \sum_{i,r} a_{ij}^{rs} D_i^r \qquad (6\text{-}11)$$

其中，$a_{ij}^{rs} \equiv Z_{ij}^{rs}/Y_j^s$ 是国家 j、行业 s 使用来自国家 i、行业 r 的投入的直接需求系数。由于式（6-11），D_j^s 也可以计算为 Leontief 逆矩阵 $[I-A]^{-1}$ 的第 $[(j-1)\times J+s]$ 列的条目之和。这意味着 D_j^s 等于为促进国家 j、行业 s 的单位产出增加所需的投入而产生的世界经济总产出

增加（总后向联系）。

第三节 全球价值链模型

一、卡里多-帕罗模型

基于 Eaton 和 Kortum（2002）的李嘉图模型，Caliendo 和 Parro（2015）在贸易中纳入了中间投入。

1. 理论框架

考虑一个由 $J \geqslant 1$ 国家和 $S \geqslant 1$ 部门或行业组成的世界。所有部门的生产者都生产一种产出，这种产出可以互换地用作中间投入或最终（消费者）产品。有一种独特的原始生产要素，即劳动力，它在每个国家都是没有弹性地提供。所有生产技术都具有恒定的规模报酬，所有生产商的行为都具有竞争性。使用下标 i 和 j（有时使用 k）来表示国家，上标 r 和 S 来指代行业。

每个国家的代表性消费者对 S 部门的效用函数为

$$u(C_j) = \prod_{S=1}^{S} (C_j^S)^{\alpha_j^s} \qquad (6-12)$$

其中，C_j^S 表示某个行业的总消费量，C_j 表示 j 国消费的 C_j^S 载体，C_j^S 是行业 S 在国家 j 代表消费者支出中所占的份额，$\sum_{S=1}^{S}\alpha_j^S = 1$。

在每个行业 S 内，都有一系列由 $\alpha^S \in [0,1]$ 组成的产品种类。每个品类的生产都是劳动力和中间投入的 C-D 函数。在 i 国，每个行业产品的生产函数由下式给出

$$y_i^S(\omega^S) = Z_i^S(\omega^S)[l_i^S(\omega^S)]^{1-\sum_{r=1}^{s}\gamma_i^{rs}} \prod_{r=1}^{S}[M_i^{rS}(\omega^S)]^{\gamma_i^{rs}} \qquad (6-13)$$

M_i^{rS} 是 i 国用于生产品种 ω^S 的工业 r 复合中间体的数量。指数 γ_i^{rs} 是生产成本支出的恒定份额，也就是 i 国每个行业生产者从 r 部门的中间投入。假设 $0 < \gamma_i^{rs} < 1$，而且 $0 < \sum_{S=1}^{S}\gamma_j^{rs} < 1$，因此生产成本中的劳动力份额（增加值份额）在所有部门和国家都严格为正值，生产率 $Z_i^S(\omega^S)$ 是根据具有累积密度函数 Fréchet 的分布 $F_i^S(z) = \exp\{-T_i^s z^{-\theta^s}\}$ 得出。规模参数 T_i^S 决定了 i 国行业 S 的技术状况，而 $\theta^S > 1$（反向）决定了全球生产者行业 S 生产率的分散度，从而形成比较优势。

行业 S 中的国家中间产品既用于最终消费（C_j^S），也用于向其他行业 r（M_i^{rs}）提供投入，是单位区间内一组产品种类的 CES 总和

$$Q_i^S = [\int q_i^S(\omega^S)^{\frac{(\sigma^S-1)}{\sigma^S}} d\omega^S]^{\frac{\sigma^S}{\sigma^S-1}} \qquad (6-14)$$

其中，$q_i^S(\omega^S)$ 表示最终购买的品种 ω^S 的数量，当然是从最低成本的来源国购买的。值得

重申的是，针对品种的相同 CES 加总适用于产业 i 的中间产品，无论这个中间产品是在最终需求中消费还是用作中间投入。

各国不仅进口消费品，还进口来自各个行业和国家的中间投入，这些进口投入体现了外国的增加值。同样，各国不仅出口消费品，还出口中间投入品，从而在国外的生产和出口中产生国内附加值。

考虑 j 国的代表消费者或公司关于从哪个国家购买品种 ω^S 的决策问题。选择 $i \in \{1, \cdots, j\}$。在考虑所有潜在来源国 i 的单位生产成本 C_i^S 和冰山贸易成本 T_i^r 后，j 国用于来自 i 国的行业产品（中间或最终产品）的支出份额的表述为

$$\pi_{ij}^S = \frac{T_i^S (C_i^S T_{ij}^S)^{-\theta^s}}{\sum_{k=1}^{J} T_k^S (C_k^S T_{kj}^S)^{-\theta^s}} \quad (6\text{-}15)$$

技术水平 T_i^S 越高，捆绑成本 C_i^S 越低，在 j 中销售时与 i-S 对相关的贸易成本 T_{ij}^S 越低，j 国对 i-S 产出的支出就越高。基于生产函数式（6-13）得出

$$C_j^S = r_j^S \omega_j^{1-\sum_{r=1}^{s} r_j^{rs}} \prod_{r=1}^{S} (P_j^r)^{r_j^{rs}} \quad (6\text{-}16)$$

其中，r_j^S 是一个仅取决于参数 r_j^{rs} 的常数，而 P_j^r 是用作 j 国中间投入的行业 r 中间产品的理想价格指数。根据 Eaton 和 Kortum（2002），P_j^r 的表述由以下公式给出

$$P_j^r = k^r \left[\sum_{i=1}^{J} T_i^r (c_i^r T_{ij}^r)^{-\theta^r} \right]^{\frac{-1}{\theta^r}} \quad (6\text{-}17)$$

其中，k^r 是仅取决于 σ^r 和 θ^r 的常数。

用 X_{ij}^s 表示 j 国在 i 国行业品种上的支出，这是 j 国对 i 国行业产品的支出之和，包括其作为中间投入和最终消费的使用。反过来，定义：$X_j^S = \sum_{i=1}^{j} X_{ij}^S$ 为 j 国在行业品种上的总支出；Y_j^S 为 j 国生产的行业的总产出价值。得出均衡式

$$X_j^s = \sum_{r=1}^{S} \gamma_j^{sr} \underbrace{\sum_{i=1}^{J} X_i^r \pi_{ji}^r}_{Y_j^r} + \alpha_j^s (\omega_j L_j + D_j) \quad (6\text{-}18)$$

公式右侧的第一项等于从行业 S 购买的中间投入物的总额，D_j 是国家 j 的贸易赤字，计算为一国所有部门和最终用途进口的总和减去部门和最终用途产出。右侧的第二项是 j 国对行业最终消费的总购买量。将国家 j 的进口等同于其出口加上其观察到的赤字 D_j

$$\sum_{S=1}^{S} X_j^S = \sum_{s=1}^{S} \sum_{i=1}^{J} X_j^S \pi_{ij}^S = \sum_{S=1}^{S} \sum_{i=1}^{J} X_i^S \pi_{ji}^S + D_j \quad (6\text{-}19)$$

2. 多阶段架构方法

（1）两阶段情景。考虑一个简单的多国李嘉图贸易模型，世界经济由 $j \geq 1$ 个国家组

成,在这些国家,消费者从单一部门消费差异化品种中获得效用。品种间的偏好是 CES。

产品是结合需要按顺序执行的两个阶段生产的。初始阶段的生产 $n=1$ 只使用劳动力,而第二阶段的生产将劳动力与第一阶段生产的商品结合起来。生产函数如下

$$y_i^1(\omega) = z_i^1(\omega^S) l_i^1(\omega^S) \tag{6-20}$$

以及

$$y_i^2(\omega^S) = [z_i^2(\omega) l_i^2(\omega)]^{\alpha_2} [y_i^1(\omega)]^{1-\alpha_2} \tag{6-21}$$

其中,$\alpha_2 \in (0,1)$ 表示第 2 阶段生产中的劳动份额,而 $z_i^n(\omega)$ 为 i 国第 n 阶段的劳动生产率。市场为完全竞争,而且价值链在不同阶段 $n \in \{1,2\}$ 的最优位置 $l(n) \in \{1, j\}$ 由成本最小化决定。

各国在三个关键方面存在差异:

1)规模,反映在每个国家 i 可用于生产的"有能力的"劳动力的衡量标准 L_i(劳动力是非弹性供应的,并获得工资 w_i)。

2)地理位置,如冰山交易成本 $T_{ij} \geqslant 1$ 的 $J \times J$ 矩阵所示。

3)技术效率。由劳动生产率项 $z_i^n(\omega)$ 决定。

根据 Eaton 和 Kortum(2002),假设 $z_i^n(\omega)$ 是从具有累积分布函数 $F_i^n(z) = \exp\{-T_i^n z^{-\theta^S}\}$ 的 Fréchet 分布中独立得出的(跨货物和阶段)。

考虑领先企业问题,即选择成本最低的生产路径向 j 国的消费者交付消费品 ω。给定方程式(6-20)和式(6-21),这以(成本)数量在选择位置 l^i 和 l^j 最小化。

$$c[l^j(1), l^j(2)] = \tau_{lj}(2) j \left[\frac{w_{lj}(2)}{z_i^2(\omega)}\right]^{\alpha_2} \left[\frac{\tau_{l j(1) l j}(2) w_{lj}(1)}{z_i^1(\omega)}\right]^{1-\alpha_2} \tag{6-22}$$

假设给定生产链 $l = \{l(1), l(2)\}$ 的整体生产率特征由以下函数表示

$$\Pr\{[z_i^1(\omega)]^{1-\alpha_2}[z_i^2(\omega)]^{\alpha_2} \leqslant z\} = \exp\{-z^{-\theta}[T_{l(1)}^1]^{1-\alpha_2}[T_{l(2)}^2]^{\alpha_2}\} \tag{6-23}$$

也就是假设 $z_i^1(\omega)^{1-\alpha_2}$ 和 $z_i^2(\omega)^{\alpha_2}$ 呈 Fréchet 分布,形状参数由 θ 给出,位置参数是链中所有国家技术状态的函数 $[T_{l(1)}^1]^{1-\alpha_2}[T_{l(2)}^2]^{\alpha_2}$。这个假设的直接含义是,通过给定的产业链 l 为给定国家 j 的消费者提供服务的相关单位成本也是呈 Fréchet 分布。

验证 j 国收入中用于在特定全球价值链路径 $l \in J^2$ 下生产的最终产品的份额,其计算公式为

$$\Pi_{lj} = \frac{\left\{(T_{l(1)}^1)^{\alpha_n}\left[(w_{l(1)})^{\alpha_n} \tau_{l(1)l(2)}\right]^{-\theta}\right\}^{1-\alpha_2} \times (T_{l(2)}^2)^{\alpha_2}\left[(w_{l(2)})^{\alpha_2} \tau_{l(2)j}\right]^{-\theta}}{\sum_{l \in J^2}\left\{(T_{l(1)}^1)^{\alpha_n}\left[(w_{l(1)})^{\alpha_n} \tau_{l(1)l(2)}\right]^{-\theta}\right\}^{1-\alpha_2} \times (T_{l(2)}^2)^{\alpha_2}\left[(w_{l(2)})^{\alpha_2} \tau_{l(2)j}\right]^{-\theta}} \tag{6-24}$$

此外,中 j 国的理想价格指数 P_j 的计算公式为

$$P_j = \kappa \left\{\sum_{l \in J^2}\left((T_{l(1)}^1)^{\alpha_n}\left[(w_{l(1)})^{\alpha_n} \tau_{l(1)l(2)}\right]^{-\theta}\right)^{1-\alpha_2} \times (T_{l(2)}^2)^{\alpha_2}\left[(w_{l(2)})^{\alpha_2} \tau_{l(2)j}\right]^{-\theta}\right\}^{-\frac{1}{\theta}} \tag{6-25}$$

其中，κ 是仅取决于 σ 和 θ 的常数。

可以得出两阶段的结论，当 $N=1$ 时，$a_2=1$，技术水平 T_i 较高或劳动力成本 w_i 较低的国家的全球价值链位置较高，高贸易成本不利于各国参与全球价值链。另外，$\tau_{l(2)j}$ 的指数高于 $\tau_{l(1)l(2)}$，代表企业在选择最佳生产路径时，会更关注降低相对下游阶段的贸易成本，而不是相对上游阶段的贸易成本，这个特征产生了中心–下游关系，在其他条件不变的情况下，中心地位相对较高的国家将会倾向于获得比较优势，并在相对下游的阶段进行专业化。

（2）多阶段均衡。根据 Antràs 和 de Gortari（2020）的生产函数，均衡方程可以扩展到具有任意生产阶段数 N 的环境。通过在生产链层面给定 Fréchet 分布的生产率，特定的全球价值链路径 $l=\{l(1),l(2),l(N)\} \in J^N$ 由以下方程表示

$$\Pi_{lj} \frac{\prod_{n=1}^{N-1}\{(T_{l(n)}^n)^{\alpha_n}[(w_{l(n)})^{\alpha_n}\tau_{l(n)l(n+1)}]^{-\theta}\}^{\beta_n} \times (T_{l(N)}^N)^{\alpha_N}[(w_{l(N)})^{\alpha_N}\tau_{l(N)j}]^{-\theta}}{\sum_{l \in J^N}\prod_{n=1}^{N-1}\{(T_{l(n)}^n)^{\alpha_n}[(w_{l(n)})^{\alpha_n}\tau_{l(n)l(n+1)}]^{-\theta}\}^{\beta_n} \times (T_{l(N)}^N)^{\alpha_N}[(w_{l(N)})^{\alpha_N}\tau_{l(N)j}]^{-\theta}} \quad (6\text{-}26)$$

其中，α_n 仍然代表第 n 阶段的劳动份额，β_n 由 $\beta_n \equiv \prod_{m=n+1}^{N}(1-\alpha_m)$ 决定。可以看出，全球价值链份额仍然是贸易成本的放大效应，以及随着下游阶段越来越多，贸易成本弹性越来越大（因为 β_n 随 n 递增）。j 国的价格指数 P_j 还是式（6-25）中分母的简单幂函数，与式（6-24）完全相同。

在所有全球价值链中，阶段 n 的附加值（或劳动收入）占该全球价值链产成品价值的份额为 $\alpha_n\beta_n$。此外，任何国家 j 的总支出由 w_jL_j 给出，而 j 在国家 i 处于位置 n 的全球价值链中的支出份额由 $\Pr(\Lambda_i^n, j) = \sum_{l \in \Lambda_i^n}\Pi_{lj}$ 给出，其中 $\Lambda_i^n = \{l \in J^N \mid l(n) = i\}$，而 Π_{lj} 在式（6-26）中给出。因此，均衡工资向量由以下方程组的解确定

$$w_iL_i = \sum_{j \in J}\sum_{n \in N}\alpha_n\beta_n \times \Pr(\Lambda_i^n, j) \times w_jL_j \quad (6\text{-}27)$$

方程组是非线性的，因为 $\Pr(\Lambda_i^n, j)$ 是工资本身和向量 P 的非线性函数，而向量 P 又是工资向量 w 的函数。当 $N=1$ 时，得到 $\alpha_n\beta_n=1$ 以及

$$\Pr(\Lambda_i^n, j) = \Pi_{ij} = (\tau_{ij}c_i)^{-\theta}T_i^1 / \sum_k(\tau_{kj}c_k k)^{-\theta}T_k^1 \quad (6\text{-}28)$$

（3）贸易收益。要研究贸易对实际收入的影响，首先需要考虑一个一条"纯国内"价值链，该价值链的所有环节都在特定国家 j 进行，为同一国家 j 的消费者提供服务。用 $j=(j,j,j)$ 表示国内价值链。用式（6-26），插入价格指数 $P_j=\kappa(\Theta_j)^{-1/\theta}$，并重新排列，得到

$$\frac{w_j}{P_j} = \left(\kappa(\tau_{jj})^{\sum_{n=1}^{N}\beta_n}\right)^{-1}\left(\frac{\prod_{n=1}^{N}(T_j^n)^{\alpha_n\beta_n}}{\Pi_{jj}}\right)^{\frac{1}{\theta}} \quad (6\text{-}29)$$

二、全球价值链微观模型

(一) 前向全球价值链微观模型
1. 模型环境

在微观层面,需要构建一个理论框架,考虑主导企业如何最优化地选择价值链中所有阶段的生产地点,包括主导企业并不直接参与的阶段。

考虑一个由多 j 个国家组成的世界,这些国家的消费者对一系列差异化产品具有偏好。消费者的偏好是 CES 函数

$$Q_j^F = \left(\int_{\omega \in \Omega_j^F} q_j^F(\omega)^{\frac{\sigma-1}{\sigma}} d\omega \right)^{\frac{\sigma}{\sigma-1}} \tag{6-30}$$

在国家 j 中,$\sigma > 1$ 是品种间的替代弹性,Ω_j^F 是 j 国现有消费品种的集合。j 国对品种 ω 的需求量为 $q_j^F(\omega) = E_j P_j^{\sigma-1} p_j^F(\omega)^{-\sigma}$,其中 E_j 是 j 国的总支出,$p_j^F(\omega)$ 是品种 ω 的价格,P_j 是与(36)相关的理想价格指数

$$P_j = \left(\int_{\omega \in \Omega_j} p_j^F(\omega)^{1-\sigma} d\omega \right)^{\frac{1}{1-\sigma}} \tag{6-31}$$

对于生产函数,唯一的生产要素是劳动力,每个国家的劳动力都以不变弹性的方式提供一定数量的劳动力 L_i。每个最终的商品品种 ω 都是由一家公司生产,市场结构以垄断竞争为特征,并且可以自由进入该行业。最终产品的生产使用"熟练劳动力"来组装中间体,具有规模经济报酬。企业最终产品生产的单位成本由下式给出

$$c_i^F(\omega) = \frac{1}{z_i^F(\omega)} w_i^{1-\gamma} (P_i^I)^{\gamma} \tag{6-32}$$

其中,P_i^I 是与生产中使用的中间产品集合相关的价格指数,假设一揽子中间投入是连续投入的 CES 集合体,或者

$$P_i^I = \left(\int_{\varpi \in \tilde{\Omega}_i} p_i^I(\varpi)^{\frac{\rho-1}{\rho}} d\varpi \right)^{\frac{\rho}{\rho-1}} \tag{6-33}$$

其中,$\tilde{\Omega}_i$ 是 i 国现有投入品品种的集合,$p_i^I(\varpi)$ 是 i 国对投入品 ϖ 所支付的价格,而 ρ 则表示投入品之间的可替代程度。论所有最终产品生产商共享相同生产率 $z_i^F(\omega) = z_i^F$,以及各国最终产品的贸易成本是从价的,从 i 国运往 j 国时用 τ_{ij}^F。

中间投入仅用劳动力生产为

$$f_i^I + q_i^I(\varpi) = z_i^I(\varpi) l_i^I(\varpi) \tag{6-34}$$

f_i^I 是供应商产生的间接成本,$z_i^I(\varpi)$ 是投入生产中的劳动生产率。上游行业也具有垄断竞争性,可以自由进入该行业。在分布 $G(z^I)$ 中得出生产率水平 $z_i^I(\varpi)$ 之前,企业面临着额外的固定进入成本 f_i^e。中间投入品可以在各国之间进行交易,并产生冰山贸易成本,但除此之外,出口投入品的企业会产生固定成本 f_{ij}^X,以便将其从国家 i 出口到市场 j。最

后一项固定成本将促使企业选择出口，从而参与全球价值链的前端。

2. 对于不可贸易最终产品的均衡

首先考虑最终产品在各国之间的贸易量过大（$\tau_{ij}^F \to \infty$）的情况，采用成本加成定价，利润由下式给出

$$\Pi_j^F = (z_j^F)^{\sigma-1}[(w_j)^\gamma (P_j^I)^{1-\gamma}]^{-(\sigma-1)} B_j^F - w_j f_j^F \qquad (6-35)$$

其中，$B_j^F = \frac{1}{\sigma}\left(\frac{\sigma}{\sigma-1}\right)^{1-\sigma} w_j L_j P_j^{\sigma-1}$，在下游和上游部门自由进入的情况下，所有经济体的所有收入都是劳动收入。根据式（6-32）中价格指数的定义以及企业是同质的，可以得到衡量 j 国活跃的最终产品生产商数量

$$N_j^F = \frac{L_j}{\sigma f_j^F} \qquad (6-36)$$

N_j^F 各生产商中的每一个都将分配其运营成本的 $1-\gamma$ 份额用于购买中间投入品。由于单位成本是利润的恒定倍数，而利润通过自由进入降至 $w_j f_j^F$，可以得出结论，j 国的中间投入需求由下式给出

$$P_j^I M_j = N_j^F \times (\sigma-1)(1-\gamma) \times w_j f_j^F = \frac{\sigma-1}{\sigma}(1-\gamma) w_j L_j \qquad (6-37)$$

并且因此是市场 j 总收入的简单倍数。

对于 j 国中间产品生产商，以 i 为基地向 j 销售的中间投入生产商将面临对品种 ϖ 的需求，该品种由 $q_j^I(\varpi) = P_j^I M_j \times (P_j^I)^{\rho-1}[p_j(\varpi)]^{-\rho}$ 给出。因此，该生产商在 j 国出口时获得的利润为

$$\Pi_{ij}^I(z_i^I) = (z_i^I)^{\sigma-1}(\tau_{ij}^I w_i)^{1-\sigma} B_j^I - w_i f_{ij}^X \qquad (6-38)$$

其中，$B_j^I = \frac{\sigma-1}{\sigma}(1-\gamma)\frac{1}{\rho}\left(\frac{\rho}{\rho-1}\right)^{1-\sigma} w_j L_j (P_j^I)^{\rho-1}$。只有生产率 $z_i^I \geq \tilde{z}_i^I$ 的来自 i 的企业才会发现向国家 j 出口是最优的，从而进一步参与该目的地国家的全球价值链。出口企业（无论是最终产品还是中间投入生产企业）往往比非出口企业更有生产率。

总之，当最终产品不可贸易时，前瞻性全球价值链参与模式本质上简化为出口选择的 Melitz 框架。然而，当最终产品不可贸易时，出口的中间投入所体现的附加值不会跨越国界，因此，人们是否应该将其视为全球价值链参与的模式并不完全清楚。考虑到这一点，我们接下来考虑最终商品可交易的情况。

3. 可贸易最终商品的均衡

以 j 国对中间投入品 $P_j^I M_j$ 的需求为条件，单个中间投入品生产者的行为将与非贸易最终产品的情况相同。因此，将再次选择参与全球价值链。一旦最终商品可交易，对中间投入的需求更难确定，因为它不仅是 j 总收入的函数，也是其他国家总收入的函数，而这些国家的总收入部分来源于商品出口商销售。最终产品生产商的利润变成

$$\Pi_j^F = (z_j^F)^{\sigma-1}[(w_j)^\gamma(P_j^I)^{1-\gamma}]^{-(\sigma-1)}\sum_{k\in J}\tau_{jk}^F B_k^F - w_j f_j^F \qquad (6\text{-}39)$$

j 表示世界上的国家集合,如果实行自由进入, $B_j^F = \frac{1}{\sigma}\left(\frac{\sigma}{\sigma-1}\right)^{1-\sigma} w_j L_j P_j^{\sigma-1}$,就产生了一个关于 j 的方程组,该方程组可以求解最终产品生产商数量 N_j^F 与工资向量(w_j)、市场规模(L_j)之间的关系。进一步对劳动力市场进行计算,可以根据模型的参数求解工资向量。根据公式 $P_j^I M_j = N_j^F \times (\sigma-1)(1-\gamma)\times w_j f_j^F$,可以计算出 j 国的中间投入需求。

(二)后向全球价值链模型

1. 模型环境

消费者对制造业商品的偏好与正向全球价值链参与框架中的情况相同:个人根据式(6-31)中的 Q_j^F 对差异化产品的消费进行估值。

最终产品部门的技术和市场结构也与之前的模型基本类似。在每个国家 $j\ni J$ 都存在一定数量的最终产品生产商 N_j^F,每个生产商都生产一种不同的差异化品种 ω,该行业的特点是垄断竞争和自由进入。此外,生产完全按照式(6-37)中的成本函数将劳动力和中间投入相结合,企业需要承担的生产间接成本为 f_i^F。此外,生产完全按照式(6-33)中的成本函数将劳动力和中间投入结合在一起,企业在进行任何生产之前都需要生产 f_i^F 单位 i 国劳动力的生产间接成本。下游生产中的劳动效率 z_i^F 在不同生产者之间是异质的,并且在产生相当于 f_i^e 单位劳动力的固定进入成本后从连续累积分布 $G_i(z_i^F)$ 中得出。最终产品生产者只有在支付了进入成本后才会了解其生产率 z_i^F,但他们被认为是在了解核心生产率水平的情况下选择采购策略的。该框架中的主要假设是, i 国际企业只有在 i 国付出相当于 f_{ij}^M 单位劳动力的固定成本(成本为 $w_i f_{ij}^M$)后,才有能力从来源国 j 进口中间投入品。用 $J_i(z_i^F)\subseteq J$ 表示一组国家,在这些国家,一家总部位于 i、生产率为 z_i^F 的公司支付了离岸外包的相关固定成本,并且通常将 $J_i(z_i^F)$ 称为公司的采购策略。

假设中间投入品部门是完全竞争的,不同投入品和国家之间的劳动生产率差异如 Eaton 和 Kortum(2002)所述。采用式(6-35)中的方法,但将间接成本设置为 $f_i^I=0$,并假设给定位置 i 的 z_i^I 值是从 Fréchet 分布 $F_i(z)=\exp\{-T_i z^{-\theta}\}$ 中得出的。除了固定成本,进口商从特定国家购买投入品所需的固定成本之外,跨国运输中间投入品还涉及冰山贸易成本 τ_{ij}^I 。

2. 非贸易最终产品的均衡

中间投入品市场按照 Eaton-Kortum 结构给出,在给定的全球采购战略 $J_i(z_i^F)$ 条件下,生产率为 z_i^F 的 i 国企业从任何国家 j 采购投入品的份额,其计算公式为

$$\chi_{ij}(z_i^F)=\frac{T_j(\tau_{ij}^I w_j)^{-\theta}}{\sum_{k\in\mathcal{J}_i(z_i^F)}T_k(\tau_{ij}^I w_k)^{-\theta}} \qquad (6\text{-}40)$$

$j\ni J_i(z_i^F)$,如果 $j\not\ni J_i(z_i^F)$,则有 $\chi_{ij}(z_i^F)=0$。方程中的分子 $T_j(\tau_{ij}^I w_j)^{-\theta}$ 代表从 i 国际企

业的角度反映了 j 国的采购潜力，而表达式中的分母等于企业采购战略中包含的各国采购潜力之和，概括了该企业的采购能力。生产率为 z_i^F 的企业所面临的中间投入品价格指数可以表示为

$$P_i^I(z_i^F) = \kappa \left(\sum_{k \in J_i(z_i^F)} T_k (\tau_{ij}^I w_k)^{-\theta} \right)^{-\frac{1}{\theta}} \quad (6\text{-}41)$$

其中 κ 为常数。在集合 $J_i(z_i^F)$ 中增加一个新地点自然会提高企业的采购能力，而供应来源之间竞争的加剧会降低企业为一揽子投入品支付的价格指数。根据式（6-41）中的不变标价定价和投入品价格指数，可以将企业在采购策略 $J_i(z_i^F)$ 条件下的利润表示为

$$\Pi_i^F(z_i^F) = (z_i^F)^{\sigma-1} (w_i)^{-(\sigma-1)\gamma} \left(\kappa \sum_{k \in J_i(z_i^F)} T_k (\tau_{ik}^I w_k)^{-\theta} \right)^{\frac{(\sigma-1)(1-\gamma)}{\theta}} B_i - w_i \sum_{k \in J_i(z_i^F)} f_{ik}^M \quad (6\text{-}42)$$

其中，B_i 是一个残差项，取决于制造业产品的总支出和该部门的最终产品价格指数。

从式（6-42）中可以看出，在决定是否在集合 $J_i(z_i^F)$ 中增加一个新的国家 j 时，企业要在与该国家加入集合 $J_i(z_i^F)$ 相关的成本降低（增加了采购能力）和支付额外的固定成本 $w_i f_{ij}^M$ 之间进行权衡。出口商是在较高的经营利润（通过增加出口收入）与较高的固定成本之间进行权衡。但是，选择出口与选择进口之间存在着非常重要的区别。出口时，考虑到边际生产成本不变的标准假设，服务于某一市场的决策与服务于其他市场的决策无关。相反，在选择进口的模式中，企业选择离岸外包是为了影响其边际成本。因此，在式（6-42）中，将一个国家添加到企业集合 $J_i(z_i^F)$ 所带来的利润边际变化取决于企业从哪些国家进口，以及这些国家的特点。因此，企业优化选择采购战略的问题无论在分析上还是在定量上都需要解决一个包含 2^J 个要素（其中 J 为国家数量）的组合问题。鉴于式（6-42）中的利润函数在核心生产率 z_i^F 和公司的采购能力方面是对数超模的，无论实际最优集 $J_i(z_i^F)$ 是什么，生产率更高的公司必然会选择全球采购策略，这些策略会给他们更高的采购能力，这意味着这些企业的成本优势会被采购决策放大，从而导致公司规模分布的偏斜度增加。其次，考虑到模型的结构，从不同国家采购的决定是互补还是替代，最终取决于 $(\sigma-1)(1-\gamma)$ 和 θ 的大小。当 $(\sigma-1)(1-\gamma) > \theta$ 时，即

（1）需求相对弹性（因此利润对可变成本的降低特别敏感）。

（2）投入在生产中相对重要（低 γ）。

（3）投入效率水平在不同市场之间相对异质（因此通过在活动地点集合中增加一个额外的国家来实现的预期成本降低相对较高）时，选择进口特征在市场之间具有互补性。企业采购战略中的国家数量随企业的核心生产率水平而增加。而且在市场需求水平 B_i 不变的情况下，任何贸易摩擦（τ_{ij}^I or f_{ij}^M）的减少都会导致集合 $J_i(z_i^F)$ 的增加，并增加企业从所有国家的双边投入品采购。

3. 可交易最终产品的均衡

假设最终品种的贸易只涉及部分成本，既包括冰山贸易成本 τ_{ij}^X，也包括出口的固定成本 f_{ij}^X。以采购战略为条件的企业行为与上述情况基本类似。在观察到其供应商特定生产

率冲击的实现后，每个最终商品生产商将继续为每种投入选择生产地点以最小化成本，这将导致中间投入品的边际价格指数 $P_i^I(z_i^F)$ 与式（6-41）中得到的相同。区别之处在于，企业现在不仅要为国内市场生产产品，还要为一组内生选择的国外市场生产产品，这些市场构成了企业的"出口战略"，用 $J_i^I(z_i^F)$ 表示。因此，可以将核心生产率为 z_i^F 的 i 国公司的最佳出口和采购战略问题表述为

$$\Pi_i^F(z_i^F) = (z_i^F)^{\sigma-1}(w_i)^{-(\sigma-1)\gamma}\left[\kappa \sum_{k\in J_I(z_i^F)} T_k(\tau_{ik}^I w_k)^{-\theta}\right]^{(\sigma-1)(1-\gamma)/\theta} \sum_{h\in J_i^X(z_i^F)}(\tau_{ih}^X)^{1-\sigma}B_h \\ -w_i\sum_{k\in J_i(z_i^F)}f_{ik}^M - w_i\sum_{h\in J_i^X(z_i^F)}f_{ih}^X \quad (6\text{-}43)$$

这个公式有两个意义。

（1）无论 $(\sigma-1)(1-\gamma)\leq\theta$ 还是 $(\sigma-1)(1-\gamma)>\theta$，任何提高企业采购能力的参数变化，如任何投入品贸易成本 τ_{ij}^I 或 f_{ij}^M 的降低，或任何技术参数 T_j 的增加，都必然增加同一企业在出口中的参与度。

（2）假设只存在互补情况 $\dfrac{(\sigma-1)(1-\gamma)}{\theta}>1$，该模型在企业的进出口利润率之间提供了互补性。在剩余需求参数相量 B_i 保持不变的情况下，最终产品跨国贸易成本的降低不仅会增加企业对出口市场的参与，还会增加企业从更多国家获得投入的数量，企业也因此从更多国家获得投入。此外，当 $\dfrac{(\sigma-1)(1-\gamma)}{\theta}>1$ 时，企业核心生产率的提高对企业进出口参与度的提升幅度大于关闭其中一个利润空间时的提升幅度。

本章小结

全球价值链（GVC）是指生产过程中的不同阶段和环节分布在全球各地，企业通过不同国家的资源、技术和劳动力，优化成本和提高产品附加值的生产模式。全球价值链的形成，得益于全球化的推进，尤其是运输成本的降低和信息技术的进步。通过全球价值链，跨国公司能够将生产环节分布到不同的国家，获取低成本的劳动力与原材料，同时通过技术转移提升全球生产的效率。然而，全球价值链也带来了许多问题，包括产业链的过度依赖、经济结构的失衡以及国家间资源的不均衡分配。全球价值链的分析不仅有助于理解国际贸易的复杂性，还能帮助各国制定有效的产业政策，推动经济的高质量发展。随着技术的进步和全球供应链的重构，全球价值链的未来将更加灵活和智能化，跨国公司将更加依赖全球创新网络，推动全球经济的协同发展。

习题

1. 全球价值链的定义和核心概念是什么？
2. 全球价值链的形成背景和发展历程有哪些？
3. 如何通过贸易数据测量全球价值链的深度与广度？
4. 全球价值链中的价值增值过程是如何进行的？
5. 全球价值链对跨国公司战略布局有哪些影响？

6. 全球价值链如何推动全球供应链的优化？
7. 如何通过政策支持企业参与全球价值链？
8. 全球价值链中的产业链重构趋势是什么？
9. 如何评估全球价值链对国家经济结构的影响？
10. 全球价值链在数字化背景下将如何发展？

案例：中国制造业转型与全球价值链的升级：华为的崛起

华为是中国制造业中最具代表性的公司之一，其在全球价值链中的地位转变，展示了中国制造业的崛起和全球化竞争中的挑战与机遇。华为自成立以来，经过近三十年的发展，从一个默默无闻的通信设备制造商，逐步发展成为全球领先的 ICT（信息与通信技术）解决方案提供商，其在全球价值链中的地位不断上升。

华为的全球化战略。1992 年，华为成立国际事业部，标志着从"代理销售"向"自主出海"转型，国际化战略正式启动。1992 年与香港和记黄埔签订合同，为其供应程控交换机，这是华为首次大规模出口。当时它专注于通信设备的生产和研发，并逐渐通过技术积累、市场拓展和本地化策略进入国际市场。与其他中国企业不同，华为从一开始便将自主研发和技术创新作为核心竞争力，投入大量资金进行技术研发，确保在全球通信产业中占有一席之地。通过积累技术优势和创新能力，华为逐步实现了从低端制造到中高端技术研发的转型，成为全球通信领域的重要玩家。

华为的成功不仅依赖于技术创新，还得益于其全球供应链和价值链的优化。华为通过建立全球研发中心、生产基地以及销售网络，实现了全球资源的高效配置。在全球市场中，华为并不单纯依赖低廉的劳动力成本，而是通过提高产品的技术附加值、推动智能制造、创新研发等手段，在全球价值链中占据了重要的地位。

华为的全球价值链地位。华为的全球价值链地位得到了显著提升，尤其是在通信技术领域。华为在全球通信设备市场上占据了重要位置，尤其是其 5G 技术的研发，使得华为从全球价值链的边缘逐步进入核心地位。华为不仅在设备制造上具备竞争力，还通过自主研发的芯片（如麒麟系列）以及提供端到端的解决方案，进一步增强了其在全球市场的影响力。

然而，华为的崛起并非没有挑战。随着其技术的突破和市场份额的扩大，华为也面临着来自全球大国，尤其是美国的强大竞争压力。美国政府对华为实施的"实体清单"制裁，使得华为在全球供应链中面临了不小的困境。尤其是在高端芯片和操作系统等领域，华为依赖的技术被限制，使得其全球价值链的持续稳定性遭遇了挑战。

全球供应链的压力与创新。面对美国的制裁，华为采取了多种应对策略。一方面，华为加大了自主研发的投入，力图摆脱对外部技术的依赖，尤其是在芯片和操作系统领域。华为的麒麟芯片和自研的鸿蒙操作系统正是应对这一挑战的产物。另一方面，华为还通过加大对中国本土供应链的支持力度，进一步巩固了其在全球价值链中的位置。此外，华为通过发展自主可控的技术体系，逐渐向全球其他市场提供技术解决方案，尤其是在智能手机和 5G 设备的出口中取得了巨大的市场份额。

挑战与前景。华为的全球价值链转型过程，也反映了中国企业如何从低端制造向技术创新和高附加值环节迈进。尽管面临着国际政治和技术壁垒等多重挑战，但华为凭借其强大的研发能力和市场敏锐度，依然在全球价值链中占据着越来越重要的位置。

［案例来源：《中国经济周刊》《华为：从全球价值链的边缘到核心》］

思考题

1. 华为如何通过技术创新提升在全球价值链中的地位？
2. 华为在全球供应链中面临哪些挑战？如何应对美国的技术封锁？
3. 华为如何利用自主研发的芯片和操作系统打破技术依赖？
4. 华为的全球价值链转型对中国制造业的影响是什么？

第七章 跨国公司理论前沿

学习目标

本章旨在帮助学生掌握跨国公司理论的最新发展,理解跨国公司在全球经济中的角色和运作模式。学生将学习跨国公司如何通过全球化进程优化资源配置、扩大市场份额、提高生产力,并分析其在国际化过程中所面临的挑战与机遇。最终,学生将能够理解跨国公司在全球供应链、技术转移、创新网络等方面的作用,并提出跨国公司发展战略的优化建议。

第一节 内部化理论

跨国公司(MNCs)理论经历了从内部化理论、垄断优势理论到国际生产折中理论(OLI 范式)的不断演进,每一个阶段都为理解跨国公司的跨国扩展行为提供了新的理论框架和解释视角。

一、内部化理论概念与背景

内部化理论(Internalization Theory)是跨国公司(Multinational Corporations, MNCs)理论的一个重要分支,旨在解释跨国公司为何通过内部化方式进行国际化扩展,从而有效应对市场的不完全性和交易成本的挑战。内部化理论最初由 Ronald Coase(1937)的交易成本理论启发,后由 Buckley 和 Casson(1976)在跨国公司领域进行了进一步的发展和应用。内部化理论为理解跨国公司的国际生产、组织边界的选择以及国际市场进入方式提供了重要的理论基础。

内部化理论的核心在于通过内部组织结构替代市场交易,从而规避市场不完全性带来的风险和成本。在国际市场中,尤其是跨国公司面临的外部环境比国内市场更为复杂,包括信息不对称、交易成本高昂、知识产权保护不足等问题。在这样的背景下,跨国公司可能会发现通过内部组织来控制整个生产链条,比通过外部市场交易来实现同样的生产更为有效。

内部化的基本思想来自交易成本经济学,认为市场中的不完全性,例如信息不对称、道德风险和机会主义行为,会导致交易成本的增加,从而影响企业在市场中进行外部交易的效率。当外部市场的交易成本高于通过内部结构实现的组织成本时,企业倾向于选择将相关活动内部化，也就是通过建立子公司、并购或其他方式控制生产的上下游环节。

二、内部化的动因：市场不完全性与交易成本

1. 信息不对称

信息不对称是指交易双方在信息获取和掌握方面存在差异。在跨国经营环境中，信息不对称问题尤其突出，例如供应商和生产商之间对产品质量的认识不一致，或是跨国公司对东道国市场环境缺乏了解等。当信息不对称导致市场中的交易风险增加时，企业更倾向于通过内部化来控制信息的流动，减少潜在的交易成本。

2. 机会主义行为

交易双方在合作过程中，可能会因为追求自身利益而采取损害对方利益的行为，这被称为机会主义行为（Opportunism）。在技术外包中，外部合作伙伴可能会利用知识产权不健全的漏洞进行模仿甚至剽窃，这会给拥有核心技术的企业带来巨大的风险。内部化理论认为，通过建立跨国子公司和内部控制机制，企业可以有效防止机会主义行为。

3. 合同不完全性

合同的不完全性指的是在市场交易中，由于未来的不确定性和复杂性，无法对交易的所有细节进行完全的合同化描述。这种情况下，企业之间的市场交易面临违约的风险和合同执行的困难，尤其是在国际环境中，不同国家的法律体系差异导致合同难以执行。因此，跨国公司往往选择内部化，通过母公司对子公司进行直接控制，以避免合同不完全性带来的问题。

4. 知识产权保护不足

跨国公司的核心竞争力往往体现在其拥有的专有技术和知识产权上。当企业通过市场交易的方式将这些技术转让或外包给其他企业时，可能面临知识产权被侵犯的风险。在很多国家，尤其是发展中国家，知识产权保护体系尚不完善，专有技术容易被模仿和复制。内部化理论认为，通过建立自有的生产子公司来掌控整个生产过程，跨国公司可以有效地保护其核心技术和知识产权。

三、内部化与企业边界的选择

内部化理论为企业边界的选择提供了理论基础，即企业应如何决定哪些活动由内部完成，哪些活动可以外包或通过市场交易来完成。这一决策涉及企业边界的扩展和收缩。具体而言，跨国公司在内部化决策时会考虑以下因素。

1. 交易成本与内部管理成本的权衡

内部化理论强调交易成本是企业选择内部化的主要驱动力。然而，内部化本身也会产生管理成本，例如管理复杂性、组织协调难度和内部激励问题。因此，跨国公司在做出内部化决策时需要权衡交易成本与内部管理成本。当市场交易成本高于内部管理成本时，企业倾向于内部化；反之，当内部管理成本较高时，企业则更可能选择外包。

2. 规模经济与范围经济

内部化还受到规模经济与范围经济的影响。通过内部化，跨国公司能够更好地实现规模经济，特别是在需要大规模生产的行业中，内部化可以有效降低平均成本。此外，内

部化也有助于实现范围经济,即通过在一个国家或地区内部进行多种相关活动来降低总成本。例如跨国公司在某个国家设立子公司进行生产的同时,还可以在当地进行市场营销和售后服务,以充分利用资源和能力。

3. 核心竞争力与战略资源

企业的核心竞争力往往决定了其内部化的范围。跨国公司倾向于将涉及核心竞争力的活动内部化,以保护这些战略资源不被外部市场或竞争对手获取。例如涉及高附加值的研发、产品设计和技术支持等活动通常会被内部化,因为这些活动对企业的长期竞争力具有至关重要的影响。而对于非核心的、标准化的活动,例如后勤、普通零部件生产等,企业则更可能通过外包的方式来完成,以节省成本和提升效率。

四、内部化理论的批评与局限性

1. 忽视企业的异质性

内部化理论假设企业的行为主要受交易成本驱动,但它忽视了企业之间的异质性,特别是不同企业在资源、能力、文化等方面的差异。异质企业理论(如 Melitz 模型)则强调,企业的国际化行为受到生产率差异的影响,只有高生产率的企业才能在国际市场中成功。因此,将内部化理论与企业异质性结合起来,能够更全面地解释跨国公司的国际化行为。

2. 缺乏对动态变化的解释

内部化理论是静态的,它解释的是在给定条件下企业是否选择内部化,但缺乏对企业行为的动态演化的解释。在现实中,跨国公司的内部化决策是一个不断演变的过程,受到技术变化、市场条件变化等因素的影响。因此,内部化理论需要引入动态视角,解释跨国公司如何随着外部环境的变化不断调整其内部化程度。

3. 内部化成本的忽视

内部化理论过于强调交易成本,而往往忽视了内部化过程中的成本。内部化虽然可以减少市场交易的风险和成本,但也可能带来组织内部的效率损失,如沟通不畅、内部激励不充分等。因此,企业在进行内部化决策时,需要同时考虑市场交易成本和内部化成本之间的权衡。

五、内部化理论的最新进展与发展方向

1. 数字化与内部化的影响

数字化技术的进步对内部化理论提出了新的挑战和机遇。随着数字技术的发展,跨国公司可以通过数字平台实现部分业务的虚拟内部化。例如企业可以通过大数据和人工智能技术控制供应链和生产过程,而无须在当地设立子公司。数字化降低了传统物理内部化的必要性,使得内部化与外部之间的界限变得更加模糊。

2. 绿色内部化与可持续发展

随着可持续发展理念的普及,跨国公司开始将环境因素纳入其内部化决策之中。企业可能会通过内部化来实现绿色生产,以符合国际环保标准和东道国的环保法规。这种"绿色内部化"不仅帮助企业控制其生产过程中的环境影响,还能增强企业的可持续发展形象,提高其在国际市场中的竞争力。

3. 制度理论与内部化结合

最近的研究尝试将制度理论与内部化理论结合，强调东道国的制度环境对企业内部化决策的影响。制度理论认为，不同国家的制度差异会影响跨国公司在当地的经营行为，包括法律制度、市场开放程度和文化规范等。通过将制度因素纳入内部化分析框架，研究者能够更好地解释跨国公司在不同国家采取不同进入模式的原因。

第二节 垄断优势理论及其进展

一、垄断优势理论的背景与发展

在20世纪50年代和60年代，跨国公司的国际投资活动逐渐增加，但传统的新古典理论难以解释这种现象。新古典的资本流动理论认为，资本应从资本丰富的发达国家流向资本稀缺的发展中国家，以实现资源的最优配置和利润最大化。然而，这种理论忽略了在实际国际投资中，跨国公司不仅仅是简单地将资本投向国外市场，更多的是涉及技术、管理能力和品牌等无形资产的转移。

Stephen Hymer首次提出跨国公司必须拥有某些垄断优势，才能在国外市场中与当地企业竞争。这些优势是跨国公司在进入海外市场时相对于当地企业的竞争基础，能够帮助跨国公司克服信息不对称、文化差异和政治风险等诸多不利因素。

二、垄断优势的类型

垄断优势理论强调，跨国公司在进行国际扩展时必须拥有某种特殊的竞争优势，以应对进入国外市场的各种挑战。这些垄断优势可以分为三大类：技术优势、管理优势和规模经济优势。

1. 技术优势

（1）技术与专业知识。技术优势是跨国公司最重要的垄断优势之一。许多跨国公司掌握了核心技术、专有工艺或研发能力，这些技术往往是企业保持市场竞争力的关键。例如跨国制药公司通过研发新药并取得专利，形成了强大的竞争壁垒。通过在国外市场内部化生产，跨国公司可以将这些技术转移到当地子公司，并确保其不被竞争对手轻易获取。

（2）产品创新。跨国公司在技术和创新方面的投入可以转化为新的产品和服务，进而在国际市场上获得较大的市场份额。产品创新使得跨国公司能够提供差异化的产品，以满足不同市场的特殊需求，形成独特的竞争优势。

2. 管理优势

（1）管理技能与经验。跨国公司通常拥有较为先进的管理技能和丰富的国际管理经验，包括对供应链的管理、营销策略的制定和企业文化的塑造等。这些管理技能使得跨国公司能够在新的市场中更高效地运营。特别是在复杂的国际环境中，跨国公司通过管理优势来应对来自文化差异、市场变化和政府监管的不确定性。

（2）品牌与声誉。跨国公司通常拥有强大的品牌和声誉，这些无形资产可以帮助企业在国外市场迅速建立信任和知名度。

3. 规模经济优势

（1）生产规模经济。跨国公司通常拥有规模庞大的生产设施，可以通过大规模生产来实现成本降低。与当地的小型企业相比，跨国公司能够通过规模经济获取成本优势，从而在价格上具备竞争力。

（2）市场扩展与范围经济。通过跨国扩展，跨国公司可以进入多个市场，从而实现范围经济，即将一种业务或技术应用于多个市场或产品领域中，进一步降低成本，提高利润率。这使得跨国公司能够以较低的成本进入国际市场，并在竞争中占据优势地位。

三、垄断优势的理论模型

垄断优势理论的关键假设是，跨国公司需要通过拥有某些独特的优势，才能在国际市场中成功扩展和运营。Hymer认为，跨国公司在进入国外市场时面临的劣势主要包括：

（1）文化与制度差异：跨国公司在海外市场中常常面临文化差异、法律和制度差异等障碍，使得它们在与本地企业竞争时处于不利地位。

（2）信息不对称：在进入新市场时，跨国公司往往对当地的市场信息不如本地企业熟悉，因此存在信息不对称的问题。

（3）额外的成本与风险：跨国公司在进入海外市场时可能需要承担额外的成本，例如运输费用、汇率风险以及合规成本等。

为了弥补这些劣势，跨国公司必须拥有某些垄断优势，这些优势可以体现在以下数学模型中：

假设跨国公司在两个市场进行生产和销售，分别是母国市场和东道国市场。设母国市场的成本为 C_H，东道国市场的成本为 C_F，而垄断优势所带来的利润增益为 A。如果跨国公司在东道国市场的进入成本和运营成本为 C_{entry}，那么该公司是否选择进入东道国市场取决于以下条件：$A > C_F + C_{entry} - C_H$，即只有当垄断优势所带来的收益大于在东道国市场的额外成本时，跨国公司才会选择进行直接投资。

四、垄断优势理论的局限性

1. 忽视东道国的区位优势

垄断优势理论主要强调跨国公司自身的优势，而忽略了东道国的区位优势对跨国公司国际化决策的重要性。事实上，跨国公司进入某个市场往往不仅是因为自身的垄断优势，还受到当地市场潜力、劳动力成本、自然资源等因素的影响。因此，区位优势（Location Advantage）理论的引入是对垄断优势理论的重要补充。

2. 缺乏对企业异质性的关注

垄断优势理论假设跨国公司拥有某种独特的垄断优势，但没有充分考虑企业的异质性。实际上，不同企业在资源、能力和市场条件方面存在差异，只有那些生产率足够高或资源足够丰富的企业才能成功进行国际扩展。因此，异质企业理论（如Melitz模型）对垄断优势理论进行了扩展和深化，强调了企业间的差异性。

3. 动态性不足

垄断优势理论在一定程度上是静态的，它关注的是企业在某一特定时点上是否具有垄断优势。然而，在实际国际经营过程中，企业的优势可能会随着时间发生变化。例如，技术的扩散可能会导致原有的技术垄断优势丧失，而竞争对手的追赶也可能影响管理和品牌优势。因此，理论缺乏对跨国公司垄断优势动态变化的解释。

五、垄断优势理论的扩展与最新进展

近年来，随着全球化和数字化的发展，垄断优势理论得到了扩展和应用，以适应跨国公司在新的国际经济环境中的变化。以下是垄断优势理论的最新进展。

1. 数字化技术与新型垄断优势

数字化技术的崛起为跨国公司提供了新的垄断优势。互联网平台型企业通过掌握用户数据和平台网络效应，在全球范围内建立了新的垄断优势。数据和平台网络成为跨国公司在数字时代最重要的无形资产之一。通过数字化手段，企业能够更好地理解市场需求、优化供应链并与消费者建立直接联系，这些都成为企业在国际市场中的核心竞争力。

2. 基于知识的垄断优势

随着知识经济的发展，跨国公司越来越多地依赖于知识和创新能力来形成垄断优势。知识管理能力、创新能力、研发投入等成为跨国公司保持国际竞争力的重要来源。知识型跨国公司通过全球知识共享和研发网络，实现了知识的内部化和保护，并以此作为在全球市场中取得成功的基础。例如制药和高科技公司通过在不同国家设立研发中心，利用当地的智力资源，同时保持对核心知识产权的严格保护。

3. 动态能力与跨国公司的持续竞争力

动态能力（Dynamic Capabilities）理论为理解跨国公司如何在快速变化的国际市场中维持其垄断优势提供了新的视角。动态能力指的是企业识别市场机会和威胁、快速适应外部环境变化的能力。通过动态能力的培养，跨国公司可以不断更新和扩展其垄断优势。例如三星在面对技术创新和市场竞争的压力时，通过动态调整其研发战略和市场策略，保持了在消费电子领域的全球竞争优势。

第三节　国际生产折中理论及其进展

一、国际生产折中理论的起源与概述

国际生产折中理论，又称为 OLI 范式，是 John Dunning 在 1977 年首次提出，并在 20 世纪 80 年代不断完善的理论，旨在解释跨国公司（Multinational Corporations，MNCs）为何选择进行海外直接投资（Foreign Direct Investment，FDI），以及它们如何决定国际化路径。OLI 范式的名称来源于三个关键要素：所有权优势（Ownership Advantage，O）、区位优势（Location Advantage，L），和内部化优势（Internalization Advantage，I）。这三个要素共同决定了企业在国际生产中的动因和方式。

OLI 范式在理论上的重要性在于它综合了不同的国际贸易和国际商业理论，通过系统化的方式将企业的国际化行为和动因一体化地解释。这一理论的基本思想是，企业只有同时具备所有权优势、区位优势和内部化优势时，才会选择通过海外直接投资的方式进入

国际市场。

二、OLI 范式的三个核心要素

1. 所有权优势

所有权优势（Ownership Advantage，O）是跨国公司在进入外国市场时能够有效竞争的重要条件。它解释了跨国公司为何能够克服进入其他国家市场的"劣势"，这些劣势包括语言和文化差异、缺乏市场知识以及可能面临的政治风险。所有权优势可以分为几种类型。

技术和知识产权：技术优势包括企业所拥有的专有技术和研发能力。这些技术可能包括生产工艺、产品设计、工厂设备等。跨国公司通过控制这些技术，能够提高生产效率并在国际市场中占据有利地位。

管理技能和组织能力：跨国公司通常在管理技能方面具有显著优势，例如高效的供应链管理、先进的生产技术、全球采购能力和分销网络。这些能力使得跨国公司能够在复杂的国际市场中高效运作，并应对不同的文化和法律环境。

品牌与声誉：强大的品牌和良好的市场声誉也是所有权优势的重要组成部分。品牌可以帮助企业在新市场中迅速获得消费者的信任和认可，从而降低市场进入的阻力。例如苹果和耐克等品牌在全球各地都具有较高的知名度，这使得它们能够快速占领市场。

规模经济：跨国公司往往通过大规模的生产和分销实现规模经济，以降低单位成本。这在需要大量固定投资和大规模生产的行业中尤其重要，例如汽车制造和化学工业。

2. 区位优势

区位优势（Location Advantage，L）决定了跨国公司是否在特定的国家或地区设立子公司或生产设施。区位优势包括以下几个方面：

自然资源：某些国家或地区的自然资源是吸引跨国公司投资的重要因素。例如石油、天然气、矿产资源等吸引了大量能源和采矿企业前来投资。区位优势的存在使得企业可以直接获取这些稀缺资源，从而降低生产成本。

市场规模与市场潜力：一个国家或地区的市场规模和增长潜力是决定企业是否进入的重要因素。例如中国和印度等国家的庞大人口和快速增长的中产阶级，使得它们对许多跨国公司而言具有极大的吸引力。进入这些市场有助于企业实现业务增长，并增强在全球市场的竞争力。

劳动力成本与技能：跨国公司往往会选择劳动力成本较低或技能丰富的地区进行生产。例如制造业企业可能会选择在劳动力廉价的国家设立工厂以降低成本。同时，某些国家的高技能劳动力也是吸引高技术企业的重要因素，如硅谷吸引了许多高科技公司，因为该地区拥有大量的工程师和技术人才。

基础设施和投资环境：良好的基础设施（如交通、通信、电力）和友好的投资环境（如税收优惠、法律保障）也是吸引跨国公司投资的重要区位优势。政府对外资的优惠政策可以通过税收减免、土地优惠等形式吸引跨国公司进入。

3. 内部化优势

内部化优势（Internalization Advantage，I）解释了为何跨国公司选择通过直接投资而非通过外包或许可等方式进行国际化扩展。内部化的核心在于通过企业内部组织活动，跨国公司能够更好地保护其专有资源并有效控制业务流程，从而降低市场不完全性所带来的交易成本。

交易成本的减少：市场交易存在信息不对称和机会主义行为的问题，这会导致高昂的交易成本。例如将技术许可给外国企业时，跨国公司可能面临技术泄露的风险。通过内部化，跨国公司可以将技术转移到其全资子公司，确保对关键技术的控制，减少知识产权被侵犯的风险。

质量控制：内部化还使得企业能够更好地控制产品质量。通过自有的生产设施，企业可以确保产品的标准化和一致性，避免外包生产带来的质量不稳定问题。特别是在涉及复杂工艺的制造业中，内部化有助于确保生产流程的高质量。

市场进入障碍：通过内部化，跨国公司可以利用其全球网络来有效地抵御竞争者进入。例如建立全资子公司使得跨国公司能够快速适应当地市场的变化，并利用母公司的资源支持。这些内部网络的存在使得新进入者难以与之竞争，从而形成进入壁垒。

三、OLI 范式的综合应用与战略选择

OLI 范式的核心价值在于它将跨国公司国际化过程中的所有权、区位和内部化三个关键要素整合在一起，为企业如何选择进入模式提供了系统化的分析框架。

出口：当企业具备明显的所有权优势，但缺乏区位和内部化优势时，它们通常选择出口作为市场进入模式。出口能够利用所有权优势（如品牌和技术）而不需要在国外进行直接投资。

许可与特许经营：当企业具备所有权优势和区位优势，但内部化优势较弱时，它们可能选择许可或特许经营。这种方式使得企业能够进入新市场而不承担投资和运营的风险，但同时也可能面临知识产权泄露和控制难度加大的问题。

合资与全资子公司：当企业在所有权、区位和内部化三个方面都具备优势时，它们通常选择建立合资或全资子公司来直接投资新市场。合资有助于企业与当地合作伙伴分享市场风险，尤其是在文化差异较大或政策限制较多的市场。而全资子公司则适用于企业希望完全控制技术和管理的情况。

四、OLI 范式的最新研究进展

随着全球化、数字化和市场环境的不断变化，OLI 范式也在不断演化，以适应新的国际商业现实。以下是 OLI 范式的最新研究进展。

1. 动态 OLI 范式

传统的 OLI 范式是一种静态分析方法，侧重于某一时点上跨国公司在国际生产中的动因和决策。然而，跨国公司的优势和外部环境是动态变化的，企业在不同阶段的国际化过程中，其所有权、区位和内部优势也会发生变化。

近年来，Dunning 及其追随者提出了动态 OLI 范式，强调企业在不同的国际化阶段应不断评估和调整其三大优势。动态 OLI 范式不仅关注进入模式的选择，还关注企业如何通过动态能力不断调整其国际化策略，以应对外部环境的变化。例如随着新技术的引入，企业可能会改变其内部化程度，从而更好地保护其创新成果。

2. 数字化与 OLI 范式的融合

数字化技术的兴起为跨国公司的国际化带来了新的契机，也对 OLI 范式提出了新的挑战和拓展。数字平台、电子商务和大数据分析等数字技术使得跨国公司能够以更轻量化的方式进入新市场，尤其是在服务业和知识密集型行业中。

所有权优势的数字化：数字化使得企业可以将数据和平台作为所有权优势。例如，跨国公司通过积累用户数据来增强其竞争力，并利用平台效应扩大市场份额。数据和平台本身成为企业在进入新市场时的独特竞争优势。

区位优势的变化：数字技术削弱了地理区位的影响，企业可以通过云计算和远程办公实现全球化运营，而无需物理上的存在。许多企业选择在数据基础设施发达的地区设立数据中心，以获得区位优势。因此，区位优势不再局限于自然资源和劳动力，而包括了数字基础设施的质量和数据保护政策。

内部化优势的数字化：通过数字化手段，企业可以实现虚拟内部化。例如利用云技术和远程管理系统，企业可以将部分业务内部化至全球网络中，而不必实际拥有物理设施。数字化还使得企业可以更高效地管理跨国子公司，减少管理成本并增强对业务的控制。

3. 制度环境对 OLI 决策的影响

近年来，学者们开始关注东道国制度环境对跨国公司 OLI 决策的影响。制度理论（Institutional Theory）强调，东道国的制度质量、法律体系、文化规范等因素会影响跨国公司在该市场的进入模式和战略选择。

所有权优势与制度环境：在知识产权保护较为健全的国家，跨国公司更倾向于通过许可的方式进入市场，而在知识产权保护不足的国家，企业更可能选择内部化，通过设立全资子公司来保护其技术。

区位优势中的制度因素：政府政策、投资激励措施和法律稳定性等都是吸引跨国公司投资的重要区位优势。在制度环境稳定、对外资友好的国家，跨国公司更倾向于进行直接投资，而在制度环境不确定的国家，企业可能选择谨慎进入，如通过出口或合作方式。

内部化优势与制度保障：内部化的一个重要动因是降低交易成本。在东道国法律体系健全、合同执行有保障的情况下，跨国公司可能更倾向于通过市场交易来实现业务扩展，而不一定进行内部化。

4. 可持续发展与 OLI 范式的结合

随着社会对环境保护和可持续发展的关注不断上升，企业的可持续发展行为也逐渐成为其垄断优势的一部分。可持续性不仅是企业在市场中的竞争优势，还影响企业在国际化中的区位选择和内部化决策。

所有权优势中的绿色技术：跨国公司通过开发和应用绿色技术获得新的所有权优势，这些技术使得企业能够在日益严格的环保法规中获得市场机会。例如特斯拉通过其在电动汽车技术上的创新，成为全球汽车行业的领导者。

区位优势中的环境政策：许多跨国公司在选择投资地点时，会考虑当地的环境法规和可持续发展政策。良好的环保政策和绿色基础设施可以吸引跨国公司投资，以利用当地的可持续发展条件。例如一些制造业企业可能选择在有可再生能源供应的国家设厂，以降低碳排放。

内部化与可持续生产：通过内部化，企业可以更好地控制其生产过程中的环境影响，确保其生产过程符合国际和当地的环境标准。许多跨国公司通过自有的生产设施来控制污染排放和资源利用，从而满足环境责任的要求。

5. 国际创业与中小企业的 OLI 决策

OLI 范式在最初的发展中主要适用于大型跨国公司，近年来，研究者开始将其应用于中小企业（SMEs）和国际创业领域。与大型企业相比，中小企业的资源有限，但它们同样通过创新和灵活的进入方式进行国际化扩展。

所有权优势的创新：中小企业通常缺乏传统意义上的规模优势，但它们通过创新产品、差异化服务和灵活的商业模式形成所有权优势。特别是一些"国际创业企业"（International New Ventures）通过独特的技术和市场定位在国际市场上获得竞争力。

区位优势的利用：中小企业的国际化通常是机会驱动型的，它们会选择那些市场进入障碍较低且能够快速获利的区位进行投资。例如，通过进入自由贸易区或政府提供税收优惠的地区，中小企业可以降低成本，快速获得市场准入。

内部化的选择：中小企业通常由于资源有限而不倾向于完全内部化，而是采用混合方式，如与当地合作伙伴建立合资企业或通过外包来减少风险。在某些情况下，中小企业通过与大公司建立合作关系来获得进入市场的机会，而不是完全依赖内部化。

第四节　跨国公司理论的最新进展

一、异质企业与内部化理论的结合

1. 异质企业理论与跨国公司背景

随着企业异质性在国际贸易中的作用逐渐被学术界重视，内部化理论也开始与异质企业理论相结合，以解释企业在国际扩张过程中的不同选择。

异质企业理论的基础来源于 Melitz（2003）提出的模型，该模型认为企业的生产率存在差异，只有生产率较高的企业能够承担进入新市场的成本，从而参与国际贸易。Melitz 的异质企业理论对国际贸易模式做出了重要贡献，尤其是揭示了为何只有部分企业能够参与国际市场，并且不同企业在选择进入模式时会有不同的表现。这一理论为理解企业的国际化行为提供了新的视角，特别是在考虑企业的生产率差异时。

2. 内部化理论与异质企业的结合

在异质企业理论的基础上，Antràs 和 Helpman（2004）进一步将其与内部化理论相结合，发展出一种新的理论框架，以解释跨国公司在外包与内部化之间的选择。他们的研究认为，企业在决定是否进行海外扩展时，会基于自身的生产率和潜在市场的盈利能力进行权衡。具体来说，只有在企业的跨国扩展潜在收益足以抵消进入新市场的成本时，企业才会选择直接投资（FDI）或内部化。

Antràs 和 Helpman 的理论引入了生产率的异质性，提出了一个基于企业生产率分布的国际化模型。在这个模型中，企业的生产率越高，它越可能通过内部化的方式进行跨国扩展，因为高生产率的企业更有能力承担进入成本，并能够有效地利用垄断优势。相比之下，生产率较低的企业更倾向于选择外包，因为它们无法承受建立和运营子公司的高额成本。

3. 企业异质性与内部化的权衡

企业在进行跨国扩展时，通常面临内部化与外包之间的权衡。内部化的优点是通过企业内部的管理，可以更好地控制生产过程，保护企业的专有技术，并降低交易中的不确定性和风险。然而，内部化也伴随着高昂的进入和运营成本，尤其是需要在外国建立子公司、聘请当地管理人员和适应当地政策等。

异质企业理论在这种权衡中起到了关键作用，因为它考虑了企业在生产率上的差异。生产率越高的企业，其单位成本越低，从而更容易在国际市场中保持竞争力。因此，这些企业更倾向于进行内部化，以保护其技术和品牌，同时减少交易成本。而生产率较低的企业，由于无法承担较高的进入成本，通常更倾向于选择外包，通过与当地合作伙伴合作来降低风险。

4. 理论的扩展与实证研究

近年来，关于异质企业与内部化理论结合的研究不断扩展，学者们开始探讨生产率与其他因素的交互作用。部分学者研究了制度环境对企业选择内部化还是外包的影响。在制度环境较为完善、知识产权保护较好的国家，企业更倾向于通过许可或外包的方式进入市场，因为这些市场交易中的风险较低。而在制度环境不健全的国家，企业更可能选择内部化，以通过直接控制来降低风险。

Helpman 等（2008）进一步实证分析了生产率、内部化和外包之间的关系。他们利用企业层面的数据发现，跨国公司在进入新市场时，企业的生产率与选择进入模式之间存在显著关系。具体而言，生产率较高的企业往往选择直接投资，而生产率较低的企业则更倾向于许可或外包。这一研究不仅验证了理论上的预测，还揭示了企业在国际化过程中如何基于自身能力选择不同的路径。

5. 对跨国公司管理的影响

这种理论的结合对跨国公司管理实践具有重要影响。首先，企业需要意识到生产率的提高是实现国际化扩展的关键。通过提升生产效率和降低单位成本，企业可以增加进入新市场的可能性，并选择更适合自身的进入模式。其次，企业在选择国际扩展模式时，不仅需要考虑进入市场的成本，还应考虑如何通过管理机制提高自身的竞争优势。通过将技术、管理能力等所有权优势内部化，企业可以更好地在新市场中站稳脚跟。

二、全球价值链中的跨国公司角色

1. 跨国公司在全球价值链中的主导作用

跨国公司在全球价值链中的主导作用体现在以下几个方面：

（1）生产过程的分段与优化。跨国公司通过将生产过程分解为不同的阶段，并在最适合的地点进行生产，从而实现生产效率的最大化。例如跨国公司可能会选择在劳动力成本较低的国家进行劳动密集型阶段的生产，而将技术密集型环节保留在技术水平较高的母国。这样做不仅可以有效利用不同地区的比较优势，还能降低整体生产成本。

（2）供应链的控制与整合。跨国公司在全球价值链中控制着供应链的上游和下游环节。通过整合供应链，跨国公司可以确保原材料的及时供应、产品的质量控制以及最终成品的有效分销。供应链整合的优势还体现在应对不确定性和减少交易成本方面。跨国公司通过建立长期合作关系，确保供应链的稳定性和可靠性，减少生产过程中的波动。

（3）技术扩散与生产能力的提升。跨国公司在全球价值链中不仅是生产和分销的组织者，还在推动技术扩散和生产能力提升方面扮演重要角色。通过与本地供应商和合作伙伴的合作，跨国公司能够将其技术和管理经验转移到本地企业，提升其生产能力和竞争力。这种技术扩散有助于增强东道国的产业基础，推动其经济发展。

2. 全球价值链中的"关系合同"理论

在缺乏完备法律体系的国家中，跨国公司面临着较大的市场不确定性和交易风险。在这种情况下，全球价值链中的"关系合同"（Relational Contracts）理论成为理解跨国公司行为的重要工具。关系合同是指通过非正式协议和长期合作建立的信任关系，以替代传统的法律合同，从而减少交易中的不确定性。

跨国公司通过与本地供应商建立长期合作关系，形成"关系合同"，从而确保供应链的稳定性和可靠性。例如，丰田公司通过与零部件供应商建立长期合作关系，确保其全球供应链的高效运作。关系合同在信息不对称和法律执行不力的环境中尤为重要，因为它能够通过信任机制弥补法律合同的不足，减少机会主义行为的发生。

3. 全球价值链治理

近年来，关于全球价值链中跨国公司角色的研究得到了进一步扩展，学者们不仅关注跨国公司如何通过整合生产过程来提高效率，还关注其在推动东道国经济发展中的作用。Gereffi 等（2005）提出了全球价值链治理的框架，指出跨国公司在全球价值链中承担着协调和治理的作用。跨国公司通过控制生产流程和质量标准，决定了全球价值链中的其他参与者（如供应商、分销商）的行为和角色。这种治理结构决定了跨国公司在价值链中的主导地位，同时也揭示了它们在国际贸易中通过制定标准和规则来获得竞争优势的方式。

另外，De Marchi 等（2019）研究了跨国公司在全球价值链中的创新扩散，发现跨国公司通过与本地供应商的合作，不仅推动了生产过程中的技术进步，还带动了本地企业在产品开发和工艺创新方面的进步。这种创新扩散是通过全球价值链中的知识流动实现的，跨国公司作为知识的主要持有者，通过合作和培训等方式将这些知识传播到整个价值链中。

三、数字化转型与平台型跨国公司

1. 数字化对跨国公司的影响

随着数字化技术的迅猛发展，跨国公司正在经历一场深刻的变革，数字化转型已成为跨国公司在全球竞争中取得优势的关键因素之一。数字化不仅改变了企业的内部运作和管理方式，还影响了跨国公司在全球市场中的拓展路径、商业模式以及企业边界的重新定义。

传统的跨国公司通过资本、技术和劳动力的跨国流动进行扩展，建立物理设施以实现生产和分销的国际化。然而，近年来数字化技术推动了一种新型的跨国公司－平台型跨国公司的兴起。这些公司通过数字平台实现无形资产的扩展和服务的跨国交付，形成了一种与传统制造业跨国公司完全不同的国际化路径。

2. 平台型跨国公司及其国际化

平台型跨国公司是指通过数字平台连接全球消费者和生产者，实现产品和服务交付的企业。代表性的公司包括亚马逊、阿里巴巴、谷歌等。它们的国际化路径主要依赖于数字技术和网络平台，而非传统的物理设施和资本投资。

全球用户网络与网络效应。平台型跨国公司的核心竞争力在于其平台上的网络效应。通过建立全球用户网络，平台型公司能够在市场中迅速获得竞争优势。例如亚马逊通过其全球电商平台，连接了各地的消费者和供应商，使得其在全球市场中的扩展速度远超传统跨国公司。网络效应意味着，随着平台用户数量的增加，平台的价值也会增加，从而进一步吸引更多的用户和商家加入。

无形资产的国际扩展。平台型跨国公司通过无形资产（如数据、算法、平台品牌）的扩展，来替代传统制造业的物理扩展。数据成为平台型公司最重要的资源之一，通过数据分析和用户行为的洞察，企业可以精准地提供定制化服务，满足不同市场的需求。谷歌通过其全球化的搜索引擎和广告平台，实现了广告服务的无国界交付，而无须建立物理基础设施。

灵活的市场进入策略。数字化使得平台型跨国公司能够更加灵活地进入新市场。通过在线平台，企业无须在初期进行大量的物理投资，而是通过数字营销和网络服务来测试市场需求，并在获得足够的市场反馈后再决定是否加大投入。阿里巴巴通过其在线平台进入东南亚和欧洲市场，通过数据分析了解当地消费者的购物习惯，逐步扩大其市场份额。

3. 数字化对传统跨国公司理论的挑战

数字化平台的兴起对传统跨国公司理论提出了诸多挑战，尤其是在企业边界、进入模式和国际化策略等方面：

企业边界的重新定义。在传统的跨国公司理论中，企业的边界通常由其控制的物理资产来定义，而平台型跨国公司通过数字平台的链接建立起虚拟的全球网络，其企业边界不再由物理资产决定，而是由其平台的用户数量和数据覆盖面决定。这种边界的虚拟化和模糊化挑战了传统的内部化理论，企业不再需要通过直接控制生产设施来实现内部化，而是通过平台网络的扩展来实现对市场的影响。

进入模式的变化。平台型跨国公司的进入模式更加灵活且轻资产化，传统的 FDI 模式不再是唯一的选择。通过建立本地化的数据中心和在线营销活动，平台型公司能够快速进入并占领市场。对于传统制造业跨国公司来说，数字化也使得它们可以通过平台合作和在线市场进入，减少物理投资的风险。

对内部化理论的冲击。内部化理论强调企业通过内部控制降低交易成本，而数字平台的普及使得跨国公司可以通过开放平台和数据共享实现交易成本的降低。例如亚马逊为全球商家提供平台，通过其建立的信用体系和支付系统，大大降低了商家进入国际市场的风险和成本，而无需通过内部化的方式来控制交易。这种开放平台的模式使得企业的内部化边界更加灵活，降低了企业在全球扩展中的固定成本。

4. 数字化与 OLI 范式的结合

数字化的兴起也对国际生产折中理论（OLI 范式）提出了新的挑战和融合需求。

所有权优势的数字化扩展。数字化技术丰富了跨国公司的所有权优势，数据、算法和网络平台成为企业新的竞争优势。这些无形资产使得企业能够更高效地进入和占领国际市场。例如谷歌的搜索算法和用户数据分析能力成为其在全球广告市场中占据主导地位的重要优势。

区位优势的重新定义。数字化使得地理区位的重要性在某些行业中有所下降，但在其他方面（如数据中心的位置、网络基础设施质量）则变得更加重要。例如，许多云服务提供商选择在网络基础设施发达、数据保护法规健全的国家建立数据中心，以确保服务质量和数据安全。

内部化优势的数字化形式。通过数字平台，企业能够实现部分业务的虚拟内部化。例如企业可以通过在线平台直接与全球消费者互动，从而减少对本地中间商的依赖，实现营销和分销的内部化。数字化还使得企业能够通过虚拟手段更好地控制产品质量和用户体验，例如通过实时数据监控来优化产品性能和客户服务。

第五节 跨国企业与可持续发展

一、跨国公司与可持续发展

可持续发展最早由布伦特兰报告《我们共同的未来》（1987年）提出，定义为"既满足当代人的需求，又不对后代人满足其需求的能力构成危害的发展。"在这个定义的基础上，可持续发展被细化为三大支柱：经济可持续性、社会可持续性和环境可持续性。

跨国公司是现代经济中的重要推动力量，其在全球生产、贸易和投资活动中扮演着关键角色。因此，跨国公司在实现可持续发展目标（Sustainable Development Goals，SDGs）方面具有不可替代的作用。跨国公司通过供应链管理、产品创新、运营管理等手段，可以显著影响资源使用的效率、环境污染的程度以及社会福利的提升。

近年来，跨国公司逐渐意识到，只有实现可持续发展，才能在全球范围内获得长期的竞争优势，并在不同的利益相关者中建立良好的声誉。越来越多的跨国公司开始在其战略中融入可持续发展目标，如减少碳足迹、保护生物多样性、减少资源消耗和提升员工福利。

二、可持续发展战略的理论基础

（一）制度理论与跨国公司的可持续发展

1. 制度理论概述

制度理论（Institutional Theory）是理解企业行为的重要理论框架，强调企业行为受到外部制度环境的影响。Scott（1995）将制度环境分为三种支柱：规制性（Regulative）、规范性（Normative）和文化认知性（Cultural-Cognitive）。规制性制度涉及法律法规和政策，规范性制度涉及社会规范和价值观，而文化认知性制度则涉及社会成员的认知和信仰。

在可持续发展背景下，制度理论被用来解释跨国公司如何在不同国家的制度环境中实施可持续发展战略。例如在环保法规严格的国家，企业可能会被迫采取更加环保的生产方式，而在环境法规不严格的国家，企业则可能面临较少的合规压力。

2. 制度压力对可持续发展的影响

制度理论认为，企业的可持续发展行为受到外部制度压力的驱动。这些压力可以分为强制性（Coercive）、模仿性（Mimetic）和规范性（Normative）三类：

（1）强制性压力。来自法律法规和政策的要求。例如，欧洲国家对碳排放有严格的法律规定，迫使跨国公司在这些市场中实施低碳技术和绿色生产方式。强制性压力是跨国公司在环保方面采取行动的直接动力之一。

（2）模仿性压力。当企业面临不确定性时，往往会模仿行业中的领先者或竞争对手的行为。例如当某些跨国公司在环保方面取得显著成效并因此获得市场认可时，其他公司可能会模仿其做法，以获取类似的市场利益和社会声誉。

（3）规范性压力。来自社会规范、行业标准和公众期望的压力。随着消费者对环境和社会问题关注度的提高，跨国公司面临越来越大的规范性压力，需要在产品中体现绿色理念，并在生产过程中减少对环境的负面影响。

3. 制度环境的差异对跨国公司的影响

跨国公司在不同国家的可持续发展行为会因当地的制度环境而有所不同。在制度环境完善、法律法规严格的国家，跨国公司往往需要采用高标准的环保措施，以符合当地的法律要求。例如欧盟对废弃物管理和排放有严格的规定，这要求跨国公司在生产过程中减少废物的产生并对废弃物进行妥善处理。

而在制度环境相对薄弱的国家，跨国公司则面临较少的外部监管压力。在这种情况下，跨国公司是否采取可持续发展措施更多地取决于其内部的战略选择和来自其他利益相关者的压力。例如在某些发展中国家，由于环境法律不严格，跨国公司可能会为了节省成本而选择较低的环保标准。但与此同时，这些公司也可能因为社会责任或全球声誉的考虑，而主动采取一些环保措施，以维持其全球品牌形象。

（二）利益相关者理论与跨国公司的可持续发展

1. 利益相关者理论概述

利益相关者理论（Stakeholder Theory）是理解企业社会责任和可持续发展行为的重要理论框架。Freeman（1984）首次提出利益相关者理论，认为企业不仅仅对股东负责，还需要对所有能够影响或受企业活动影响的利益相关者负责。这些利益相关者包括股东、员工、客户、供应商、政府、非政府组织（NGOs）以及社区。

在可持续发展的背景下，利益相关者理论强调企业应平衡各方利益，通过与利益相关者的沟通和合作，制定和实施可持续发展战略。跨国公司在全球范围内的运营使得其利益相关者的范围更加广泛，其可持续发展行为需要综合考虑来自不同国家、不同群体的利益需求。

2. 利益相关者对可持续发展的推动作用

利益相关者理论认为，不同的利益相关者对跨国公司在可持续发展方面的行为具有不同的影响力：

（1）股东和投资者。随着社会对环境和社会问题的关注度增加，越来越多的股东和投资者开始关注企业在可持续发展方面的表现。投资者希望企业能够在追求经济利益的同时，履行环境和社会责任，以降低潜在的环境风险和社会风险。因此，跨国公司面临来自股东的压力，必须将可持续发展纳入其战略和日常运营中。

（2）消费者。消费者对企业的环境和社会行为越来越敏感，他们倾向于选择那些具有良好环保和社会责任表现的企业产品。例如消费者更愿意购买环保包装的产品或支持实施公平贸易的企业。跨国公司为了赢得市场和消费者的信任，必须在其产品中体现可持续发展的理念，从而吸引环境和社会意识强烈的消费者。

（3）非政府组织（NGOs）和媒体。非政府组织和媒体对企业的监督和曝光也对跨国公司的可持续发展行为产生了重要影响。NGOs 往往通过社会运动、媒体曝光和与企业对话，来施加压力，要求企业改善环境和社会表现。例如绿色和平组织等 NGOs 曾多次对一些跨国公司的环境行为进行公开指责，迫使这些公司采取改进措施。

（4）员工和社区。员工和社区也是重要的利益相关者。员工希望在一个健康、安全和有保障的环境中工作，而社区则希望企业能够对地方经济和社会发展作出积极贡献。跨国公司需要通过提升工作环境、提供社区支持和参与地方经济发展来满足这些利益相关者的期望。

3. 利益相关者的不同需求与跨国公司的平衡

跨国公司在全球范围内运营，面临着来自多方利益相关者的需求，这些需求在很多时候是复杂且相互冲突的。比如股东可能会要求企业降低运营成本以提高利润，而 NGOs 和消费者则要求企业增加环保投入。跨国公司需要在短期的经济利益和长期的社会效益之间进行权衡，以确保各方利益的平衡。

在可持续发展方面，利益相关者的作用通常表现为对企业行为的直接监督和间接影响。企业通过与利益相关者的对话和合作，能够更好地理解社会对可持续发展的期待，并根据这些期望制定相应的战略。例如 Unilever 在其"可持续生活计划"（Sustainable Living Plan）中，通过与 NGOs、消费者团体以及政府的沟通，确定其在减少碳排放、提升社会福利方面的目标，并制定了详细的行动方案。

4. 利益相关者理论对企业管理的启示

利益相关者理论对跨国公司管理可持续发展战略具有重要的启示：

（1）与利益相关者的沟通。跨国公司需要建立与利益相关者的有效沟通机制，了解他们的需求和期望。通过积极地沟通，企业可以减少利益相关者的不满，并获得他们的支持。例如通过与社区的沟通，企业可以更好地理解当地居民对环境保护和社会福利的关注，并在运营中体现这些关切。

（2）利益相关者参与。企业在制定和实施可持续发展战略时，应该积极邀请利益相关者参与，确保他们的声音被听到，并使得战略更符合实际需求。例如某些跨国公司在制定环保政策时，邀请了消费者代表、NGOs 和地方政府参与讨论，从而制定了更具可行性和社会认可度的政策。

三、ESG 与跨国公司

（一）ESG 的含义

ESG（Environmental，Social，and Governance，即环境、社会和治理）理论是一种综合性框架，旨在从企业对环境、社会和治理的综合影响角度评估其可持续发展能力和长期竞争力。ESG 理论以"经济活动的可持续性"为核心，推动企业在实现经济利益最大化的同时，关注对自然环境的保护、社会责任的履行以及治理结构的优化。ESG 理论的本质在于，将企业的经营活动与更广泛的社会发展目标联系起来，通过量化与规范化的方式，将环境与社会绩效融入企业经营决策，进而提高企业的综合价值和长期竞争力。

在全球化和数字化背景下，ESG 理论强调企业在复杂经济体系中的角色及其多层次的责任。环境维度关注企业如何在生产和运营过程中减少生态破坏和资源浪费；社会维度关注企业如何促进社会包容性发展，支持员工、消费者及社区的福祉；治理维度则关注企业在内部管理和外部关系中如何保证决策的透明性与合法性。ESG理论的提出和推广不仅源于社会对企业履行责任的更高期望，还来自资本市场对企业长期价值创造能力的重视。资本市场已经广泛将ESG表现视为投资决策的重要参考依据，从而推动企业将可持续发展目标嵌入到其战略和运营体系中。

1. 环境维度：推动生态可持续性

环境维度（Environmental）关注企业在生产和经营活动中对自然环境的影响，是ESG框架中最为关键的部分之一。随着全球气候变化、生物多样性减少、能源危机等环境问题的加剧，企业的环境行为受到越来越多地关注。环境维度主要包括温室气体排放、能源效率、资源利用、废弃物管理、生物多样性保护等领域。企业在这些方面的表现，不仅影响其社会声誉，还直接关系到企业的运营成本和风险管理能力。

温室气体排放控制是环境维度中的核心议题之一。各国和国际组织针对碳排放制定了严格的政策与法规，企业需要通过减少碳排放、实施碳中和计划以及优化能源使用结构来符合这些要求。同时，企业还需要通过创新技术推动清洁能源和可再生资源的利用，以降低对不可再生资源的依赖。此外，废弃物管理和循环经济也是环境维度的重要内容，企业需要通过改进生产流程、减少废弃物产生、加强资源回收利用，减少其对自然环境的影响。

企业在环境维度的表现通常被量化为可衡量的指标，如碳排放强度、水资源使用效率、可再生能源使用比例等。这些指标不仅可以评估企业的环保能力，也为投资者提供了明确的依据。环境维度的重点不局限于减少环境影响，还包括通过绿色技术创新开拓新市场，实现经济效益和环境效益的双赢。

2. 社会维度：推动社会公平与包容

社会维度（Social）聚焦企业如何平衡自身发展与社会福祉的关系，强调企业在促进机会公平、包容与稳定方面的责任。企业作为社会经济活动的核心载体，其行为不仅影响员工和消费者的权益，也对社区、供应链和整个社会的包容性发展产生深远影响。社会维度的核心议题包括员工权益保护、多样性与包容性政策、消费者保护、社区关系建设、供应链社会责任等。

员工权益保护是社会维度的基础议题之一，涵盖了劳动条件、薪酬福利、职业发展机会和工作环境的安全性等方面。企业需要通过制定公平的薪酬政策、提供培训与职业发展机会，以及创造包容性的工作环境，确保员工的身心健康和职业满足感。此外，企业的多样性与包容性政策对社会的公平发展具有重要意义，这要求企业在招聘、晋升、薪酬分配等方面消除性别、种族、宗教等差异。

消费者保护则聚焦于企业如何确保产品与服务的质量、安全性和透明性。随着数字化和全球化的发展，消费者对企业行为的关注逐渐从单一产品质量拓展到企业的供应链和社会责任表现。企业需要通过高标准的产品监管和诚信营销策略，满足消费者对高质量产品的需求，同时保障消费者的隐私和数据安全。

社区关系建设是社会维度中的重要内容，企业需要通过投资教育、医疗、基础设施等公共服务，促进所在社区的经济与社会发展。同时，供应链社会责任要求企业关注上下游企业的劳动标准、环境行为等，确保供应链的公平性和可持续性。社会维度不仅影响企业的声誉和竞争力，还对其长期盈利能力和市场地位产生深远影响。

3. 治理维度：优化内部管理与外部监督

治理维度（Governance）关注企业在治理结构、商业伦理和决策透明度方面的表现，是确保企业在环境和社会维度取得进展的制度保障。企业治理体系的核心目标是平衡股东、管理层和其他利益相关方的权利与义务，通过科学的治理结构实现企业的长期发展目标。治理维度的主要内容包括董事会构成、高管薪酬、股东权益保护、反腐败与合规管理等。

董事会构成是治理维度中的核心议题，强调董事会成员的独立性、多样性和专业性。一个具有广泛视角和专业知识的董事会能够更好地制定企业战略并监督管理层的行为。高管薪酬设计则要求在激励创新和保持竞争力的同时，避免短期逐利行为侵蚀企业的长期利益。此外，企业还需通过定期的财务披露和ESG报告，确保利益相关方能够清晰了解企业的经营状况和社会责任履行情况。

商业伦理是治理维度中的重要组成部分，要求企业在市场竞争中恪守法律与伦理规范，特别是在反腐败、反垄断和信息披露方面保持高度透明。企业合规管理体系的建设对其长期发展至关重要，通过引入内部审计、第三方监督和独立外部评估，企业可以有效减少商业风险并提高运营效率。治理维度的优化不仅增强了企业的抗风险能力，也提升了其在资本市场中的吸引力。

（二）国际 ESG 评价方法的应用场景

1. ESG 纳入信用评级

随着 ESG 观念的逐步深入，国外评级机构逐步将 ESG 因素统一纳入信用评级框架之下，形成了新的信用评级体系。2019 年 4 月，穆迪收购 ESG 研究、数据和评估领域的全球领导者 Vigeo Eiris 的多数股权，并将 ESG 因素纳入了其企业信用评级方法学1。2019 年 11 月，惠誉发布整合 ESG 因素的信用评级系统 ESG Relevance Scores，为全球固定收益指数中 80% 以上的债券标的提供信用评级服务。

2. ESG 指数产品

随着 ESG 投资理念逐级普及，国际主流 ESG 评级机构均推出 ESG 指数及衍生投资产品。目前，国外 ESG 指数产品主要包括多米尼 400 社会指数、富时社会责任指数、道琼斯系列指数、罗素 1000 指数、MSCI 新兴市场 ESG 指数和 MSCI 所有国家世界指数等。

3. ESG 基金理财产品

国内外各基金公司根据 ESG 评级结果，筛选 ESG 表现较好的企业作为投资标的，设计并推广 ESG 基金理财产品。据晨星统计数据显示，截至 2021 年 10 月末，国际可持续投资开放式基金净资产规模为 4.09 万亿美元，基金数目共 6720 只。

本章小结

跨国公司（MNCs）是现代全球经济中的重要主体，它们通过外商直接投资、并购、合资等方式，在全球范围内进行资源配置、市场扩展和技术转移。跨国公司在全球供应链中扮演着重要角色，它们通过优化生产环节，降低成本，提高效率，推动全球经济的一体化。然而，跨国公司也面临着许多挑战，特别是在文化差异、法律法规、国际竞争等方面的挑战。为了应对这些挑战，跨国公司需要采取灵活的战略，包括跨文化管理、全球资源整合以及创新战略的实施。在全球化的背景下，跨国公司将越来越依赖全球创新网络，并推动全球技术的进步。随着全球经济的数字化转型，跨国公司还需要在全球市场中处理越来越复杂的法律和技术问题，包括数据隐私保护、跨境数据流动等。跨国公司将在全球经济中发挥越来越重要的作用。

习题

1. 跨国公司如何从国内企业发展成为全球化经营主体？
2. 跨国公司如何优化全球供应链以提高生产力？
3. 跨国公司在全球创新网络中的作用是什么？
4. 如何看待文化差异对跨国公司运营的影响？
5. 跨国公司如何通过技术转移推动全球化进程？
6. 跨国公司面临的国际法律挑战有哪些？
7. 如何评价跨国公司在全球竞争中的地位？
8. 如何应对跨国公司在市场扩展过程中的风险？
9. 跨国公司如何通过并购和合资实现国际化？
10. 数字化转型对跨国公司经营模式的影响是什么？

案例：腾讯的全球化布局与跨国公司战略

腾讯公司（Tencent）作为中国互联网行业的龙头企业之一，其全球化战略在中国乃至全球都产生了深远的影响。自1998年成立以来，腾讯依靠其领先的社交平台（如QQ和微信）、在线娱乐（如腾讯视频、腾讯音乐等）和金融科技（如腾讯支付）逐步实现了在中国的市场领导地位。在国内市场取得成功的基础上，腾讯开始逐步推动全球化战略，并通过战略投资、并购以及跨国并行的业务布局，在全球范围内拓展其影响力。

腾讯的全球化战略与跨国公司战略。腾讯的全球化战略可以归结为"投资驱动型全球化"。与很多跨国公司通过逐步扩展海外业务和设立分支机构的方式不同，腾讯通过股权投资和收购海外公司进入海外市场。腾讯的全球化战略通过并购、投资和战略联盟，迅速扩展其在海外的业务版图。

最具代表性的案例之一是腾讯对Supercell的收购。Supercell是芬兰一家知名的移动游戏开发公司，其旗下的《部落冲突》和《皇室战争》在全球范围内获得了巨大的成功。2016年，腾讯通过其子公司腾讯控股，成功收购了Supercell的84.3%股份，成为其最大的股东。这一收购不仅使腾讯进一步巩固了其在全球游戏市场的地位，还让腾讯通过Supercell获得了丰富的全球化游戏开发经验和产品布局。

此外，腾讯还通过战略投资进入了多个国际市场。比如通过投资美国的社交平台Snapchat、南非的支付公司Naspers、俄罗斯的社交平台VK等，腾讯将其业务从游戏、社交媒体扩展到金融科技和电商领域。腾讯通过这些投资，不仅获得了跨境市场的准入机会，还加深了与国际企业的合作与联系。

跨国公司的全球供应链与技术创新。腾讯的全球化战略不仅仅依赖于投资与并购，还与其技术创新和全球供应链的建设密切相关。通过腾讯云和腾讯支付等技术，腾讯为全球用户提供了更好的服务，并与世界各地的企业合作，共同开发新兴市场。例如腾讯云已经在全球多个地区设立了数据中心，尤其是在印度、东南亚和欧洲等国家和地区，帮助本地企业和开发者通过腾讯云平台提供数字服务。此外，腾讯支付则通过跨境支付的能力，促进了中国与其他国家之间的贸易与资金流动，特别是在"一带一路"倡议框架下，腾讯的支付技术在亚洲和中东地区获得了广泛的应用。

通过跨境的技术与服务输出，腾讯不仅在全球市场上获得了竞争优势，还加强了其在全球互联网生态中的战略地位。

面临的挑战：文化差异与竞争壁垒。然而，腾讯的全球化进程也面临着许多挑战。首先是文化差异和本地化问题。尽管腾讯通过收购和投资获得了全球化的足够资源，但如何适应不同市场的需求仍然是一个巨大的挑战。例如在欧洲市场，腾讯不得不面对当地严格的数据隐私保护法规（如 GDPR），而在东南亚市场，腾讯则需要克服本土竞争对手的压力。

其次，腾讯在全球市场上也面临着来自本土企业的激烈竞争。例如 Facebook 和 Google 等跨国公司在社交媒体、广告和云计算等领域占据了主导地位，腾讯在这些领域面临着巨大的竞争压力。此外，腾讯的本土市场——中国，虽然为其提供了大量的收入来源，但在全球化的过程中，腾讯同样受到国际社会对中国企业的审视与监管的影响，特别是在数据隐私、技术安全等领域。

腾讯的全球化战略的成功与局限。腾讯的全球化战略无疑是成功的，它通过投资与收购不断扩展全球市场份额，尤其在游戏、金融科技、云计算和社交媒体等领域取得了显著成绩。然而，腾讯的全球化进程也并非一帆风顺。如何在本土与国际市场之间找到平衡，并解决文化差异、技术壁垒和市场竞争等问题，仍然是腾讯在未来全球化过程中需要重点考虑的课题。

[案例来源：《经济观察报》《腾讯的全球化：从国内到全球》]

思考题

1. 腾讯如何通过投资与并购实现其全球化战略？
2. 腾讯在全球化过程中面临哪些文化差异和本地化问题？如何应对？
3. 腾讯的技术创新在其全球化战略中起到了什么作用？
4. 腾讯在全球市场面临的主要竞争壁垒有哪些？如何克服？

第八章 国际产业转移

学习目标

本章旨在帮助学生理解国际产业转移的概念与驱动力，分析产业转移对全球经济、国家产业政策以及跨国公司战略的影响。学生将学习产业转移的不同类型、方式及其对经济结构的作用，掌握如何通过产业转移促进发展中国家的经济发展和产业升级。最终，学生将能够评估国际产业转移的经济效益与社会影响，提出促进国际产业转移的政策建议。

第一节 国际产业转移理论

一、比较优势理论与国际产业转移

根据李嘉图的比较优势理论，一个国家应专注于生产和出口其具有相对生产效率的产品，并进口其他产品，以此来实现整体经济效益的最大化。国际产业转移通常被看作是这种相对优势的结果，当某国失去在特定行业中的比较优势时，就会将该产业转移到具有更高生产效率或成本优势的国家。例如英国在工业革命期间曾是全球纺织工业的领军者，但随着劳动力成本上升，英国逐渐失去其在纺织行业中的比较优势，纺织业的生产转移到劳动力更廉价的国家和地区。因此，比较优势理论认为产业转移的主要驱动力是各国在生产资源和生产要素价格上的差异，通过产业的跨国转移，各国能够实现资源的优化配置，从而提升整体的生产效率。这种资源优化配置包括自然资源、资本、劳动力，以及技术等多种要素的跨国流动。在实践中，通过发挥比较优势，国家之间能够形成相互依赖的经济合作关系，这不仅提高了国际资源配置的效率，还为参与国的经济发展带来了动力。然而，比较优势理论在解释现代产业转移中也有其局限性。它假设市场完全竞争且不存在政府干预，但现代国际经济活动中，产业转移往往受限于政府政策、贸易壁垒、技术保护等因素。此外，现代全球化背景下的比较优势并非仅由自然禀赋决定，而是与技术水平、产业创新能力和国家的产业政策息息相关。因此，虽然比较优势理论为我们理解国际产业转移提供了最初的经济学基础，但它在应对日益复杂的国际经济环境时，需要结合更多其他理论共同分析，才能全面地解释当代产业转移的动态过程。

二、产品生命周期理论与国际产业转移

根据该理论，产品的生产经历了一个生命周期，包括新产品阶段、成熟产品阶段和标准化产品阶段，而产业的地理分布也随着生命周期的变化而发生转移。在新产品阶段，产品通常在发达国家或经济技术领先的地区进行生产，这些国家拥有技术创新的优势、高素质劳动力，以及强大的购买力来支持新产品的开发和市场需求。在这一阶段，生产主要集中在国内，目标市场也是高端市场，以实现创新的引领和市场的培育。然而，随着产品逐渐被市场接受并进入成熟阶段，生产技术变得标准化、生产规模扩大，企业开始面临成本控制的需求。为了降低生产成本，提高利润率，企业会选择将生产转移到劳动力成本较低的国家和地区，这些地区不仅能够提供廉价的劳动力，还具备适应成熟技术的生产能力。这一过程促使产品的生产地从发达国家向发展中国家转移，以充分利用成本优势。当产品进入标准化阶段，市场上的竞争者增多，产品逐渐成为同质化商品，成本竞争成为主导因素，此时企业往往会将生产进一步转移到劳动力和资源更廉价的国家或地区。产品生命周期理论解释了技术扩散和成本优势在产业转移中的重要作用，同时揭示了不同经济体在全球产业链中的地位变化。例如家电产业的生产经历了从美国和日本等发达国家向亚洲新兴经济体再向劳动力成本更低的地区转移的过程。这一理论对于解释产业转移具有较强的现实意义，尤其是在制造业方面。然而，产品生命周期理论主要适用于传统制造业产品，对于服务业、知识密集型产业和技术快速变化的现代产品，其解释力相对不足。此外，随着全球化的深入，跨国公司在新产品阶段就可能会进行全球布局，而非仅仅在本国进行生产，这也对该理论提出了新的挑战。

三、要素禀赋理论与国际产业转移

要素禀赋理论强调，各国在生产要素禀赋上的差异决定了它们在国际分工中的地位，即各国应专注于生产和出口其相对要素禀赋丰富的产品，进口那些相对要素稀缺的产品。生产要素主要包括劳动力、资本、土地等，国家在这些要素的相对丰裕程度上的差异，是产业分布和产业转移的主要动因之一。在产业转移的过程中，当一个国家在某种生产要素上的优势逐渐减弱，或者其他国家的要素禀赋更具竞争力时，产业转移就成为一种必然选择。然而，该理论也存在一定的局限性。它假设国家之间的生产技术相同，但在现实中，技术水平差异是导致产业转移的重要因素之一。此外，要素禀赋理论未能充分考虑政府政策和国际资本流动对产业转移的影响，忽略了全球化背景下国家间政策竞争和技术转移的复杂性。因此，虽然要素禀赋理论为理解国际产业转移提供了有力的经济学基础，但在现代全球化的背景下，需要结合其他理论来全面解释国际产业转移的多样性和复杂性。

四、国际生产折中理论（OLI 范式）与国际产业转移

国际生产折中理论所有权优势、区位优势和内部化优势的结合决定了企业是否会进行海外投资和产业转移。首先，所有权优势是跨国公司进入海外市场的前提，这种优势可能是独特的技术、品牌声誉、专有的知识产权、管理能力等，能够帮助企业在海外市场中获得竞争力。其次，区位优势是指某一国家或地区提供的特殊条件，使其成为跨国公司设

立生产基地的理想选择。最后，内部化优势是跨国公司选择在内部而不是通过市场进行生产的动力。通过内部化，企业可以避免技术泄露，减少交易成本，并更好地控制整个生产过程。

OLI 范式为理解国际产业转移中的跨国公司行为提供了系统性框架，并强调了跨国公司在全球化过程中对产业格局的主导作用。它不仅关注生产要素的相对成本，还将技术、品牌、管理模式等无形资产纳入分析中，为理解现代跨国公司在全球范围内的产业配置提供了重要的理论依据。然而，随着全球经济的变化，特别是在数字化经济和服务业的快速发展中，OLI 范式的局限性也逐渐显现。

第二节 国际产业转移实践

一、第一次国际产业转移

（一）背景

第二次世界大战后，全球经济格局发生了显著变化。尤其是美国，作为战后最大的胜利国，不仅政治和军事力量大幅增强，经济实力也跃升至全球顶尖水平。第二次世界大战对欧洲和日本的经济造成了巨大的破坏。大量的基础设施被摧毁，工业生产能力大幅下降，很多城市沦为废墟。战后的欧洲和日本面临着严重的物资匮乏、技术落后和劳动力不足等问题。这使得它们急需资金、技术和设备的援助以恢复经济。

美国通过一系列的经济援助计划，如马歇尔计划（1948 年）、日美经济合作等，向欧洲和日本输送了大量的物资、资金和技术。这些援助不仅是直接的资金支持，还包括生产技术的转移和工业设备的提供。美国希望通过这些援助帮助它们恢复经济，同时促进全球市场的稳定和繁荣。

因此，第二次世界大战后美国向欧洲和日本的产业转移是一种战略性、经济性以及政治性的行动，其背后是全球经济重建、冷战对抗和美国自身经济利益的多重考量。

（二）特征分析

1. 产业类型的转移

第二次世界大战后美国向欧洲和日本转移的产业大致可分为以下几类：

（1）制造业与重工业。美国的重工业得到了快速发展，特别是钢铁、机械、汽车、电子等行业。随着国内需求逐渐稳定，部分过剩的生产能力被转移到海外，尤其是欧洲和日本。对于日本而言，美国通过提供技术和生产设备，帮助其迅速恢复了制造业的生产力。

（2）科技和技术密集型产业。美国是世界科技的领导者，尤其在电子、航空、化工等高新技术领域取得了显著进展。这些产业技术在美国本土成熟后，逐渐向外转移，特别是向日本和欧洲的某些国家。这些技术不仅帮助其国内经济复苏，也促进了全球科技进步。

2. 资金与技术的双重转移

美国不仅向欧洲和日本提供了大量的资金援助，还转移了大量的技术。这种双重转移促进了目标地区的快速复苏。

（1）资金援助。通过马歇尔计划和其他经济援助计划，美国为欧洲提供了大量的资金，帮助其恢复了基础设施建设和工业生产。特别是通过贷款和物资支援，欧洲不仅恢复了工业能力，还有效地遏制了通货膨胀，推动了稳定的经济发展。

（2）技术援助。美国向欧洲和日本转移的技术不仅包括生产工艺和管理模式，还包括更先进的机械设备。通过技术转移，这些地区的产业能够迅速发展生产效率，缩小与美国之间的技术差距。

3. 全球化和国际化的推动

美国向欧洲和日本的产业转移不仅推动了全球范围内的产业分工，也促进了全球化进程。在美国的推动下，全球的生产链条开始逐步形成，特别是汽车、钢铁、家电等领域，形成了区域性和全球性的产业集群。美国通过这种转移，推动了全球资本主义经济的繁荣和稳定。美国的产业转移不仅将生产能力带到了欧洲和日本，还推动了这些地区形成了自己的产业集群。例如德国的汽车产业、日本的电子产业等，这些产业集群的形成使得目标地区能够迅速提高竞争力，在全球市场中占据一席之地。美国的产业转移还推动了全球供应链的建立。在这一过程中，美国的跨国公司在全球范围内建立了供应链，特别是在制造业、电子产品等领域，全球供应链逐渐取代了过去的本土化生产模式。

（三）第一次产业转移的影响

1. 对欧洲和日本的影响

促进了欧洲经济复苏与稳定。通过产业转移，欧洲在战后迅速恢复了生产能力，特别是在钢铁、机械、汽车等重工业领域。美国通过马歇尔计划的资金援助，以及技术和设备的转移，使得西欧国家在短时间内恢复了生产力，甚至在某些领域超过了战前水平。德国和英国等国的经济在短短十年内迎来了高速增长，形成了经济奇迹。美国通过产业转移加强了与西欧国家的经济依赖，巩固了北约等西方国家的政治联盟。

日本在第二次世界大战后的经济几近崩溃，基础设施几乎被摧毁，工业生产能力接近零。美国通过大规模的援助和技术转移，帮助日本实现了经济复兴。美国不仅提供了资金援助，还向日本转移了先进的技术、生产设施及管理经验。日本经济快速恢复。1961—1969年之间，日本GDP每年以超过5%的同比增长，其中有6年的增幅超过10%。经过美国援助，特别是通过日本重建计划和技术援助，日本的重工业如钢铁、机械、电力和化工行业得以恢复。此外，像汽车、电子产品等消费品行业在美国的帮助下迅速现代化，成为全球市场的重要竞争者。日本逐渐从一个战后的破败经济体，转变为全球制造业中心之一。

2. 对全球经济结构的影响

（1）全球产业链的形成与全球化。美国向欧洲和日本的产业转移，不仅是单纯的生产能力转移，更深刻地推动了全球经济的整合，尤其是在制造业和高技术产业领域。美国在战后通过投资、技术转移和全球供应链建设，推动了世界范围内的产业分工和全球化进程。

（2）全球产业分工加剧。美国的产业转移强化了全球范围内的产业链和供应链，特别是美国跨国公司在世界范围内的布局使得全球生产环节相互依赖。许多制造业、电子产业、汽车产业等领域的全球产业链开始成形，原本分散的生产活动逐渐集中并优化为全球分工。

二、第二次国际产业转移

(一) 背景

20世纪60～80年代,美日等发达国家向亚洲"四小龙"(韩国、新加坡、中国台湾和中国香港)及随后崛起的"四小虎"(泰国、马来西亚、印度尼西亚和菲律宾)进行大规模产业转移。美日等发达国家经历了战后快速工业化的发展,国内制造业的成本上升,特别是劳动力成本的提高、土地资源的紧张,以及环境法规的严格,导致传统制造业的国际竞争力下降。亚洲"四小龙"在20世纪60～80年代采取了积极的经济开放政策,推出出口导向型工业化战略,并建立经济特区、吸引外资、优化基础设施,为国际产业转移提供了制度和环境保障。同时,国际金融体系的发展(如布雷顿森林体系解体后的美元流动性增加)和全球贸易自由化趋势(如《关贸总协定》的扩展)也为产业资本跨国流动提供了便利。基于这些背景,亚洲"四小龙"凭借低廉的劳动力成本、良好的地理位置以及政府强有力的政策支持,成为美日产业转移的首要目的地,而在随后20世纪80～90年代,亚洲"四小虎"凭借相似的经济发展路径逐步承接了来自"四小龙"的二次产业转移,形成东亚和东南亚的制造业梯度分布格局。

(二) 特征

(1) 产业转移的阶段性明显。在20世纪60～80年代,美国和日本等发达国家的劳动密集型产业首先向亚洲"四小龙"转移,主要集中在纺织、服装、制鞋、玩具、家电等低技术含量行业。这一阶段的产业转移以降低生产成本为核心目标,外资企业利用"四小龙"相对低廉的劳动力和宽松的投资环境建立制造基地。随后,在20世纪80年代末到90年代,随着"四小龙"经济的高速增长,劳动成本和土地成本上升,企业盈利空间缩小,部分产业开始向更低成本的东南亚"四小虎"国家进一步转移,同时"四小龙"自身也进行产业升级,逐步向资本密集型、技术密集型产业发展,如电子、汽车零部件和高端机械制造等。

(2) 产业结构经历由劳动密集型向资本技术密集型转变。在产业转移初期,亚洲"四小龙"主要承接低端制造业,依赖于外资企业的技术输入和市场需求。然而,随着工业基础的积累和政府的产业政策引导,"四小龙"逐步推进产业升级,引入高端制造业和技术密集型产业,尤其是半导体、电子信息和精密制造等行业。20世纪90年代后,新加坡重点发展金融、高端电子制造和生物医药,韩国发展重工业和芯片制造,台湾成为全球重要的电子元器件和代工中心,香港则转向物流、金融和高端服务业。而在东南亚"四小虎"国家,产业转移的模式更趋于劳动密集型制造业的扩张,如泰国和印度尼西亚的汽车和家电制造,马来西亚的电子产品组装,菲律宾的服装和呼叫中心服务。

(3) 政府的政策主导作用突出。无论是"四小龙"还是"四小虎",政府均发挥了积极的主导作用,为产业承接创造了优良的投资环境。"四小龙"普遍采取出口导向型发展战略,为吸引外资提供政策支持,如提供税收优惠、设立出口加工区、改善基础设施和实施劳动力培训计划。韩国通过政府主导的产业政策,扶持本土企业,如三星、现代等成长为全球性跨国公司。台湾通过科技园区建设促进电子信息产业的发展。香港依靠自由贸易港口优势成为国际商业中心。而"四小虎"国家在20世纪80年代后纷纷效仿"四小龙"的模式,实施外向型经济政策,如泰国和马来西亚设立自由贸易区,菲律宾推动产业园区建设，印度尼西亚开放投资准入，提高外资企业的投资便利性。

（4）出口导向型特征显著。产业转移过程中，东亚和东南亚国家均采取出口导向型发展模式，通过低成本制造产品出口到欧美市场，实现经济增长。亚洲"四小龙"在接收外资企业的同时，利用外资企业的生产链融入全球市场，形成"世界工厂"的初步雏形，在全球贸易网络中的角色日益重要。进入20世纪90年代后，"四小龙"逐步向高端产业链攀升，而"四小虎"则接替低端制造业，继续向全球市场供应低成本商品，形成东亚地区制造业梯度分工体系。

（三）第二次国际产业转移的影响

（1）促进发达国家的产业升级，推动高附加值行业发展。第二次国际产业转移推动了美日两国产业结构的升级，使其从劳动密集型产业逐步转向资本和技术密集型行业。20世纪60年代至80年代，美国和日本的制造业以劳动密集型产业（如纺织、服装、家电等）为主，而随着生产成本上升，美日企业开始将低端制造业向亚洲"四小龙"转移，腾出资源发展半导体、精密仪器、生物制药等高技术产业。日本在1979年通过《汽车产业振兴法》，推动产业升级。1980年，日本汽车产量首次超过美国，成为全球最大汽车生产国。同时加速发展汽车、电子和精密机械产业，美国则在计算机、航空航天和生物技术领域取得突破。数据显示，1980年至1995年，美国高科技产业在制造业增加值中的占比从15.6%上升至25.8%，日本则从18.4%提升至30.2%，说明产业结构升级的趋势明显。

但是制造业外迁导致国内就业减少。尽管产业升级带来了长期经济增长，但短期内，美日制造业的外迁导致大量低技能工人失业。美国在20世纪80年代后期至90年代初期，制造业就业人数大幅下降，从1980年的约2200万下降至1995年的1800万。劳动力市场受影响最严重的行业包括纺织、钢铁、电子装配等。日本的情况也类似，1980—1995年，日本制造业就业人口减少了近300万，尤其是纺织和家电行业受到冲击较大。企业为维持竞争力，将生产设施外迁，同时减少国内低端岗位。由于劳动力市场流动性受限，许多失业工人未能顺利转向新兴产业，从而加剧了部分地区的失业和收入不平等问题。

（2）促进产业承接地工业化和经济高速增长。第二次国际产业转移直接推动了亚洲"四小龙"和"四小虎"的工业化进程。20世纪60~90年代，这些经济体的制造业增加值占GDP的比重大幅上升。例如，韩国制造业占GDP的比重从1970年的23%上升至1995年的36%，台湾从26%上升至38%，新加坡和中国香港的工业化进程也加速。20世纪90年代东南亚"四小虎"在制造业GDP占比也显著增长，如泰国从1985年的21%增长到1995年的34%，马来西亚从22%增长到37%。这种经济增长模式使这些国家和地区逐步摆脱农业经济，实现工业化转型。

三、第三次产业转移——向中国的产业转移

（一）背景

1. 全球贸易自由化进程加速

20世纪90年代以来，全球贸易自由化趋势不断加强，WTO的成立为全球贸易提供了更为开放的规则体系。1995年WTO成立后，成员国间的贸易壁垒被逐步削减，促进了跨国公司在全球范围内重新配置生产要素。数据显示，1995年至2001年，全球贸易额年均增长率达7.4%，远高于全球GDP增长率的3.2%。这一背景为资本和产业的跨国流动创造

了条件，跨国公司寻求更加低成本、高效率的生产基地，而亚洲成为其主要选择目标。与此同时，WTO 的《信息技术协定》(ITA)进一步推动了电子产业的全球化布局，为第四次国际产业转移提供了政策和市场支持。

2. 发达国家制造业成本上升，资本向外转移

美国、日本和欧洲等发达经济体在 20 世纪 90 年代的劳动力成本持续上升，导致制造业企业寻求低成本地区进行生产转移。数据显示，1990 年至 2000 年，美国制造业平均小时工资从 10.2 美元上升至 15.6 美元，日本从 12.8 美元增长到 18.3 美元，而中国同期的制造业小时工资仅为 0.6 美元，具有明显的成本优势。此外，欧美国家的环境法规日益严格，使得污染较重的行业运营成本上升，进一步加快了资本的外移速度。在此背景下，大量劳动密集型和部分资本密集型产业向外转移，全球生产网络发生重大调整。

3. 中国经济改革深化，开放政策吸引全球资本

中国自 1978 年改革开放以来，持续推进市场化改革，营商环境不断改善，吸引了全球资本的关注。设立经济特区为外资企业提供了优惠政策，包括税收减免、土地使用优惠以及简化的审批流程。数据显示，中国的 FDI 流入从 1990 年的 35 亿美元增长到 2000 年的 407 亿美元，年均增长率超过 30%。在加入 WTO 后，中国全面降低关税和非关税壁垒，使外资企业能够更便捷地进入中国市场，促进了全球产业资本向中国集中。

（二）第三次国际产业转移的特征

1. 劳动密集型产业率先转移，随后资本和技术密集型产业跟进

第四次国际产业转移的早期主要以纺织、服装、鞋类、家电、玩具等劳动密集型行业为主，这些行业受益于中国的低成本劳动力，并成为全球出口的重要组成部分。数据显示，2001 年中国的纺织品和服装出口额达到 530 亿美元，占全球市场份额的 18.2%。然而，2005 年以后，资本和技术密集型产业逐步向中国转移，电子信息、半导体、汽车零部件等行业增长迅速。数据显示，2005 年中国电子信息产业出口额达到 2500 亿美元，占全国出口总额的 35%，成为全球电子制造的重要基地。

2. 跨国公司主导，外资企业成为产业升级的重要推动者

本次产业转移主要由跨国公司主导，外资企业在中国建立独资或合资企业，并通过本地采购和供应链整合，提高生产效率。数据显示，2001 年至 2010 年，外资企业在中国的出口占比从 45% 上升到 58%，其中高技术产业的外资依存度更高。由于跨国公司采用全球生产体系，中国逐渐成为全球制造业网络的重要环节。

3. 出口导向与本土市场开发并重

第四次国际产业转移不仅推动了中国成为"世界工厂"，还促进了国内市场的发展。数据显示，2001 年中国的出口依存度为 22%，到 2010 年上升至 32%，说明外向型经济的比重增加。同时，随着中国国内需求的增长，部分跨国公司开始转向本土市场，如消费电子、汽车和高端家电的生产逐渐本地化，带动了产业的结构调整。

四、国际产业转移动因

国际产业转移是全球经济分工调整和产业结构升级的必然结果，由企业的战略决策和全球经济环境的变化共同推动。企业作为市场主体，其投资决策受到利润最大化和成本最小化原则的驱动，而国家作为政策制定者，其产业政策、资源禀赋、发展阶段及外部经济

环境决定了产业转移的可行性和可持续性。因此,国际产业转移的动因可以从企业主观因素和客观环境因素两个方面进行深入分析。

(一)企业主观因素对产业转移的推动作用

企业作为市场经济中的核心主体,其生产经营决策直接决定了产业转移的路径、范围、规模及方式。企业基于自身的生存和发展需求,为适应市场竞争、优化资源配置、提升盈利能力,采取不同形式的产业转移策略。国际产业转移不仅是企业全球化战略的重要组成部分,也是企业为适应产业生命周期变化和技术进步的必然选择。

1. 延长衰退产业的生命周期

产业生命周期理论认为,任何产业的发展都经历导入期、成长期、成熟期和衰退期。企业在产业进入成熟期或衰退期后,面临市场需求萎缩、技术创新速度下降、生产成本上升等问题。如果产业仍具备市场需求但原产地的生产环境已不具备竞争力,企业会选择将其转移到劳动力成本更低、市场潜力更大的地区,以延长产业生命周期,最大化其经济收益。

在这一过程中,企业通过将产业从高成本地区转移至低成本国家,使得衰退产业能够在新市场获得更长时间的发展机遇。例如发达国家的劳动密集型制造业逐步向发展中国家转移,这不仅降低了企业的生产成本,也使得当地的消费者能够以更低的价格获得产品,从而维持产业的市场需求。此外,产业转移还可以规避原产地的严格监管,如环境法规、劳工成本、税收政策等,从而降低企业的运营压力,延缓产业衰退的速度。

2. 优化生产要素配置,提高竞争力

企业进行国际产业转移的核心目标之一是优化生产要素的配置,以降低成本,提高市场竞争力。生产要素的全球化配置有助于企业充分利用不同地区的资源禀赋,提高整体生产效率。要素禀赋理论认为,不同国家在劳动力、资本、土地、技术等生产要素上具有不同的比较优势,企业可以通过产业转移,将不同环节的生产活动安排在最优地区。

在全球化背景下,跨国公司普遍采用"全球价值链"模式,通过产业转移优化全球资源配置。研发环节通常留在发达国家,以利用其高水平的创新资源;生产环节则转移到发展中国家,以利用廉价劳动力和较低的土地成本;销售和售后服务环节则根据市场需求布局全球。这种全球资源配置模式不仅降低了企业的运营成本,还提升了企业的全球竞争力,使其能够更有效地满足不同市场的需求。

3. 推动产业结构调整,促进技术升级

产业转移不仅有助于延长现有产业的生命周期,也为企业释放资源,推动新兴产业的发展。企业在全球范围内配置生产要素的同时,也会加快自身的产业升级进程。通过将传统产业向海外转移,企业可以将有限的资本、技术和人力资源集中投入高附加值、高技术含量的新兴产业领域,如智能制造、生物医药、人工智能等,从而促进产业结构的调整和优化。

产业转移可以促进技术扩散和创新合作。企业在转移过程中,通过技术输出、合资合作、人才交流等方式,与东道国形成协同创新体系。这不仅有助于提高当地的技术水平,还能促进母国企业的技术升级和产业迭代。例如在信息技术产业转移的过程中,全球企业在不同国家建立研发中心和制造基地,通过跨国技术合作提高整体创新能力。

4. 规避贸易壁垒，拓展国际市场

在国际贸易环境中，企业面临不同国家的关税、贸易保护政策以及国际政治因素的干扰，跨国公司通过产业转移可以有效规避这些贸易壁垒，直接进入目标市场。随着全球贸易摩擦加剧，许多国家采取进口关税、配额限制、技术标准等贸易保护措施，使得企业通过出口难以进入目标市场。在这种情况下，企业选择直接投资海外市场，建立本地生产基地，以避免关税和其他贸易壁垒，提高市场占有率。

产业转移也是企业拓展国际市场的重要方式。企业在目标国家建立生产基地后，可以更有效地贴近市场需求，缩短供应链，提高市场响应速度，增强客户满意度。同时，本地化生产也有助于提高企业的品牌影响力，增强其在当地市场的竞争力。

（二）客观因素对国际产业转移的影响

除了企业的主观因素外，国际产业转移还受到宏观经济、政策环境、国际关系及突发事件等外部客观因素的影响。不同国家的经济结构、资源禀赋、发展阶段和政策导向决定了其对产业转移的接纳程度，而国际经济格局的变化和突发事件也会影响产业转移的节奏和方向。

1. 国家经济结构和资源禀赋的决定性作用

不同国家在产业链中的分工主要由其经济结构和资源禀赋决定。发达国家由于技术、资本和创新能力的优势，通常专注于高附加值产业，而发展中国家由于劳动力、土地等成本优势，主要承接劳动密集型制造业。要素禀赋理论认为，国家的比较优势影响其在国际产业转移中的角色，即高收入国家主要进行资本密集型和技术密集型产业的升级，而低收入国家则吸引劳动密集型产业，以实现工业化和经济增长。

产业转移的接受国通常具备以下经济特征：低廉的劳动力成本、较为完善的基础设施、政策支持以及较强的市场潜力。例如东南亚国家由于人口众多、工资水平较低，同时逐步改善基础设施，因此成为近年来国际制造业转移的重要目的地。此外，资源禀赋的变化也会导致产业转移。例如某些国家如果发现了新的矿产资源或者能源优势，可能会吸引相关产业向其转移，从而形成新的产业集群。

2. 政府政策的影响

政府政策在国际产业转移中起着重要的引导作用。通过提供投资激励、设立自由贸易区、制定友好的税收政策等，东道国可以提高对跨国公司的吸引力。例如降低关税和非关税壁垒可以减少企业的贸易成本，而放宽外资准入限制则有助于跨国公司更顺利地投资目标国家。此外，东道国政府的产业政策也会影响外资流入的方向，例如提供科技补贴、鼓励高端制造业投资等。

母国政府也可能通过政策影响产业转移的方向。部分国家出于产业安全、国家战略等考虑，会限制特定行业的对外投资。例如高科技产业往往受到出口管制和投资审查，以防止核心技术外流。此外，一些国家为保护本国就业，也可能通过税收激励、补贴政策等措施鼓励企业留在本土。

五、国际产业转移的基本模式比较：美日经验

国际产业转移是全球经济分工演化的重要组成部分，受不同国家经济发展阶段、产业竞争优势、政策导向等多重因素的影响。美日两国的产业转移模式分别代表了高技术驱动

和低成本导向两种不同的发展路径，中国作为全球制造业中心，在承接国际产业转移的同时，也在探索符合自身国情的特色路径，以实现产业升级和全球竞争力提升。

（一）"美国模式"：基于产品生命周期理论的优势产业转移

美国的产业转移模式植根于产品生命周期理论。根据这一理论，美国的产业转移主要遵循技术升级驱动的模式，产业的国际扩散路径一般表现为从美国发源、扩散至其他发达国家，再传导至新兴工业化国家，最后转移至发展中国家。

美国始终保持着较强的科技创新能力，其产业转移主要由技术驱动，而非成本因素。美国模式的核心优势在于能够通过技术主导全球市场，并在产业转移过程中实现资本积累。美国企业通过向全球市场输出新技术、新产品，不断获取超额利润，同时推动全球技术扩散，保持在产业链高端的主导地位。此外，美国跨国公司在全球范围内控制供应链和价值链，通过专利授权、品牌溢价等方式获取持续收益，使其在全球竞争中始终占据主动。

美国模式的一个显著特征是其对承接国产生的技术依赖效应。由于美国企业通常掌握核心技术，产业转移往往伴随着技术扩散，但美国政府和跨国公司通过专利保护、技术许可等方式，限制核心技术的外流，使承接国难以真正突破技术壁垒。这种依赖关系在一定程度上限制了承接国的自主创新能力，使其长期处于"技术追随者"地位。与此同时，美国在全球经济竞争中，通过贸易政策、科技制裁等手段，对潜在竞争对手进行遏制，以维护其在全球价值链中的主导地位。

（二）"日本模式"：基于比较优势的边际产业转移

日本的产业转移模式与美国不同，其主要特征是依托自然资源禀赋和成本因素，围绕产业比较优势进行结构性调整。这一模式被称为"边际产业转移"，其基本逻辑是：当某一产业在日本国内的比较优势下降时，企业通过全球产业布局优化生产要素，推动产业向更低成本地区转移，同时利用全球化生产倒逼国内产业升级。

1. 成本导向的产业转移

与美国模式相比，日本的产业转移更具成本敏感性。日本在 20 世纪 60~90 年代经历了快速工业化，随着人均收入水平上升，劳动力成本随之提高，使得部分劳动密集型产业的竞争力下降。为保持出口竞争力，日本企业开始向亚洲其他国家进行产业转移，尤其是在纺织、家电、钢铁等领域。20 世纪 80 年代，日本制造业工资水平已远高于东南亚地区，这一成本差距促使大量企业将低端制造环节转移至韩国、东南亚等新兴工业化国家和地区，同时在国内保留高端制造和技术研发。

2. 国内生产与海外扩张的双向拉动

日本模式的另一个核心特征是国内高端制造与海外低端生产的协同发展。日本企业在国内保留高技术、高附加值的产业，如精密仪器、汽车制造、新材料等，而将劳动密集型产业转移至海外，实现国内外资源的最优配置。这一过程不仅推动了日本的产业结构升级，还强化了日本在全球产业链中的竞争力。日本企业通过投资、技术合作、供应链整合等方式，在东南亚建立起强大的生产网络，并通过全球价值链控制产业升级方向。

3. 产业转移的"倒逼效应"

日本模式的一个重要特点是产业转移反向促进国内经济升级。当低端制造业转移至海外后，日本国内的资本和劳动力被释放，推动高端产业的发展。此外，海外市场的拓展促进了日本企业的技术创新，使其在全球竞争中保持优势。日本通过这种"边际产业转移"模式，实现了从劳动密集型产业向资本和技术密集型产业的转型，使国内经济结构不断升级。

本章小结

国际产业转移是全球经济一体化的重要表现，尤其是在全球化背景下，跨国公司通过产业转移优化全球资源配置。产业转移的原因多种多样，其中技术进步、劳动力成本差异、市场需求变化，以及政府政策等因素共同推动了产业转移的发生。发达国家的产业逐渐向劳动力成本较低的发展中国家转移，促进了后者的经济发展和产业升级。然而，产业转移也带来了一些挑战，包括技术外流、产业空心化和就业机会流失等问题。对于发展中国家而言，产业转移既是提升经济水平的机会，也是面临激烈国际竞争的挑战。为了应对产业转移带来的挑战，发展中国家应通过政策支持、技术创新和劳动力培训等措施，提升自身产业的竞争力，推动经济的可持续发展。

习题

1. 国际产业转移的驱动力有哪些？
2. 跨国公司如何通过产业转移实现全球资源优化？
3. 产业转移对东道国经济的影响有哪些？
4. 如何看待产业转移对发达国家经济的影响？
5. 产业转移如何促进发展中国家的产业升级？
6. 如何评价产业转移带来的社会与环境影响？
7. 产业转移过程中，技术转移的作用是什么？
8. 国际产业转移与全球供应链有何关联？
9. 产业转移如何推动全球经济结构的调整？
10. 如何通过政策促进国际产业转移与经济发展？

案例：华为的产业转移与全球供应链布局

华为技术有限公司作为全球领先的ICT（信息与通信技术）解决方案供应商，在产业转移和全球供应链布局方面的成功经验，反映了中国企业如何在全球化背景下实现产业升级，并逐步向全球价值链的中高端迈进。华为自成立以来，特别是近年来，持续推动全球产业转移，并积极布局全球供应链，不仅推动了其技术创新，也为全球通信设备市场带来了新的竞争格局。

华为的产业转移与国际化布局。华为的产业转移战略始于其早期的全球市场扩张。20世纪90年代，华为开始向国外市场出口其通信设备，并通过与外国电信运营商的合作，逐步进入全球供应链。与许多跨国公司不同，华为不仅仅将生产基地转移到低成本国家，还在全球范围内建立了多个研发和技术中心，从而促进了技术的全球化转移。

华为的产业转移过程是一个典型的技术驱动型的全球化布局。华为将其生产和研发中心分别设立在中国、印度、欧洲、南美和非洲等多个国家和区域，通过本地化的生产、技术研发和市场服务，帮助华为迅速建立起了覆盖全球的业务网络。

（1）产业转移的关键因素：技术创新和成本控制。

华为的产业转移不仅仅是为了降低生产成本，还包括了对全球市场需求的精准把握。首先，华为通过持续的技术创新，逐步降低了对国外技术的依赖。在核心技术方面，华为自主研发的海思芯片、操作系统以及5G技术等，逐步打破了西方国家在高端技术领域的垄断。

华为的产业转移战略还强调了成本控制。在生产方面，华为不仅将生产线转移到中国和印度等低成本国家，还通过全球供应链的优化，实现了全球资源的高效配置。例如华为在中国的主要制造基地和供应商合作，以降低生产成本并保证产品质量；而在欧洲和亚洲等地区，华为则通过建立本地化的研发中心和销售网络，更好地满足市场需求。

（2）面临的挑战与制裁：政治压力与贸易摩擦。

然而，华为在全球产业转移过程中也面临着诸多挑战。近年来，华为在全球市场上遭遇了强大的政治压力，尤其是来自美国的监管和制裁。美国政府对华为实施了一系列制裁措施，禁止美国企业向华为供应关键技术，如半导体、操作系统和5G通信设备的核心部件。这些措施不仅影响了华为的全球供应链，还对其研发能力和市场份额产生了重大影响。

此外，华为在不同国家和地区面临的法规和市场准入障碍也日益增多。在欧洲，尽管华为与多个电信运营商建立了合作关系，但由于安全问题的争议，部分国家对华为的设备提出了更严格的安全审查。在印度和其他发展中国家，华为也面临着竞争对手的压力，尤其是在5G设备市场的争夺中，华为不得不应对来自中兴、诺基亚、爱立信等公司的竞争。

全球供应链的调整与应对策略。为了应对这些挑战，华为加大了自主研发的投入，加强了核心技术的掌控。同时，华为也通过调整其全球供应链，加强与国内供应商的合作，减少对国外技术的依赖。此外，华为还在全球范围内多元化布局，特别是在非洲、中东和拉丁美洲等市场，通过本地化生产和技术支持，保持其市场份额。

[案例来源：《财新网》《华为产业转移的全球供应链》]

思考题

1. 华为的产业转移战略是如何推动其全球供应链布局的？
2. 华为如何应对全球政治压力和市场准入的挑战？
3. 华为的技术创新在其全球产业转移中的作用是什么？
4. 华为如何通过本地化生产和合作优化全球供应链？

第九章 国际金融前沿

学习目标

本章旨在帮助学生掌握国际金融领域的最新理论发展，理解汇率理论、国际货币体系、跨境资本流动及其对国际经济的影响。同时学习国际资本市场的运作机制、金融危机的形成原因及应对策略，探讨数字货币、金融科技和全球金融监管等新兴问题。最终，能够分析国际金融体系面临的挑战，并提出应对全球金融不稳定和风险管理的政策建议。

第一节 全球金融周期理论及其进展

全球金融周期理论（Global Financial Cycle Theory）是对传统国际金融理论的重大突破，旨在解释资本流动的周期性波动、全球金融市场的同步性以及货币政策独立性的局限性。海伦·雷伊（Hélène Rey，2013）基于对全球资本流动、金融市场一体化、美国货币政策影响力的深入研究，提出该理论，指出即使在浮动汇率制度下，全球资本流动仍然受到全球金融周期的影响。

一、理论背景

（一）传统国际金融理论的局限

在全球金融周期理论提出之前，国际金融领域的主流框架是蒙代尔－弗莱明三元悖论。该理论由罗伯特·蒙代尔和约翰·弗莱明在20世纪60年代提出，描述了国际金融政策制定中的"三难选择"：

独立的货币政策：中央银行可以调节利率、货币供应等工具来实现国内经济目标，如控制通胀、促进经济增长等。

资本自由流动：资本可以自由跨境流动，全球投资者能够在不同国家之间配置资产。

固定汇率：汇率稳定，使贸易和投资者可以在可预期的汇率环境下进行国际交易。

根据该理论，一个国家在上述三者之间只能选择其中两个目标，但不能同时实现三者。

（二）全球金融危机的经验：资本流动模式与国际金融体系特征

2008年金融危机暴露了全球资本流动的顺周期特征，即资本在全球金融繁荣期大量流入新兴市场，推动信贷扩张和资产价格上涨，而在金融动荡时期，资本迅速撤离，导致经济急剧收缩。全球资本流动的顺周期性使得新兴市场经济体在金融繁荣时期积累了大量外资依赖，当全球金融周期进入收缩阶段时，这种外资依赖使得新兴市场国家面临巨大的系统性风险。全球资本流动的波动性不仅加剧了金融市场的不稳定性，还削弱了各国央行的货币政策独立性，使得许多国家难以有效应对资本流动的冲击。此外，资本流动的顺周期性还影响了全球经济增长的不平衡格局，使得发达国家和新兴市场经济体在不同的金融周期阶段面临截然不同的经济挑战。

全球金融周期理论还揭示了货币政策独立性的削弱，尤其是在金融全球化的背景下，许多国家的货币政策受到美联储政策的主导。美联储的政策变化直接影响全球资本流动，使得新兴市场国家的货币政策制定难以保持独立性。例如在美联储加息周期，资本回流美国，新兴市场国家被迫提高利率以维持资本流入，但这导致国内经济增长放缓，甚至引发金融危机。而在美联储宽松周期，新兴市场国家面临资本流入压力，导致资产价格泡沫化，最终增加金融体系的脆弱性。因此，全球金融周期理论强调，美联储的政策不仅影响美国经济，也对全球资本流动、汇率稳定和金融市场产生广泛影响，使得全球金融体系的稳定性与全球金融周期的演变密切相关。

2008年金融危机凸显了全球资本流动的顺周期性、市场情绪驱动资本流动的风险，以及美联储政策对全球资本流动的主导作用。全球金融周期的波动性对新兴市场国家的金融稳定构成了严峻挑战，金融监管体系需要更全面的协调，以减少全球金融周期对各国经济的不稳定影响。未来各国在制定货币政策时需要更加注重全球金融周期的影响，采取宏观审慎措施来应对资本流动的波动性，以提高金融体系的稳定性。

（三）全球金融市场的一体化：金融全球化的趋势与市场同步性

1. 金融全球化的趋势

20世纪90年代以来，全球金融市场经历了前所未有的快速发展，金融自由化和信息技术的进步极大地促进了全球金融市场的一体化。资本跨境流动的规模迅速扩大，金融机构的跨国经营模式日益普及，投资者的全球资产配置日趋多元化，全球金融市场联动性显著增强。全球金融市场的一体化不仅加深了各国金融市场的相互依存关系，还使得资本流动的跨境效应更加显著，国际金融体系的稳定性和脆弱性也随之发生变化。资本跨境流动的规模增长是金融全球化最直观的表现之一。然而，资本跨境流动的加速也带来了新风险，全球金融市场的波动性和不确定性随之增加。

国际资本市场的迅速发展增强了不同国家金融市场的联动性。金融市场的结构变得更加复杂，全球资本市场的相互联系进一步加深，金融产品的多样性和复杂性不断提高。国际金融市场的互联互通使得各国市场对外部冲击的反应更加敏感，一国金融市场的波动可能迅速传导至其他市场，金融市场的系统性风险加剧。

国际投资组合的多元化进一步加强了金融市场的一体化程度。投资者可以在全球范围内进行资产配置，通过持有不同国家的股票、债券和金融衍生品来优化投资组合，提高收益率并降低单一市场风险。金融市场的开放程度提高，使得各国投资者可以更加自由地选择最优的投资标的，资金的跨境流动增强了全球金融市场的相互联系。然而，投资组合的全球化也使得市场波动更容易传播。全球投资者的风险偏好和资金配置行为在一定程度上趋同，当全球经济环境发生变化时，投资者可能会同步调整投资组合，导致资本流向的集中性增强。全球资本市场的高度关联性使得金融动荡的传导速度加快,国际金融体系的稳定性面临新的挑战。

2. 全球金融市场的同步性

随着金融市场的一体化,全球股票市场、债券市场、汇率市场的波动呈现出更高的同步性,特别是在金融危机和市场动荡时期,各国市场的联动性进一步增强。全球金融市场的同步性主要表现在市场价格的趋同性、资本流动的共振效应以及金融政策的溢出影响等方面。各国股市、债券市场和汇率市场的价格走势越来越趋向一致,市场的波动性同步上升。随着国际投资者的资金配置更加全球化,全球金融市场的价格信号更加紧密地联系在一起,不同市场之间的相关性显著提高。例如美国股市的变化往往对欧洲和亚洲市场产生直接影响,投资者的投资决策往往基于全球市场的整体表现,而不仅仅是本国市场的基本面。这种市场价格的趋同性反映了全球资本流动的高关联性,表明金融市场的整合程度已经超越了传统的地理和经济边界。

资本流动的共振效应是全球金融市场同步性的另一重要特征。当市场情绪发生变化时,资本流动的方向往往会在多个市场间同步调整,导致市场的波动性加剧。全球投资者在市场风险上升时倾向于撤出高风险资产,转向避险资产,这种资本流动的同步性加剧了市场的不稳定性。

全球金融市场的同步性使得各国经济体在面对金融冲击时更加脆弱,市场波动的系统性风险增加。尽管金融市场的同步性提高了全球资本配置的效率,但也使得市场的波动性更加剧烈,投资者需要更精确地管理全球风险敞口。在这种背景下,各国政府和金融监管机构需要加强国际合作,协调金融监管政策,以降低市场波动对全球金融稳定的影响。

二、全球金融周期理论的核心内容

全球金融周期理论是对传统国际金融理论的重要修正,它揭示了全球资本流动、金融市场联动性和货币政策独立性的局限性。该理论强调全球资本流动并非单一国家政策的结果,而是由全球金融市场的系统性因素决定。海伦·雷伊(Hélène Rey,2013)在研究全球金融市场的长期数据后提出,全球金融周期主要由美联储的货币政策、全球资本市场的风险偏好和金融机构的杠杆率等因素驱动,决定了资本流动的规模和方向。全球金融周期的存在使得各国货币政策的独立性受到挑战,即便采用浮动汇率制度,也无法完全隔离外部资本流动的影响。因此,全球金融周期理论强调,各国需要采用资本管制和宏观审慎政策来应对全球资本流动的冲击。

(一)全球金融周期的驱动力

全球金融周期的形成并非随机,而是由多个关键因素共同决定,其中最重要的三个因素是美国货币政策、全球资本市场的风险偏好和金融机构的杠杆率。这些因素不仅影响资本流动的方向,还决定了全球金融市场的波动性。

1. 美国货币政策的主导作用

全球金融体系的核心在于美元的国际主导地位。作为全球储备货币,美元在国际贸易、投资、金融市场中占据主导地位,绝大多数国际交易、外汇储备和债务均以美元计价。因此,美联储的货币政策不仅影响美国国内经济,还通过资本流动、金融条件和利率变动对全球金融市场产生广泛影响。美联储的利率决策直接决定了全球资本流动的方向:

当美联储实施宽松货币政策（低利率、量化宽松）时，美元流动性充裕，资本成本下降，国际投资者寻求更高回报，资本流入新兴市场和高收益资产类别，推动股市和债券市场上涨，全球风险资产价格同步上升。

当美联储收紧货币政策（加息、缩表）时，美元流动性紧缩，资本成本上升，投资者回流美元资产，新兴市场遭遇资本外流，货币贬值，金融市场波动性增加。

美联储政策的外溢效应表明，即使采用浮动汇率制度，新兴市场国家仍然无法完全隔离全球金融周期的影响。货币政策的独立性受到削弱，各国央行需要密切关注美联储的政策变化，以调整自身的宏观经济政策。

2. 全球资本市场的风险偏好

全球投资者的风险偏好也是影响全球金融周期的重要因素。风险偏好决定了资本如何在不同资产类别和市场之间流动。在全球金融市场繁荣时期，投资者愿意承担更高的风险，资本流入新兴市场和高收益资产类别，推动全球金融市场扩张。然而，在市场避险情绪上升时，资本迅速流向美元、黄金、日元等避险资产，导致全球资本流动方向迅速逆转，加剧市场波动。

风险偏好上升时期，资本涌入新兴市场和高收益资产类别，推动股票市场、房地产市场和企业债券市场的繁荣，杠杆率上升。

风险偏好下降时期，投资者撤回资本，流向避险资产，新兴市场和高风险资产价格下跌，市场波动加剧。

风险偏好的变化受多种因素影响，包括全球经济增长预期、政策不确定性、地缘政治冲突和市场流动性。当市场预期全球经济增长强劲时，投资者愿意增加风险敞口，而当市场对未来增长预期悲观时，资本会迅速回流美国等发达国家，导致全球资本流动剧烈波动。

3. 金融机构杠杆率的波动性

金融机构的杠杆率是影响全球资本流动波动性的关键因素。银行、对冲基金、资产管理公司等国际金融机构的杠杆水平决定了资本流动的规模和稳定性。在全球金融周期的上升阶段，金融机构往往增加杠杆，提高信贷供应，推动全球资本市场扩张。然而，在金融周期的下降阶段，金融机构去杠杆化，导致资本流动迅速逆转，加剧全球金融市场的动荡。

杠杆率上升时期，银行和金融机构扩大贷款规模，推动全球资本流动和经济增长。

杠杆率下降时期，金融机构收缩资产负债表，资本流动紧缩，市场流动性下降，全球经济增长放缓。

金融机构的杠杆水平与全球金融稳定性密切相关。杠杆率的周期性变化不仅影响资本流动的方向，还可能引发金融危机。当金融市场出现剧烈波动时，银行和其他金融机构往往通过去杠杆化减少风险敞口，这种行为往往会加剧市场的下行压力，使全球金融体系进入恶性循环。

（二）全球金融周期对资本流动的影响

全球金融周期对资本流动的影响具有高度的顺周期性，并在全球范围内形成资本流入与流出的同步性。全球金融市场在繁荣时期，资本大量流入，推动新兴市场的经济增长和金融市场的扩张，而当市场面临不稳定或流动性紧缩时，资本迅速流出，导致金融市场动荡和经济下滑。这种资本流动的顺周期性影响尤其显著，因为全球金融体系的高度一体化使得各国金融市场的波动具有极强的传导效应。特别是对新兴市场经济体而言，由于其对外资的依赖程度较高，全球资本流动的波动直接影响到其经济增长、货币稳定性和金融市场的健康状况。资本流动的顺周期特征意味着，新兴市场国家在全球金融周期的不同阶段面临着截然不同的经济挑战。繁荣时期，资本流入带来的经济增长往往掩盖了潜在的结构性问题，而在衰退时期，资本外流则会迅速放大金融脆弱性，使得新兴市场国家不得不采取应急措施来稳定金融环境。

全球金融周期的上升阶段，资本流入通常推动新兴市场经济增长，资产价格上涨，汇率升值，金融市场表现良好。美联储在宽松货币政策时期，全球流动性大幅增加，低利率环境促使投资者寻求更高的收益回报，导致资本大量流向新兴市场国家。这种资本流入不仅推动了新兴市场国家的信贷扩张，也带动了房地产、股票市场和其他金融资产价格的上升。由于外资流入的增加，企业和金融机构的融资成本下降，经济增长获得更多支撑。然而，资本流入的增加也可能带来一系列潜在风险，特别是当资本主要流向短期投资和投机性市场时，金融市场的泡沫化现象加剧，使得新兴市场国家面临更大的金融脆弱性。此外，资本流入的增加往往导致本币升值，使得出口竞争力下降，进一步影响了贸易平衡。在这一阶段，尽管经济增长较为强劲，但金融市场的结构性问题可能被掩盖，导致未来的金融风险积累。

全球金融周期的下降阶段，资本流出的影响更加剧烈，通常会导致新兴市场货币贬值，资产价格下跌，金融市场动荡，甚至可能引发金融危机。当美联储开始收紧货币政策，提高利率并减少市场流动性时，全球资本回流美国，以寻求更高的安全性和稳定回报。这种资本外流往往发生得非常迅速，使得新兴市场国家的外汇市场承受巨大的压力，导致本币贬值和市场波动加剧。由于新兴市场国家的金融体系通常较为脆弱，资本外流可能会引发一系列连锁反应，包括流动性紧缩、资产价格暴跌、金融机构破产以及经济增长放缓。在一些极端情况下，资本外流可能导致外汇储备的迅速消耗，使得政府被迫采取资本管制措施来防止进一步的金融动荡。此外，由于资本外流往往伴随着投资者信心的下降，金融市场的融资环境变得更加恶劣，使得企业和政府的融资难度增加，经济增长陷入停滞。在这一阶段，全球资本市场的波动对新兴市场国家的货币政策形成了巨大挑战，使得央行在决策过程中不得不考虑外部金融环境的影响，而不仅依赖于国内的经济状况。

（三）全球金融周期对货币政策的挑战

全球金融周期的存在对传统货币政策理论构成了根本性的挑战。按照传统的蒙代尔-弗莱明三元悖论（Mundell-Fleming Trilemma），一个经济体在资本自由流动、独立的货币政策和固定汇率三者之间只能选择其二，无法三者兼得。然而，全球金融周期理论提出，即便采取浮动汇率，一个国家的货币政策独立性仍然会受到全球资本流动的约束，难以完全隔离全球金融周期的冲击。全球资本流动的顺周期性使得各国的货币政策在不同阶段面临截然不同的挑战，特别是在利率决策、货币供应管理和金融稳定性方面，全球金融周期对央行政策的有效性产生了深远影响。

1. 金融周期繁荣期的货币政策挑战

在全球金融周期的繁荣阶段，全球流动性充裕，资本大量流入新兴市场国家和高收益资产类别，推动资产价格上涨、信贷扩张和经济增长。然而，这一阶段的新兴市场国家货币政策独立性受到严重侵蚀，因为央行需要权衡资本流入与国内宏观经济稳定之间的矛盾。

首先，全球低利率环境促使资本流入新兴市场国家，增加了本币升值压力。由于资本流动具有顺周期性，当全球投资者寻求高回报时，资金往往流向利率较高的新兴市场，使得本币升值，出口竞争力下降。面对这一挑战，央行通常会避免大幅加息，以防止资本进一步流入加剧汇率升值。然而，维持低利率可能会导致国内信贷扩张，推高资产泡沫，增加金融系统的脆弱性。这使得央行在制定利率政策时陷入两难：如果提高利率，将进一步吸引资本流入，恶化贸易条件；如果保持低利率，则可能导致房地产市场、股市等领域出现泡沫风险。

其次，全球金融周期的繁荣期还可能导致信贷过度扩张，增加金融体系的脆弱性。资本流入不仅推动国内投资和消费增长，还可能导致信贷市场过度宽松，银行系统积累大量风险资产。由于国际金融市场的联动性增强，金融机构可能会通过外币融资渠道进一步放大杠杆率，使得信贷增长超过实体经济的承受能力。若央行试图通过收紧货币政策抑制信贷过热，则可能导致资本进一步涌入，加剧外部失衡。因此，全球金融周期的上升阶段要求央行在利率政策与金融稳定之间找到微妙的平衡，既要避免资产价格泡沫的积累，又要防止资本流入导致的本币升值过快。

2. 金融周期衰退期的货币政策挑战

在全球金融周期的衰退阶段，资本流动的方向迅速逆转，资金回流美国等发达市场，新兴市场国家面临资本外流、货币贬值和金融动荡的风险。在这一阶段，央行的货币政策独立性同样受到严重限制，甚至可能被迫采取不符合国内经济状况的政策措施。

首先，为了应对资本外流压力，许多国家可能被迫提高利率，即使国内经济处于低迷状态。资本流出的主要原因往往是全球流动性紧缩，例如美联储加息、缩减资产负债表，导致投资者从新兴市场撤资，回流美元等避险资产。为了防止资本外流加剧金融市场动荡，新兴市场国家央行通常不得不提高利率，以吸引资本留在国内。然而，提高利率的直接后果是进一步抑制国内经济活动，导致消费和投资下降，加剧经济衰退。这使得央行陷入困境，即便国内经济需要更宽松的货币政策，外部资本流动的压力却迫使央行采取紧缩政策。

其次，货币贬值加剧了金融不稳定，限制了央行的政策空间。全球金融周期的下降阶段通常伴随着新兴市场本币贬值，而货币贬值可能引发资本外流的进一步加剧，形成恶性循环。此外，许多新兴市场国家的企业和政府债务以外币计价，货币贬值意味着债务负担加重，金融风险上升。在这种情况下，央行可能会采取外汇干预措施，例如动用外汇储备来稳定汇率，但这往往会消耗大量外汇储备，削弱国家的金融稳定能力。因此，在金融周期的衰退阶段，新兴市场国家央行不仅需要防范资本外流和货币贬值，还要确保金融系统的稳定，这进一步限制了货币政策的独立性。

3. 货币政策独立性的削弱与全球金融周期的相互作用

全球金融周期的存在使得传统货币政策理论需要重新审视，特别是对浮动汇率是否能够确保货币政策独立性的问题。按照传统理论，采用浮动汇率的国家应当能够通过汇率调整缓解外部资本流动的冲击，从而保持货币政策的独立性。然而，全球金融周期理论表明，即使是浮动汇率制度，也无法完全隔离全球资本流动的影响，原因在于全球资本流动并不仅仅由利率差异决定,还受到全球市场情绪、美元流动性、美联储政策等多重因素的影响。因此,即使国家选择完全浮动汇率,资本流入和流出的顺周期性仍然会对货币政策形成约束。

全球金融周期的波动性导致了货币政策传导机制的不稳定性。全球资本流动的剧烈波动使得货币政策的预期效应变得难以预测。通常情况下,央行通过调整利率来影响国内需求和通胀水平,但在全球资本流动的影响下,利率调整的效果可能被资本流动所抵消。例如在全球金融周期的繁荣阶段,即使央行提高利率,资本流入可能会进一步加强货币升值压力,导致出口下降,削弱经济增长的动力。而在金融周期的衰退阶段,即使央行降低利率,资本外流仍然可能继续,使得经济刺激政策的效果大打折扣。

4. 央行的政策应对

面对全球金融周期对货币政策独立性的挑战,各国央行需要采取更为灵活的政策组合,以减少全球资本流动对国内经济的冲击。主要应对措施包括:

强化宏观审慎政策:在全球金融周期的上升阶段,央行可以通过加强资本流动管理、提高银行资本充足率、限制短期投机性资金流动等措施,防止金融市场过热。

加强外汇储备管理:全球金融周期的波动性要求新兴市场国家保持充足的外汇储备,以在资本外流时期稳定汇率,减少金融市场的不稳定性。

实施资本流动管理:在资本流动剧烈波动的情况下,适度的资本管制措施,如限制短期资本流入、加强跨境资本监管,可以在一定程度上降低全球金融周期对本国经济的冲击。

增强货币政策协调:新兴市场国家应加强与全球主要央行(如美联储、欧洲央行等)的政策沟通,提高政策透明度,减少货币政策的不确定性

第二节 资本流动的"推-拉"理论

资本流动的"推-拉"理论(Push-Pull Factors of Capital Flows)最早由卡门·雷哈特(Carmen Reinhart)和肯尼斯·罗戈夫(Kenneth Rogoff)等学者提出,认为国际资本流动受到外部"推力因素"(Push Factors)和内部"拉力因素"(Pull Factors)的共同作用。

一、资本流动的推力因素

推力因素(Push Factors)指的是全球资本供给方的外部条件,这些因素决定了资本流向不同市场的压力。推力因素主要包括全球货币政策、国际市场流动性、全球经济周期、风险偏好、地缘政治不确定性以及金融科技进步等。近年来,随着全球金融市场的发展,新的推力因素正在发挥越来越重要的作用。

1. 全球货币政策和流动性环境

全球货币政策是决定资本流动方向的核心推力因素之一。主要央行(如美联储、欧洲央行、日本央行)的货币政策变化直接影响全球资本的流向,尤其是在国际金融市场高度一体化的背景下,跨境资本流动对发达经济体的利率调整高度敏感。当美联储等主要央行实施宽松货币政策(如低利率、量化宽松),全球金融市场的流动性增加,资本更容易流

向收益率较高的新兴市场。相反，当主要央行收紧货币政策（如加息、缩表），全球资本流动方向往往发生逆转，资本回流发达经济体。

2. 全球经济周期与资本流动

资本流动与全球经济周期高度相关。在经济扩张期，发达经济体的投资回报率上升，资本更倾向于回流核心市场，特别是当美联储等主要央行加息时，新兴市场的资本吸引力下降。而在经济衰退期，发达经济体的利率较低，资本流向新兴市场寻求更高回报，推动其经济增长。新兴市场国家往往在经济扩张期吸引资本，但也容易受到经济衰退时资本回流发达经济体的冲击。

3. 全球风险偏好变化

全球金融市场的投资者风险偏好对资本流动具有重要影响。在风险偏好上升时，投资者更倾向于投资新兴市场等高风险、高回报的资产，推动资本流向这些地区。然而，在市场避险情绪上升时，投资者更倾向于持有美元、黄金、日元等安全资产，导致资本回流发达市场。例如在金融危机、地缘政治紧张、疫情等全球性冲击发生时，全球资本流动呈现避险模式，资金大规模撤离新兴市场。

4. 地缘政治不确定性

地缘政治事件（如贸易战、经济制裁、地区冲突）会影响国际资本流动。近年来，中美贸易摩擦、俄乌冲突、全球供应链调整等地缘政治事件加剧了资本市场的不确定性，导致资本在不同市场之间重新配置。例如全球供应链重构促使企业重新调整生产布局，跨国公司可能将资本从特定市场转移至更稳定或更具投资吸引力的地区。

5. 金融科技与数字资本流动

随着数字金融的兴起，金融科技（FinTech）、去中心化金融（DeFi）、区块链技术的应用降低了资本流动的交易成本，提高了资本流动的效率。数字支付系统、加密货币和智能合约使得资本跨境流动更加便捷，提高了资本流动的敏感性。

二、资本流动的拉力因素

拉力因素（Pull Factors）指的是资本流入国的内部经济环境，这些因素决定了资本流入的吸引力。传统的拉力因素包括经济增长潜力、利率水平、金融市场深度、外汇储备状况等，近年来，随着金融体系的深化、国家数字货币（CBDC）的发展和产业结构升级等新拉力因素的出现，资本流动的模式正在发生变化。

1. 经济增长与投资回报率

资本流入国的经济增长前景是决定资本吸引力的关键因素之一。投资者倾向于将资本投向增长潜力较大的市场，因为较快的经济增长通常伴随着更高的投资回报率。例如新兴市场国家的高速增长期往往吸引大量外资流入，而当经济增长放缓时，资本流入的规模也会减少。

此外，相对较高的利率水平可以吸引资本流入，因为投资者倾向于将资金投向收益更高的市场。当某国利率高于全球平均水平时，该国债券、存款等资产对国际投资者更具吸引力，从而促进资本流入。

2. 金融市场深化

资本流动的另一个重要拉力因素是金融市场的成熟度和深度。一个国家的金融体系越完善，外资投资渠道越多，市场流动性越强，就越能吸引全球资本流入。近年来，许多新兴市场国家推进资本市场改革，增强金融体系透明度，提高监管水平，促进了资本流动的稳定性。

此外，资本市场的流动性也是影响资本流动的重要因素。高流动性的金融市场能够降低投资者进入和退出市场的成本，提高投资回报的可预测性，从而增强资本流入的吸引力。

3. 外汇储备与货币稳定性

充足的外汇储备可以提高市场对该国金融稳定性的信心，增强资本流入的可持续性。一个国家的外汇储备越充足，越能抵御资本流出的冲击，减少货币贬值压力。因此，外汇储备规模较大的国家通常能够在全球资本流动中维持更强的吸引力。

与此同时，货币稳定性也是资本流入的重要考虑因素。货币大幅波动可能增加外资投资的风险，因此，资本流入国如果能够维持相对稳定的汇率，将更容易吸引长期资本投资。

4. 国家数字货币（CBDC）的发展

近年来，越来越多的国家正在推进央行数字货币（CBDC），这可能改变全球资本流动的模式。CBDC 的推广可能减少对美元的依赖，提高本币在国际结算中的使用比例，增强新兴市场国家对资本流动的控制力。

三、政策含义

如何有效管理资本流动，增强经济韧性，降低金融市场波动风险，成为各国政府和央行面临的重要政策课题。政策制定者需要采取更具针对性的措施，优化资本流动管理，增强货币政策的独立性，提高本币国际化水平，以减少外部资本流动对本国金融体系的冲击，确保长期金融稳定和经济可持续发展。

1. 资本流动管理

全球资本流动的顺周期性加剧了金融市场的波动性和经济不稳定性。当资本大量流入时，可能会推高资产价格、加剧金融杠杆和引发通胀压力；而在资本外流时，又可能导致货币贬值、外汇储备减少和金融市场恐慌。因此，资本流动管理（CFMs）成为各国调控国际资本流动、维护金融稳定的重要政策工具。

（1）短期资本流动税。短期资本流动税（Tobin Tax）是一种针对国际短期资本流动的税收政策，最早由经济学家詹姆斯·托宾（James Tobin）提出，其主要目的是减少短期投机性资本流动，降低金融市场的波动性。资本流动税的实施可以增加资本跨境流动的成本，减少短期资本的投机行为，从而提高资本流入的稳定性。例如一些新兴市场国家对短期外资投资设定资本收益税，以限制热钱的大规模流入。

（2）资本账户管理。资本账户管理是一种针对资本流入或流出的直接政策工具，通常包括对外资投资设限、对企业外汇交易进行审批等。例如部分国家规定外资企业在一定期限内不得撤回资本，以防止资本在金融市场动荡时大规模流出。资本账户管理的目标是减少短期资本的波动性，同时引导长期资本的稳定流入。

（3）宏观审慎监管。宏观审慎监管政策旨在减少金融市场的系统性风险，提高银行体系的稳定性。具体措施包括外汇储备要求、外债管理、银行资本充足率要求等。例如部分国家对银行的外汇借贷设定上限，以减少短期资本流动带来的流动性风险。此外，通过加强对影子银行体系的监管，可以降低外资流入所带来的杠杆风险。

2. 本币国际化与金融稳定

推动本币国际化可以减少美元主导的全球资本流动对新兴市场的冲击，提高金融市场的独立性。全球资本流动在很大程度上依赖美元流动性的变化，而美元主导的全球金融体系使得许多国家的货币政策受到美元周期的影响。通过促进本币在国际贸易和投资中的使用，提高本币资产的吸引力，可以增强本国货币体系的稳定性，减少因美元流动性变化带来的金融风险。推动本币国际化的关键措施包括：

建立强有力的本币债券市场。发展本币债券市场，使政府、企业和金融机构能够通过本币融资，减少对外币债务的依赖，提高资本市场的稳定性。

推进本币结算体系。扩大本币在国际贸易中的使用，提高人民币、欧元、日元等非美元货币的国际支付比例，降低全球资本流动对美元的依赖。

加强外汇对冲机制。提供本币外汇期权和远期合约，使企业能够管理汇率风险，减少外资流入带来的汇率波动压力。

第三节　数字货币与全球金融架构变革

一、数字货币的基本概念与类型

1. 数字货币的定义

数字货币是以电子形式存储、转移和使用的货币，其核心特征在于完全基于数字网络进行交易，而不依赖于实体现金。不同于传统的纸币或硬币，数字货币依托区块链技术、分布式账本技术（DLT）、加密算法和智能合约，确保交易的安全性、不可篡改性以及高效性。根据其发行主体和运行机制的不同，数字货币可以进一步分为央行数字货币（CBDC）、加密货币（Cryptocurrency）和稳定币（Stablecoin）。

数字货币的发展与全球支付体系的变革、金融科技的进步、去中心化金融（DeFi）的兴起密切相关。无论是各国央行推动的CBDC，还是市场驱动的比特币、以太坊等去中心化加密货币，数字货币正逐步成为全球金融体系的重要组成部分。数字货币的兴起不仅挑战了传统金融体系的运行方式，也促使各国政府和监管机构加快制定相关法律框架，以确保其安全性、合规性和可持续发展。

2. 数字货币的基本特征与传统货币的区别

与传统货币相比，数字货币在形式、交易方式、信任机制、流通方式等方面存在显著差异，主要表现如下：

无形性（Intangibility）。传统货币以物理形式（如纸币、硬币）存在，而数字货币完全基于计算机网络和数据库，以代码和加密算法的形式存在，不能直接持有或触摸。

去中心化与中心化并存（Centralization vs. Decentralization）。央行数字货币（CBDC）由中央银行发行和管理，保持中心化的特性，而比特币、以太坊等加密货币依赖去中心化账本（如区块链），由网络节点共同维护，不受单一机构控制。

交易方式的差异（Transaction Mechanism）。传统货币的交易通常依赖于银行系统或现金支付，而数字货币可以通过点对点（P2P）网络、智能合约等方式进行直接转账，减少中介成本，提高交易效率。

交易透明度（Transparency）。传统货币的交易记录通常仅存储在银行系统，而数字货币（特别是基于区块链的加密货币）通常公开透明，任何人都可以通过区块链浏览器查询交易记录，但用户身份仍可保持匿名。

可编程性（Programmability）。由于智能合约的引入，数字货币可以设定自动执行的规定，实现自动支付、跨境结算、智能合约支付等功能，而传统货币需要银行等中介机构处理复杂交易。

抗审查性（Censorship Resistance）。传统货币的交易受到银行、政府等机构的严格管控，而部分加密货币（如比特币）由于去中心化特性，不易被单一机构控制或冻结账户。

3. 数字货币的主要类型

（1）央行数字货币。央行数字货币（CBDC）的概念与特征。央行数字货币（CBDC）是由国家中央银行发行的法定数字货币，是法币的数字化形式。其核心目标是提高支付效率、增强金融包容性、减少现金流通成本，并确保央行对货币体系的控制权。

CBDC的主要特征包括：

主权信用背书：CBDC由政府支持，与现行法定货币等值，可用于日常支付和储值。

法偿性：CBDC与纸币、硬币具有同样的支付效力，消费者可以自由选择使用。

可编程性：CBDC可用于智能合约、自动支付、财政补贴发放等功能，提高金融体系运行效率。

可追踪性：相比匿名性较强的现金，CBDC的交易记录更加透明，有助于反洗钱（AML）、反恐融资（CFT）等监管要求。

（2）加密货币。加密货币（Cryptocurrency）是指不依赖于中央机构发行和管理，采用区块链技术进行交易和验证的数字资产。其主要特征包括：

去中心化：由全球计算机网络维护，而非中央银行或政府机构。

加密安全性：采用公钥加密和哈希算法，保证交易不可篡改。

稀缺性：例如比特币总量为2100万枚，具备一定的"数字黄金"属性。

高度波动性：受市场供需、监管政策影响较大，价格波动剧烈。

加密货币的经济学属性。

价值储存（如比特币）：部分投资者认为比特币类似于"数字黄金"。

交易媒介（如比特币、以太坊）：部分市场接受其作为支付手段。

去中心化金融（DeFi）基础：支持智能合约，可用于贷款、衍生品交易等。

（3）稳定币。稳定币（Stablecoin）是一类锚定法币或其他资产的加密货币，目的是减少价格波动。其类型包括：

法币抵押型（如USDT、USDC）：由美元等储备资产支持，1∶1兑换。

加密货币抵押型（如DAI）：使用以太坊等加密资产抵押发行。

算法稳定币（如UST）：通过智能合约调整供需稳定价格。

稳定币与传统金融体系的联系与风险如下：

作为全球支付工具：跨境支付便利性提高。

金融稳定性风险：稳定币可能导致银行存款减少，影响货币政策传导。

监管合规问题：部分稳定币缺乏透明度，可能面临政府监管。

二、数字货币对全球金融架构的影响

1. 对国际货币体系的影响

数字货币的兴起正在重塑全球金融体系，并对美元、欧元等国际主要储备货币的地位带来影响。传统上，美元、欧元、日元等主要法定货币在国际贸易、金融交易、外汇储备等方面占据主导地位，其核心优势来源于金融体系的稳定性、全球支付网络的广泛覆盖，以及金融资产的流动性。然而，数字货币的发展可能削弱现有储备货币的主导地位，特别是在央行数字货币（CBDC）、加密货币和稳定币的推动下，全球货币体系可能出现去美元化和多元化的新趋势。

（1）数字货币影响美元、欧元等国际主要储备货币的地位。央行数字货币（CBDC）可能成为挑战传统储备货币地位的重要力量。一方面，一些国家推出的数字货币可能在国际贸易结算中扩大使用范围，减少对美元的依赖。另一方面，新兴经济体可能借助 CBDC 推动本币国际化，通过跨境支付协议降低对美元的需求。当前，美元在全球支付体系中的主导地位主要依赖于美元计价资产的流动性、美国金融市场的深度以及全球美元结算体系（如 SWIFT 和 CHIPS），但随着 CBDC 和稳定币在全球贸易和金融交易中的渗透率上升，美元的独占地位可能受到削弱。

（2）央行数字货币改变现有国际结算体系。目前，全球主要的跨境支付和结算体系由 SWIFT（环球同业银行金融电讯协会）和 CHIPS（纽约清算所银行同业支付系统）主导。SWIFT 负责全球银行间信息传输，而 CHIPS 则是美元结算的核心系统。两者的高度集中性使得美国可以对全球资金流动施加影响。CBDC 的推出可能提供去中心化的支付替代方案。

（3）数字货币的跨境支付与全球资本流动。CBDC 和稳定币的跨境支付功能有助于降低传统国际支付系统的成本，提高交易效率。然而，数字货币的快速流动性也可能导致资本流动的加剧，特别是对发展中国家而言，资本外逃风险可能增加。此外，CBDC 可能促进全球资本的去中心化流动，削弱美元主导的国际金融体系。长期来看，如果多个国家的央行数字货币实现互联互通（Interoperability），全球支付体系可能从以美元为中心的模式向多极化方向发展。

2. 对国际金融市场的影响

数字货币的广泛应用将影响全球金融市场的稳定性、流动性，并可能重新定义金融中介机构的角色。由于数字货币降低了交易成本，提高了金融体系的透明度和效率，其影响不仅局限于货币市场，还涉及债券市场、股票市场、衍生品市场以及全球金融资产配置。由于加密货币和稳定币的高波动性，大量资金可能在不同市场之间快速流动，加剧市场波动。央行数字货币（CBDC）的发行可能改变商业银行的存款结构，影响货币供应机制，进而影响金融市场的整体稳定性。

加密货币（如比特币、以太坊）和稳定币（如 USDT、USDC）正在成为全球投资组合中的新资产类别，吸引大量资金进入。然而，加密货币市场的剧烈波动性也带来了系统性金融风险，特别是在全球金融市场不确定性增加的情况下，投资者可能转向加密资产作为避险工具,进而影响外汇市场和传统金融市场的波动性。此外,稳定币的广泛使用可能对商业银行的存款结构和货币供应机制产生影响,因为稳定币能够提供与银行存款类似的功能,但不受传统金融机构监管。

3. 应对全球资本流动与金融监管的挑战

数字货币的兴起给全球资本流动、资本管制以及金融监管体系带来了新的挑战,特别是在跨境交易、反洗钱(AML)、反恐融资(CFT)以及货币政策独立性等方面。

(1)数字货币如何影响跨境资本流动与资本管制。数字货币的快速流动性可能削弱政府对跨境资本流动的控制能力。例如在传统金融体系中,资本流动通常受限于资本账户管理、外汇管制、跨境支付规则等措施,而数字货币的点对点交易模式使得资本可以绕过传统监管体系快速流动,增加了资本外逃和非法资金转移的风险。稳定币的广泛使用可能使得发展中国家更难控制资本流出,影响外汇储备和金融稳定。

(2)数字货币对全球金融监管框架的挑战。全球金融监管机构需要应对数字货币带来的监管套利(Regulatory Arbitrage)问题。由于不同国家对数字货币的监管政策不一致,部分企业和个人可能利用监管漏洞进行非法金融活动,如洗钱、逃税、恐怖融资等。此外,稳定币的迅速发展可能影响现有的银行存款体系,使得金融监管机构需要采取新的措施,如要求稳定币发行机构持有储备资产、进行透明化审计等,以确保金融体系的稳定性。

第四节 绿色金融与可持续金融

一、绿色金融与可持续金融的基本概念

1. 绿色金融的定义

绿色金融的核心理念在于通过金融体系的市场化机制,将环境保护、生态治理和气候变化等可持续发展目标融入经济运行体系,以此引导资源配置向低碳、环保和绿色产业倾斜。绿色金融体系涉及信贷融资、债券市场、股权投资、保险业务、碳金融等多种金融工具,目的是提高经济活动的可持续性,同时降低环境风险对金融体系的冲击。

绿色金融的概念来源于环境经济学、金融经济学和可持续发展理论,强调将环境外部性内生化到金融市场机制之中。传统经济体系往往忽视环境保护成本,而绿色金融通过价格杠杆、市场机制和政策引导,使得企业和投资者能够更加注重环境影响,从而减少污染排放、提升资源利用效率。在国际范围内,联合国可持续发展目标(SDGs)、巴黎气候协定,以及各国绿色发展战略都推动了绿色金融的快速发展。

2. 可持续金融的定义

可持续金融的内涵比绿色金融更广泛,其核心目标是将环境(E)、社会(S)和公司治理(G)三大要素纳入金融决策过程,以实现长期经济增长、社会稳定和生态环境保护的有机结合。可持续金融的概念由联合国提出,并逐渐成为全球金融市场的重要发展方向。其核心在于平衡经济利益与社会责任,通过金融资源的合理配置,推动企业和社会向更具可持续性的方向发展。

可持续金融的理论基础包括利益相关者理论、公司社会责任（CSR）理论和 ESG 投资理论。其中，利益相关者理论认为，企业和金融机构不仅要关注股东利益，还需要兼顾社会、环境和治理责任。可持续金融的发展模式涵盖了负责任投资、社会影响力投资（Impact Investing）、ESG 投资和绿色金融等不同类型的金融活动。

3. 绿色金融与可持续金融的关系

绿色金融和可持续金融虽然在概念和应用领域上有所区别，但二者在本质上具有高度一致性，均致力于通过金融手段促进经济、社会和环境的协调发展。绿色金融专注于环境保护和气候变化问题，而可持续金融的范畴更广，涵盖环境、社会责任和公司治理。

绿色金融与可持续金融的关系可归纳为以下几个方面：

绿色金融是可持续金融的重要组成部分：可持续金融涵盖绿色金融，同时涉及社会责任和公司治理，如劳工权益、社区发展、企业治理等。

绿色金融更侧重于环境问题：绿色金融主要关注如何通过金融手段减少碳排放、应对气候变化、支持绿色技术创新等问题，而可持续金融则涉及更广泛的社会和经济问题。

两者在投资决策过程中具有互补性：绿色金融投资决策主要基于环境影响评估，而可持续金融投资则需综合考虑 ESG 因素，在此基础上优化投资组合，以实现长期稳定收益和社会可持续性。

全球金融机构推动二者融合：世界银行、国际货币基金组织（IMF）和国际资本市场协会（ICMA）等机构正在推动绿色金融与可持续金融的融合，鼓励金融机构在投资和信贷决策中同时考虑环境、社会和治理因素。

近年来，随着全球应对气候变化行动的加速，各国政府和金融机构正在加强绿色金融与可持续金融政策的整合，并通过立法、金融市场激励机制、监管框架等方式推动二者的发展。例如欧洲推出《可持续金融分类法》（Sustainable Finance Taxonomy），要求金融机构明确投资项目的可持续性标准，以促进绿色和可持续投资的增长。

二、绿色金融的主要工具

1. 绿色信贷

绿色信贷是银行业为支持环境友好型经济活动而提供的一种专门融资方式，旨在通过调整金融资源的流向，促进绿色产业的发展，并减少高污染、高能耗行业的融资渠道。绿色信贷不仅关注贷款主体的信用状况，还将借款项目的环境影响纳入考量，鼓励企业向可持续发展方向转型。

绿色信贷的实施方式包括优先贷款政策、利率优惠、环境风险审查和绿色信贷评估体系等。政府和监管机构要求商业银行在授信过程中对借款企业的环保绩效进行评估，并根据企业的环境合规性给予不同的融资条件。

绿色信贷的发展面临关键挑战：

（1）环境风险的度量困难：由于绿色项目的收益周期较长，环境效益的衡量缺乏统一的标准，银行在评估贷款风险时面临较大不确定性。

（2）市场激励不足：部分商业银行仍然倾向于短期回报较高的传统行业贷款，而对绿色信贷的投资意愿相对较低。

（3）政策协调问题：政府政策、银行体系和企业行为之间需要更紧密的协调，以确保绿色信贷的资金流向真正符合可持续发展目标。

2. 绿色债券

绿色债券是专门用于资助环保和可持续发展项目的债务融资工具，发行主体包括政府、企业、金融机构等。绿色债券的主要目标是引导长期资金进入绿色产业，以支持低碳经济发展。

（1）绿色债券的核心特征。

募集资金专用于绿色项目。资金投向可再生能源、绿色建筑、清洁交通、水资源管理等可持续发展领域。

透明度与信息披露要求。发行方需提供环境影响评估报告，确保资金使用符合绿色债券原则（Green Bond Principles，GBP）。

市场标准化。国际资本市场协会（ICMA）制定了《绿色债券原则》，鼓励市场采用统一的绿色债券认证体系。

（2）绿色债券市场发展迅速，但仍面临一些挑战。

绿色认证成本高：发行绿色债券需要第三方认证，以确保资金真正用于绿色项目，增加了融资成本。

市场认可度问题。部分投资者对绿色债券的收益性和稳定性存疑，导致需求相对有限。

全球标准不统一。不同国家和地区对绿色债券的定义和认证标准存在差异，影响跨境投资的流动性。

3. 绿色保险

绿色保险是一种创新金融工具，旨在通过保险机制管理环境风险，提高企业和社会对气候变化、自然灾害和环境责任的抵御能力。绿色保险不仅提供传统的风险分担功能，还通过价格信号引导企业采取更可持续的生产和经营方式。

（1）绿色保险的主要类型包括：

环境责任保险。覆盖企业因污染事故导致的环境损害赔偿，增强企业环保责任意识。

气候灾害保险。帮助政府、企业和农民抵御极端天气和气候变化带来的经济损失。

绿色能源保险。为风能、太阳能等可再生能源项目提供保障，促进清洁能源行业的发展。

（2）绿色保险的发展面临一些挑战：

数据和模型不足。环境和气候风险评估仍然缺乏长期历史数据，使保险公司难以精确定价。

保费较高，市场需求有限。由于气候灾害的不确定性较高，绿色保险的保费水平较高，部分企业缺乏购买意愿。

政策支持力度不足。绿色保险市场需要政府和监管机构提供更明确的政策指导和财政支持，以促进市场成熟。

4. 碳金融

碳金融是以碳排放权为交易标的的金融体系，核心目标是通过市场机制优化碳排放成本，促进低碳经济发展。碳金融市场主要包括碳排放交易（ETS）、碳基金、碳信用融资等。

碳排放交易体系（ETS）是碳金融的核心机制，政府设定总量控制，然后允许企业通过交易市场买卖碳排放配额，促进碳减排成本的市场化配置。全球主要碳市场包括：

欧盟碳交易体系（EU ETS）。全球最成熟的碳市场，采用总量控制与市场交易相结合的方式，实现碳排放总量逐步减少。

中国碳市场。2021年正式启动全国碳排放权交易市场，覆盖电力行业，并计划逐步扩展至其他高排放行业。

三、绿色金融与可持续金融的全球发展趋势

（一）绿色金融市场的快速增长

绿色金融市场的快速增长已成为全球金融体系的重要趋势，主要体现在绿色金融工具的扩展、投资者对可持续金融的关注提升以及政府与监管机构的政策引导。全球绿色金融市场的扩张受到气候变化、能源转型、可持续发展目标（SDGs）以及企业社会责任（CSR）等多重因素的推动，金融机构正加速调整资产配置，以满足低碳经济发展的需求。

绿色金融市场的增长不仅体现在投资产品的扩展，也体现在金融机构的风险管理方式转变。全球主要金融监管机构正在推动环境、社会和治理（ESG）因素纳入金融风险评估体系。

（二）ESG标准的国际化

ESG标准的国际化已成为全球金融市场发展的关键趋势。主要国际机构、政府监管部门和投资者正推动ESG信息披露的标准化，以提升市场透明度和可比性，确保ESG投资能够有效促进可持续发展。

联合国责任投资原则（UN PRI）、国际金融公司（IFC）和全球可持续投资联盟（GSIA）等国际组织正在主导ESG标准的制定和推广。近年来，全球上市公司和金融机构面临越来越严格的ESG信息披露要求。

（三）数字技术对绿色金融的推动

数字技术的进步正在加速绿色金融的发展。区块链、大数据、人工智能（AI）、物联网（IoT）等数字技术正在被广泛应用于绿色金融领域，以提高金融市场的透明度、增强风险管理能力，并优化绿色投资的资金流动。

未来，数字金融与绿色金融的深度融合将进一步推动金融市场的可持续发展。金融科技（FinTech）公司和传统金融机构将加强合作，开发更多基于数字技术的绿色金融产品，并推动智能化、透明化的绿色金融市场体系。

（四）碳市场与绿色金融的深度融合

全球碳市场的建立正在推动绿色金融与实体经济的深度融合。各国正在探索如何通过碳税、碳交易、绿色基金等金融工具，将环境外部性纳入市场体系，以提高碳排放的市场化治理效率。

碳排放交易体系（ETS）是碳市场的核心机制，通过总量控制和市场交易相结合的方法，引导企业优化碳排放策略。例如欧盟碳交易体系（EU ETS）已成为全球最大的碳市场，其碳配额价格近年来大幅上升，促使企业加快低碳转型。中国的全国碳市场也在不断完善，计划逐步扩大覆盖行业范围，并加强碳信用交易机制的市场化改革。

本章小结

国际金融理论自20世纪以来不断发展，汇率理论、国际货币体系和资本市场的研究逐渐成为国际金融领域的核心内容。在汇率理论方面，固定汇率和浮动汇率的选择深刻影响国家经济的稳定性和国际贸易的顺畅进行。汇率波动不仅影响贸易成本，还与资本流动密切相关，成为全球金融市场的重要风险因素。国际货币体系经历了从金本位制到布雷顿森林体系的演变，当前的全球金融体系面临许多挑战，尤其是多极化、货币政策不协调等问题，亟须进行全球治理体系改革。国际资本市场随着全球化的推进，成为全球经济的重要组成部分，跨境资本流动推动了全球经济的资本配置，但也带来了金融风险和不稳定性。金融危机是国际金融市场中不可避免的现象，其爆发往往受到多种因素的驱动，包括金融产品的创新、监管漏洞以及全球市场的不平衡。随着数字货币（如比特币）和金融科技的兴起，传统金融体系正在经历前所未有的冲击，新的支付方式、区块链技术和加密货币正逐渐改变全球金融生态。未来的全球金融体系将更加依赖于数字化和去中心化技术，同时如何加强金融监管、控制风险和防范金融危机，仍是全球金融领域的重要课题。

习题

1. 汇率理论如何解释汇率波动的成因？
2. 固定汇率与浮动汇率制度对国际贸易的影响有哪些？
3. 国际货币体系的历史演变与现代体系存在什么问题？
4. 如何评估布雷顿森林体系的解体对全球经济的影响？
5. 跨境资本流动如何影响国际金融市场？
6. 金融危机的根源是什么？如何通过金融监管防止危机的爆发？
7. 数字货币和金融科技如何改变国际金融体系？
8. 如何通过国际合作应对全球金融风险？
9. 国际资本市场如何影响发展中国家的经济增长？
10. 如何理解全球金融治理结构改革的紧迫性？

案例分析：中国资本市场的国际化：沪港通与深港通的成功与挑战

中国的资本市场在近几十年经历了从封闭到逐步开放的过程。特别是沪港通与深港通的推出，标志着中国资本市场国际化的重要进程。这两个项目不仅促进了中国金融市场的开放，也为外国投资者提供了更加便利的投资渠道，同时也增强了中国金融市场在全球资本市场中的影响力。

沪港通的启动与背景。2014年11月，沪港通正式启动，成为中国资本市场国际化的重要一步。沪港通的推出旨在通过沪深证券交易所与香港证券交易所之间的互联互通机制，允许内地和香港的投资者在对方市场买卖股票。沪港通的实施，使得香港投资者可以通过香港股市购买上海股市的A股，而上海投资者则可以通过沪港通投资香港的H股。

沪港通的推出背景主要有两个方面的因素：一方面是中国经济逐步走向国际化，资本市场的国际化是其自然发展趋势；另一方面是中国政府加强金融改革的政策需求。沪港通的推出不仅促进了A股市场的对外开放，还为中国资本市场引入了大量的外国资本，进一步提升了中国资本市场的透明度和流动性。

深港通的进一步推进。继沪港通之后，深港通于 2016 年 12 月正式启动。深港通的最大亮点是深市的中小市值企业能够通过香港市场获得更多的资金支持，这对于促进中国资本市场的深度发展具有重要意义。深港通的开放为国际投资者提供了一个投资内地中小企业的渠道，同时也为内地投资者提供了更多的海外投资机会。与沪港通相比，深港通更加侧重于香港资本市场与中国中小企业之间的联动。

通过沪港通和深港通，中国资本市场不仅增强了与国际市场的联系，还提升了金融市场的竞争力，促进了资本的双向流动。特别是在"一带一路"倡议的推动下，中国资本市场的国际化进程也在不断加速。

金融市场的国际化挑战。然而，沪港通与深港通的国际化进程也面临着诸多挑战。首先是市场的制度性差异。中国的资本市场和香港市场在信息披露、公司治理、股东权益等方面存在一定差异，这使得外国投资者在投资中国市场时需要克服一定的障碍。其次，尽管沪港通与深港通提供了便捷的投资渠道，但仍然存在资金流动的限制。例如在沪港通的早期阶段，虽然内地投资者可以通过香港股市投资，但香港投资者能进入内地 A 股市场的额度有限，这限制了资本市场的深度开放。

此外，中国的金融市场仍面临着较高的管制水平，特别是在汇率、资本账户开放等方面。资本市场的完全开放仍需要更多的金融改革和政策调整，尤其是在资本项目的自由流动方面。

汇率波动的影响。另一个影响中国资本市场国际化的重要因素是汇率波动。人民币汇率的波动直接影响到外资进入中国市场的决策。在人民币汇率贬值压力较大的时期，外资的流入可能会放缓，尤其是当中国资本市场受到外部市场不确定性影响时，资本外流的现象可能会加剧。虽然人民币国际化的进程已经取得了显著进展，但人民币汇率仍然面临一定的波动风险。

[案例来源：《上海证券报》《沪港通与深港通：资本市场国际化的突破》]

思考题

1. 沪港通与深港通如何促进中国资本市场的国际化？
2. 中国资本市场与香港市场在制度性差异上有哪些具体体现？如何解决这些差异？
3. 在资本市场国际化过程中，汇率波动对外资流入和流出的影响如何？
4. 沪港通和深港通的实施对中国股市的流动性和透明度产生了哪些具体影响？

第十章 区域经济一体化

> **学习目标**
>
> 本章旨在帮助学生理解区域经济一体化的理论基础与实际运作，分析区域经济一体化对国际贸易、跨国投资和全球经济的深远影响。学生将掌握区域经济一体化的主要模式，探讨"一带一路"倡议等重要区域经济合作项目对全球经济格局的塑造作用。最终，学生能够评估区域经济一体化面临的挑战，提出促进区域经济合作的政策建议，并分析区域经济一体化对全球治理体系的影响。

第一节 区域经济一体化的理论基础

区域经济一体化是指通过消除区域内的贸易和投资壁垒，实现成员国之间资源、商品、资本和劳动力的自由流动，从而促进区域经济整体发展的经济合作形式。其理论基础包括传统国际贸易理论、要素禀赋理论、新贸易理论、新新贸易理论以及经济地理学和制度经济学等理论。以下从不同理论角度补充和完善区域经济一体化的理论基础。

一、国际贸易理论与区域经济一体化

1. 传统国际贸易理论与区域经济一体化

亚当·斯密的绝对优势理论和大卫·李嘉图的比较优势理论，为区域经济一体化提供了基础理论框架。这些理论认为，各国可以通过专业化分工和自由贸易充分利用资源禀赋差异，从而提高经济效率和福利水平。绝对优势理论认为，国家应专注于生产具有绝对生产效率优势的商品，并通过自由贸易实现互利共赢。在区域经济一体化框架下，消除关税和非关税壁垒可以进一步释放区域内的生产潜力。

比较优势理论强调，即使一个国家在所有商品生产中都不具备绝对优势，仍然可以通过比较优势实现互利互惠。区域经济一体化通过降低贸易壁垒，能够进一步促进成员国根据比较优势分工，优化资源配置。

同时，赫克歇尔－俄林（H-O）模型通过要素禀赋差异解释了贸易格局。H-O理论认为，国家之间的贸易取决于各自的要素禀赋差异，如资本密集型产业的国家出口资本密集型产品，而劳动密集型国家出口劳动密集型产品。区域经济一体化可以通过减少贸易障碍，扩大要素密集型商品的流通，从而更好地实现H-O模型中的要素互补效应。

2. 新贸易理论对区域经济一体化的解释

新贸易理论的兴起扩展了传统贸易理论,解释了规模经济、市场结构和产品差异化对国际贸易的影响。克鲁格曼(Paul Krugman)等学者提出的规模经济和不完全竞争市场理论为区域经济一体化提供了新的解释框架。

规模经济与区域经济一体化。新贸易理论指出,规模经济是国际贸易的重要驱动因素。在区域经济一体化框架下,扩大市场规模可以增强规模经济效应。通过消除关税壁垒和非关税壁垒,成员国能够获得更大的区域市场,推动企业降低生产成本,提高生产效率。

产品差异化与产业集聚。新贸易理论强调,消费者对多样化产品的需求可以推动国家间的分工与贸易。区域经济一体化通过区域市场的整合,促进跨国企业间的竞争与合作,从而提升区域内的产品质量和多样性。此外,不完全竞争市场下的产业集聚效应使得区域内的生产要素更加集中于优势地区,形成区域内的核心-边缘格局。

贸易创造与贸易转移效应。雅各布·维纳(Jacob Viner)提出的贸易创造效应和贸易转移效应进一步解释了区域经济一体化的经济后果。贸易创造效应是指通过一体化消除内部贸易壁垒,促进成员国间的效率提升,而贸易转移效应则可能因外部贸易壁垒而使资源配置效率降低。

3. 新新贸易理论与区域经济一体化

新新贸易理论强调企业异质性和国际贸易中企业层面的决策行为对区域经济一体化的影响。梅利茨(Marc Melitz)的异质性企业理论指出,企业的生产率差异是国际贸易的重要决定因素。

企业异质性与市场进入。区域经济一体化通过降低关税和非关税壁垒,减少市场进入成本,使更多高生产率企业进入区域市场,推动区域经济增长。同时,低生产率企业可能因竞争压力退出市场,从而提高了区域内资源配置的效率。

再分配效应。在区域经济一体化框架下,国际市场的整合推动了高生产率企业在区域市场的扩张,同时通过竞争效应加速了资源从低效率企业向高效率企业的再分配。这种资源配置效应显著提高了区域内经济效率。

新新贸易理论还提出了企业的市场进入成本与区域市场规模的关系,认为区域经济一体化通过扩大市场规模,降低了市场进入壁垒,使得更多企业能够从事跨境贸易活动,从而增强区域内贸易的多样性与竞争力。

二、其他经济学理论对区域经济一体化的解释

1. 经济地理学对区域经济一体化的贡献

经济地理学为区域经济一体化提供了重要的理论基础,重点分析了空间经济活动的分布、产业集聚与分散,以及区域间要素流动的动态变化。经济地理学认为,区域经济一体化通过消除成员国之间的贸易壁垒和非关税壁垒,推动了区域内部的资源整合和市场联动,并且这种一体化过程受到了聚集力与分散力的共同驱动。聚集力包括本地市场效应和前后向联系效应,本地市场效应指企业倾向于选择接近市场需求较大的地区进行生产,以降低运输成本并扩大市场份额;前向和后向联系效应则强调产业链上下游之间的协作效应,例如供应链中的原材料和最终产品的高效流动会进一步增强核心区域的吸引力,形成产业

的集聚效应。另一方面，分散力来源于市场拥挤效应和生产成本上升，当核心区域的土地价格、劳动力成本和交通拥堵增加时，部分企业可能选择向边缘区域分散，从而缓解核心区域的竞争压力。在区域经济一体化的框架下，核心区域往往因其优越的地理位置、完善的基础设施以及规模经济效应而成为产业集聚的主要受益者，而边缘区域则可能通过核心区域的经济辐射效应逐步提升其经济活动水平。

经济地理学还关注基础设施、交通网络和政策协调在区域经济一体化中的作用。区域内发达的交通网络可以显著降低运输成本，促进商品、资本和劳动力的跨境流动，同时增强区域内不同经济体之间的互联互通。政策协调则是实现区域经济一体化的关键，各成员国需要在关税、投资规则、知识产权保护等方面达成一致，以减少制度性摩擦，提高一体化效率。

2. 制度经济学与区域经济一体化

制度经济学强调制度安排对区域内部资源配置、经济协作和发展潜力的深远影响。制度经济学认为，区域经济一体化的推进需要通过制度建设来解决成员国之间的市场摩擦、协调利益分配和规避不确定性，从而实现区域内要素的高效流动和经济效益的最大化。在区域经济一体化的框架中，制度安排包括关税同盟、自由贸易协定、共同市场以及经济联盟等不同层次，其核心在于通过规则的统一与制度的协调降低跨境交易成本。交易成本的降低体现在降低关税壁垒、统一非关税措施以及标准化规则等方面，使得企业在跨境贸易和投资活动中面临更少的不确定性。

制度经济学关注区域一体化进程中的制度变迁问题，认为制度创新是适应区域内外部环境变化的重要手段。在一体化初期，制度安排通常以灵活性为主，通过试点和渐进改革建立初步的合作框架，而在区域经济合作深入后，则需要通过制度的刚性化来确保合作的长期稳定性，例如通过区域组织建立强制性的争端解决机制来维护区域规则的执行力。此外，制度经济学还分析了非正式制度在区域经济一体化中的作用，如文化习惯、社会规范和价值观念等软性制度能够通过塑造成员国的行为模式影响一体化的进程。非正式制度的协调对于提升区域内合作的效率至关重要，因为非正式制度往往能弥补正式制度覆盖不到的灰色地带，从而减少合作中的摩擦与不确定性。制度经济学还提出，在区域经济一体化过程中，制度的同质化与异质化需要动态平衡，制度的过度统一可能忽略成员国的差异性，而过度分散则可能削弱规则的协调效应。因此，区域经济一体化需要通过制度设计在统一性和灵活性之间找到平衡，以适应不同成员国的经济发展水平和制度基础。

三、区域经济一体化的动态理论框架

（一）动态理论框架的基本构成

区域经济一体化的动态理论框架通常包含以下几个关键组成部分：初始条件、动力机制、路径依赖性和多重均衡状态。初始条件决定了区域一体化的起点，包括各成员国的经济基础、资源禀赋、地缘关系和政策环境。动力机制关注区域经济一体化的内在驱动力，包括贸易收益的分配、技术溢出效应、政策协同和制度创新等。路径依赖性指的是区域经济一体化在特定路径上积累的经济和制度惯性，其发展方向和最终格局受到初始条件和早期政策选择的深刻影响。多重均衡状态反映出区域经济一体化可能呈现不同的发展结果，这取决于各成员国的协同程度、制度设计及外部经济环境的影响。

（二）区域经济一体化的阶段性特征

区域经济一体化的动态过程通常可以分为以下三个阶段：起步阶段、深化阶段和成熟阶段。在起步阶段，区域内各国以削减关税和非关税壁垒为主要目标，建立自由贸易区或关税同盟。此阶段的动力主要来源于短期贸易收益和降低交易成本的需求，但成员国之间的信任和协作水平可能不足，容易出现贸易转移效应，而非真正的资源优化配置。在深化阶段，区域经济一体化开始通过统一市场、协调宏观经济政策、消除制度性障碍等措施实现更高层次的经济整合，区域内的产业链、供应链和价值链开始形成联动效应，技术扩散和投资流动逐渐增强。在成熟阶段，区域经济体通过建立共同市场或经济联盟，进一步实现要素自由流动和政策协调，区域内部形成高度整合的经济网络，同时具备应对外部经济冲击的能力。

（三）区域经济一体化的动力机制

区域经济一体化的动力机制包含经济驱动因素、政治驱动因素和社会驱动因素三大类。

1. 经济驱动因素

区域经济一体化的核心动力来自贸易收益的分配和经济效率的提升。根据区域经济学的理论，经济一体化能够通过降低交易成本、扩大市场规模、促进资源优化配置和实现规模经济效应，从而提升成员国的整体经济福利。此外，技术溢出效应和知识转移也是区域经济一体化的重要经济驱动力。例如成员国之间通过合作研发和技术共享能够加速技术进步，并在整个区域内扩散，进一步推动生产率的提升。

2. 政治驱动因素

区域经济一体化的政治动力源自成员国之间的合作意愿、政策协同和制度创新。成员国通常希望通过经济一体化来增强区域的地缘经济竞争力，并在全球化进程中占据更有利的地位。与此同时，政治领导力和区域组织的制度设计在协调成员国之间的利益分歧、推动区域经济政策一体化方面起到关键作用。

3. 社会驱动因素

社会文化的相似性和社会对区域一体化的支持度也是重要的推动力量。成员国之间的文化认同、历史渊源，以及民间交往可以增强区域内的凝聚力，从而推动经济一体化的深入。

（四）区域经济一体化的路径依赖与制度锁定

路径依赖理论强调，历史和早期选择对经济和制度演化具有深远影响，特别是在区域经济一体化的动态过程中。区域经济一体化的起步阶段通常面临巨大的不确定性，包括成员国之间经济发展水平的差距、政策协调的复杂性、外部经济环境的干扰以及政治和社会层面的摩擦。政策选择和制度设计往往具有开创性意义，其影响会通过路径依赖机制长期延续下去，深刻塑造区域内的经济一体化进程和发展路径。

1. 路径依赖的形成机制与作用

路径依赖在区域经济一体化中表现为早期制度和政策选择对未来发展方向的锁定。区域一体化的早期阶段通常涉及多个成员国的利益协调与谈判，不同国家的资源禀赋、经济发展水平、市场规模和地缘政治利益使得一体化的初始条件各异。在这种情况下，早期的制度安排（如关税同盟的建立、自由贸易区的框架协议）对成员国之间的经济行为和利益分配产生了重要的规范作用。一个成功的自由贸易区能够通过降低关税和非关税壁垒，促进成员国之间贸易流动和市场融合，从而形成区域内的贸易依赖关系。这种依赖关系反过来进一步增强了成员国深化合作的动力，推动区域经济一体化向更高层次发展，如共同市场、经济联盟甚至货币联盟。

路径依赖的形成还与经济主体的行为惯性有关。早期政策和制度的确立对企业、消费者和政府的行为选择起到引导作用。一旦区域内企业的生产和投资布局适应了现有规则和市场结构，改变这种行为模式将产生较高的调整成本，形成对既定制度的依赖。此外，路径依赖还体现在政策惯性和协调机制上。成员国在区域经济一体化初期建立的政策协调模式和决策机制通常在后续的合作中继续沿用，即使这些机制在某些情况下可能已经不再适应新的经济环境，但改变这些机制往往需要付出高昂的政治和经济成本。

2. 制度锁定的表现与机制

制度锁定是路径依赖的一种具体表现，指的是早期建立的制度安排对后续制度变迁产生制约，使得制度改革变得困难。区域经济一体化中的制度锁定主要表现在以下几个方面：

（1）规则锁定。早期的贸易规则和政策框架可能在长期运行中不再适应新的成员国或新的经济形势。自由贸易区在设立之初通常会根据区域内现有国家的经济特征设计关税减免和原产地规则，但当新的成员国加入时，这些规则可能对其产生不利影响。新成员国的经济规模较小或技术水平较低时，可能难以完全融入现有规则，导致区域内部的分化和不平等。

（2）利益锁定。制度锁定还表现为成员国之间利益分配格局的固化。在区域经济一体化初期，成员国通常会围绕市场准入、投资保护、劳动力流动等关键问题进行谈判，并达成一系列利益分配机制。这些机制一旦形成，将对后续谈判产生重要影响。如果某些国家在早期分配机制中获得了较多利益，它们可能会抵制任何对既有机制的调整，而那些利益相对较少的国家则可能感到不满，导致区域内的合作裂痕加大。

（3）治理结构锁定。区域经济一体化通常需要建立一定的治理结构（如区域经济组织或协调机构）来推动政策实施和纠纷解决。然而，这些治理结构在长期运行中可能面临效率下降、利益分歧加大等问题。由于成员国之间的权力平衡和利益关系较为复杂，对现有治理结构的改革往往需要较高的政治成本，导致治理结构长期保持现状，难以适应新的发展需求。

3. 路径依赖与制度锁定的影响

路径依赖和制度锁定对区域经济一体化既有正面影响，也可能产生负面效应。一方面，路径依赖可以通过制度稳定性和行为惯性为区域经济一体化提供支持。早期建立的规则和政策框架有助于降低成员国之间的交易成本，增强政策的可预测性，从而吸引更多投资和贸易活动。例如欧盟的关税同盟和共同市场为其成员国创造了一个高度一体化的经济环境，促进了区域内的贸易增长和经济发展。

另一方面，路径依赖和制度锁定可能导致区域经济一体化停滞不前，甚至出现倒退。一方面，如果早期的制度设计缺乏灵活性或存在不公平性，可能导致成员国之间的利益分歧加剧，破坏区域内的合作意愿。另一方面，制度锁定可能使区域经济一体化难以适应外部经济环境的变化。例如在全球化进程放缓和贸易保护主义抬头的背景下，原有的一体化政策可能无法有效应对外部经济冲击，导致区域内经济体受到更大的影响。

为克服路径依赖和制度锁定的负面影响，区域经济一体化需要通过灵活的制度设计和动态的政策调整实现可持续发展。首先，区域经济组织应建立灵活的规则和政策框架，允许成员国根据自身发展需要进行适度调整，同时提供支持机制帮助新成员国更好地融入区域经济一体化。其次，应注重利益分配机制的公平性，通过建立区域内转移支付或发展基金，弥合成员国之间的经济差距，增强区域内部的凝聚力。此外，区域经济一体化还需要建立高效的治理结构，增强区域组织在政策协调和利益平衡方面的能力，以应对外部经济环境的变化和区域内的潜在矛盾。

第二节　区域自贸协定竞争与演变

一、区域自贸协定的兴起背景与主要特征

1. 区域自贸协定的定义与作用

区域自贸协定（FTA）是指两个或多个国家通过谈判达成的贸易协议，其核心目标是通过降低或消除成员国之间的关税和非关税壁垒，促进区域内的商品、服务、资本和投资流动。与全球性多边贸易协定（如 WTO 框架下的多边协定）相比，区域自贸协定具有灵活性高、覆盖范围多样化、谈判进程相对快速等特点。

区域自贸协定已成为当代国际经济治理的重要组成部分。通过建立 FTA，成员国不仅可以享受自由贸易带来的经济增长红利，还能在全球经济格局中提升自身的地缘经济和地缘政治影响力。此外，区域自贸协定还为成员国提供了探索更深层次经济合作模式的试验平台，如数字经济规则、绿色贸易、劳动与环境标准等领域的协作。

2. 区域自贸协定的主要特征

（1）覆盖范围广泛。现代区域自贸协定的内容已远远超出传统的关税减让和市场准入议题，涵盖了几乎所有经济领域。现代 FTA 将投资保护、知识产权、竞争政策、劳工标准和环境保护等新议题纳入协定框架，以适应全球经济一体化和技术进步带来的新挑战。知识产权保护是数字经济背景下的重要议题，通过 FTA，各国可以在专利、版权和商标等方面制定统一规则，促进技术转让和创新。此外，环境保护和劳工标准的纳入反映了贸易政策向可持续发展的转型。FTA 不仅是经济合作的工具，也是推动社会发展和环境保护的重要手段。

（2）灵活性与开放性。现代 FTA 通常采用灵活的谈判模式，允许成员国根据具体需求在协定中加入例外条款或延迟义务。许多 FTA 还开放非初始成员国加入，例如 CPTPP 在原有成员国基础上进一步吸纳英国等新成员。开放性条款不仅增强了 FTA 的包容性，还为非成员国提供了参与区域合作的机会，避免了区域经济合作的封闭性。此外，一些 FTA 还允许灵活调整合作范围和议题，为应对全球经济环境变化提供了政策空间。

（3）竞争性与重叠性。全球范围内区域 FTA 的快速增长导致了不同协定之间的竞争与重叠。一方面，大国主导的 FTA 往往以地缘经济竞争为核心，通过不同规则体系争夺区域经济主导权。另一方面，不同 FTA 的内容和规则存在重叠，使得成员国在跨境贸易和投资

中面临复杂的制度环境。不同 FTA 的原产地规则可能导致企业需要针对不同协定分别计算生产成本，增加了跨境经营的复杂性。区域 FTA 的重叠性和竞争性在一定程度上削弱了全球多边贸易体系的协调功能，也对 WTO 框架的权威性构成了挑战。

二、区域自贸协定的竞争动态

（一）全球范围内的 FTA 竞争

区域自贸协定不仅是经济工具，还是大国地缘经济战略竞争的体现。主要经济体利用 FTA 构建自身主导的区域经济秩序，其竞争态势体现在以下方面：

（1）以美国为核心的贸易协定体系。美国在 20 世纪末和 21 世纪初主导了一系列高标准 FTA 谈判。这些协定的共同特征是高标准和严格规则，覆盖知识产权、劳工和环境标准等领域。通过这些协定，美国试图强化自身在全球经济治理中的领导地位。

（2）中国参与的区域经济合作。中国通过《区域全面经济伙伴关系协定》（RCEP）和"一带一路"倡议下的自由贸易安排，推动区域经济一体化，强调开放、包容与发展导向的合作模式。RCEP 成为全球覆盖人口最多、经济体量最大的区域自贸协定。

（3）欧盟的对外贸易战略。欧盟通过与多个国家和地区签署 FTA，包括与日本、韩国、加拿大的全面经济伙伴关系协定，推动自身贸易规则的国际化，同时强化欧盟在全球贸易体系中的地位。

（二）区域内竞争与协作

在全球范围内，区域内经济体之间的 FTA 也呈现竞争与协作并存的态势。

亚洲地区。亚洲已成为区域自贸协定的活跃区域，包括 RCEP、《全面与进步跨太平洋伙伴关系协定》（CPTPP）以及韩国与东盟国家的多个双边 FTA。这些协定在规则和市场开放程度上存在竞争，同时也为区域内经济体提供了多层次的选择空间。

美洲地区。以美国为中心的 USMCA、拉美国家联盟（如太平洋联盟）以及南方共同市场（MERCOSUR）在市场准入和规则制定上存在竞争，但也体现了区域内经济一体化的潜力。

非洲地区。非洲大陆自由贸易区在 2019 年正式启动，标志着非洲区域经济一体化迈出了历史性步伐。然而，由于非洲经济体的多样性和发展水平的差距，其 FTA 在规则制定和执行中面临挑战。

（三）FTA 之间的重叠性与冲突

（1）规则冲突。不同 FTA 在规则设计上的不一致性构成了企业跨境经营的重要挑战。原产地规则是规则冲突的典型表现，不同 FTA 对商品是否享受优惠关税的判定标准存在差异。一些协定采用累积原产地规则，允许在区域内成员国之间的生产过程叠加计算，而另一些协定则可能采取更加严格的独立计算规则。这种差异使企业在生产和出口中面临复杂的原产地申报和合规要求，增加了运营成本。此外，在贸易争端解决机制上，不同 FTA 的规定和程序也可能存在显著差异。一些 FTA 偏向于采用仲裁机制，而另一些 FTA 则更倾向于通过政治谈判解决争端。这种规则不一致性可能使企业在不同市场中遭遇法律和制度上的不确定性，同时也为国家间贸易纠纷的解决增加了难度。

环境与劳动标准的规定也成为规则冲突的重要来源。现代 FTA 越来越多地将环境保护和劳动权利纳入协定内容，但不同 FTA 的标准要求和执行力度存在显著差异。一些 FTA

可能要求成员国遵守严格的国际环保标准,而另一些 FTA 则可能仅设定较为宽松的环境保护义务。对于跨国企业而言,这种差异增加了合规成本,甚至可能导致不公平竞争。更广泛地看,规则冲突还体现在知识产权、竞争政策和投资保护等领域。这种冲突不仅对企业构成直接影响,也可能阻碍区域内部经济一体化的深入推进。

(2) 成员身份重叠导致规则协调和政策冲突。一些国家同时参与多个区域 FTA,成员身份的重叠使得不同协定之间的规则协调变得更加复杂。以日本为例,作为 CPTPP 和 RCEP 的共同成员,日本需要在两个协定中同时履行义务,而两个协定的规则和标准在诸多方面并不一致。CPTPP 对知识产权保护的要求更高,而 RCEP 的知识产权条款则相对宽松。这种差异可能导致日本在贸易政策执行上需要进行双重协调,增加了政策制定和实施的复杂性。此外,成员身份重叠也可能使国家在两个协定中面临利益冲突。日本在 CPTPP 中与美国保持较为紧密的贸易关系,但在 RCEP 中则更加依赖与中国的经济合作。这种双重身份使得日本在制定贸易政策时需要平衡不同伙伴之间的利益诉求,而这可能导致政策的不确定性和不连贯性。

成员身份重叠还可能对区域经济一体化进程造成阻碍。当一个国家需要同时履行多个 FTA 的义务时,不同协定之间的冲突可能导致协调成本的显著上升。RCEP 和 CPTPP 在原产地规则、劳工标准和环境保护上的不一致性可能使日本和其他成员国难以在区域内形成统一的规则框架。这种重叠效应不仅影响成员国自身的经济政策,还可能削弱区域 FTA 作为推动区域一体化工具的功能,增加区域内部的分裂风险。

(3) 全球多边贸易体系的冲击削弱 WTO 的权威性。区域 FTA 的快速扩张对全球多边贸易体系构成了潜在冲击,最明显的表现是削弱了 WTO 的权威性。WTO 以多边谈判为基础,其规则覆盖所有成员国,旨在构建统一的全球贸易治理框架。然而,区域 FTA 的快速增长使得许多国家更加依赖双边或区域层面的贸易协定,而非通过 WTO 框架推动多边谈判。这种趋势在一定程度上削弱了 WTO 的核心地位,尤其是在关税减让、市场准入和投资规则制定方面。区域 FTA 的扩张导致不同区域内形成了多层次、重叠性强的规则体系,而这些规则体系往往与 WTO 的全球性规则不完全一致。这种局面可能削弱全球贸易规则的统一性,增加了国际贸易体系的复杂性和不确定性。

三、区域自贸协定的演变趋势

(一) FTA 的高标准化发展

近年来,区域自由贸易协定(FTA)的高标准化发展趋势日益显著,其议题范围已超越传统的商品和服务贸易,涵盖多元化、复杂化的规则领域,呈现出全球经济发展的前沿特征。

1. 数字贸易规则崛起

数字贸易已成为现代 FTA 不可或缺的重要组成部分。在数字经济快速发展的背景下,跨境数据流动、隐私保护、数字税收、网络安全等议题逐渐成为各国谈判的核心。《数字经济伙伴关系协定》(DEPA) 率先推动了数字经济领域的国际规则制定,涵盖了数字身份认证、数据跨境传输规则以及电子支付框架等内容。这类协定不仅旨在为数字经济时代建立全球贸易新秩序,还通过明确的数字贸易规则为成员国的数字化转型提供了政策支撑。数字贸易规则的高标准化为区域经济一体化注入了新的活力,同时也为全球范围内的数字经济合作奠定了基础。

2. 强化绿色与可持续发展议题

应对气候变化和推动可持续发展已成为许多 FTA 的重要组成部分。近年来，协定框架中愈发强调可再生能源的跨境合作、碳排放交易规则以及绿色技术的研发与推广。一些现代 FTA 明确提出了碳减排目标，并推动成员国间绿色投资和绿色技术的流通。部分 FTA 甚至建立了环境争端解决机制，以确保成员国履行可持续发展相关承诺。绿色与可持续发展议题的融入不仅反映了全球经济绿色转型的需求，也凸显了 FTA 在应对全球性挑战中的潜力和责任。

3. 关注劳工与社会标准

近年来，劳工权利、工作环境和社会包容性在 FTA 谈判中占据越来越重要的地位，尤其在欧美主导的贸易协定中，劳工和社会标准已成为 FTA 高标准化的重要体现。这些协定通常包含最低工资、工作环境保障、劳工组织自由等条款，旨在避免成员国通过最低劳工标准进行不公平竞争。此外，劳工和社会标准被视为推动经济发展与社会正义的双重手段，既可以提高劳动者的生活质量，又能够促进成员国间贸易合作的公平性和可持续性。

（二）地缘经济格局下的 FTA 演变

区域自由贸易协定的演变深受当前地缘经济格局的重大影响，各国在 FTA 谈判中日益融入战略考量，区域一体化进程因此呈现出多极化与竞争性发展的特点。

1. 中美竞争与区域一体化格局的调整

中美之间的地缘经济竞争不仅体现在科技和资本流动领域，也延伸至区域 FTA 的构建与推进。美国通过重新调整其全球贸易战略，重启与盟友之间的高标准 FTA 谈判，以巩固其在全球经济规则制定中的主导地位。另一方面，中国则通过深化 RCEP（区域全面经济伙伴关系协定）和推动"一带一路"倡议，积极打造区域经济合作网络。

2. 平衡区域 FTA 与多边主义

区域 FTA 的快速扩张在推动区域经济合作的同时，也对 WTO 主导的多边贸易体系产生了潜在的冲击。部分国家和地区试图在区域 FTA 的基础上推进全球贸易规则的改革。欧盟通过其与第三国签订的 FTA，强调与 WTO 规则的一致性，并推动诸如环境保护、数字贸易、劳工权利等议题在全球贸易体系中的重要性。通过这种方式，一些 FTA 不仅促进了区域内的经济一体化，也在一定程度上维护了多边贸易体系的权威性。

越来越普及开放性条款。许多现代 FTA 采用了开放式条款，允许非初始成员国在满足相关条件的情况下加入协定。CPTPP（全面与进步跨太平洋伙伴关系协定）明确表达了接纳新成员的意愿，并为潜在加入国设定了具体的准入标准。开放性条款的普及表明，FTA 的构建正逐步超越区域限制，朝着更大范围的经济合作方向发展。

第三节 "一带一路"倡议高质量发展

一、倡议的背景

"一带一路"倡议于 2013 年由中国提出，旨在通过加强区域经济合作，推动共建国家和地区的共同发展。之所以提出"一带一路"倡议，主要是由于以下原因。

1. 全球经济调整的需要

2008年全球金融危机暴露了全球经济体系深层次的结构性矛盾，世界经济在危机后的复苏进程充满挑战，全球经济增长率持续低迷，国际贸易的增速显著下降。全球化进程在危机后显现出区域化与碎片化特征，跨国投资和全球供应链的布局调整更加频繁。与此同时，发达经济体陷入结构性困境，生产率增速下降、劳动市场疲软、通货膨胀率低迷等问题交织，传统的增长动力逐渐式微。全球经济对单一的金融驱动型增长模式的依赖暴露了其脆弱性，特别是对全球流动性过度扩张和金融风险的依赖。发达国家转向"内向型"政策，例如美国的"再工业化"战略和贸易保护主义抬头，进一步加剧了国际贸易的紧张局势和全球经济的不确定性。在此背景下，世界亟须新的经济增长点和区域合作模式来恢复全球经济的活力和稳定性。"一带一路"倡议提出通过建设跨国互联互通的基础设施网络，降低贸易和投资壁垒，重塑全球经济联系，既为全球经济提供了增长新动能，也为陷入困境的新兴经济体提供了深度融入全球经济的机会。中国作为全球化的坚定推动者，通过"一带一路"倡议充分发挥其资本、技术和市场优势，为全球经济注入了新的动力。通过推动共建国家的基础设施建设与互联互通，"一带一路"倡议试图解决全球范围内的结构性经济问题，恢复全球经济体系的稳定性与协同性。

2. 区域经济发展的不平衡

全球经济发展的不均衡性长期以来制约了各国的经济潜力，特别是在亚洲、非洲、拉美等新兴经济体和发展中国家，发展水平的差异性尤为明显。这些国家往往面临基础设施落后、经济结构单一、市场体系不完善等多重制约因素，难以融入全球经济体系的高效运转之中。传统全球化进程更多地关注发达国家的利益，新兴经济体和发展中国家在全球价值链中处于相对低端，缺乏技术转移、资金支持和产业升级的动力，区域内经济发展的不平衡性日益加剧。许多发展中国家在区域内经济一体化方面起步较晚，区域内市场分割严重，交通和物流基础设施的缺乏进一步限制了跨境经济活动的规模和效率。通过"一带一路"倡议，中国意图在全球范围内推动区域合作，缩小各国间的发展鸿沟。倡议将重点放在基础设施投资和区域内经济合作上，通过建立高效互联的交通、能源和通信网络，推动区域内贸易和投资的便利化。共建国家间的生产要素流动和市场联系得以加强，从而促进区域内经济的协调发展和结构优化。此外，发展中国家通过与中国的经济合作，可以获取急需的资本、技术和市场，为本国的经济转型提供助力。区域经济发展的不平衡不仅是这些国家的内部问题，也是全球经济增长的重要掣肘。"一带一路"倡议旨在通过多边合作的方式重塑区域经济布局，为全球经济的可持续发展奠定基础。

二、"一带一路"倡议的核心内容

"一带一路"倡议主要包含"丝绸之路经济带"和"21世纪海上丝绸之路"两大方向，具体包括以下几方面内容。

1. 政策沟通

政策沟通是共建"一带一路"的重要保障。中国与共建国家、国际组织积极构建多层次政策沟通交流机制，在发展战略规划、技术经济政策、管理规则和标准等方面发挥政策协同效应，共同制订推进区域合作的规划和措施，为深化务实合作注入了"润滑剂"和

"催化剂",共建"一带一路"日益成为各国交流合作的重要框架。

政策沟通长效机制基本形成。以元首外交为引领,以政府间战略沟通为支撑,以地方和部门间政策协调为助力,以企业、社会组织等开展项目合作为载体,建立起多层次、多平台、多主体的常规性沟通渠道。

多边合作不断推进。在共建"一带一路"框架下,中外合作伙伴发起成立了20余个专业领域多边对话合作机制,涵盖铁路、港口、能源、金融、税收、环保、减灾、智库、媒体等领域,参与成员数量持续提升。共建国家还依托中国-东盟(10+1)合作、中非合作论坛、中非合作论坛、中拉论坛、中国-太平洋岛国经济发展合作论坛、中国-中东欧国家合作、世界经济论坛、博鳌亚洲论坛、中国共产党与世界政党领导人峰会等重大多边合作机制平台,不断深化务实合作。

规则标准对接扎实推进。标准化合作水平不断提升,促进民用航空、气候变化、农业食品、建材、电动汽车、油气管道、物流、水电、海洋和测绘等多领域标准国际合作。"一带一路"标准信息平台运行良好,标准化概况信息已覆盖许多国家。

2. 设施联通

设施联通是"一带一路"倡议的重点领域,旨在通过大规模基础设施投资和建设,打通共建国家的交通、能源、通信等领域的互联互通瓶颈,为区域经济合作提供硬件支撑。交通设施建设是设施联通的核心,包括铁路、公路、港口、机场等跨境交通网络的构建。共建"一带一路"以"六廊六路多国多港"为基本架构,加快推进多层次、复合型基础设施网络建设,基本形成"陆海天网"四位一体的互联互通格局,为促进经贸和产能合作、加强文化交流和人员往来奠定了坚实基础。

经济走廊和国际通道建设卓有成效。共建国家共同推进国际骨干通道建设,打造连接亚洲各次区域以及亚欧非之间的基础设施网络。海上互联互通水平不断提升。共建国家港口航运合作不断深化,货物运输效率大幅提升;"空中丝绸之路"建设成效显著。共建国家间航空航线网络加快拓展,空中联通水平稳步提升。

3. 贸易畅通

贸易投资合作是共建"一带一路"的重要内容。共建国家着力解决贸易投资自由化便利化问题,大幅消除贸易投资壁垒,改善区域内和各国营商环境,建设自由贸易区,拓宽贸易领域、优化贸易结构,拓展相互投资和产业合作领域,推动建立更加均衡、平等和可持续的贸易体系,发展互利共赢的经贸关系,共同做大做好合作"蛋糕"。

贸易投资规模稳步扩大。贸易投资自由化便利化水平不断提升。贸易投资平台作用更加凸显。产业合作深入推进。

4. 资金融通

资金融通是共建"一带一路"的重要支撑。共建国家及有关机构积极开展多种形式的金融合作,创新投融资模式、拓宽投融资渠道、丰富投融资主体、完善投融资机制,大力推动政策性金融、开发性金融、商业性金融、合作性金融支持共建"一带一路",努力构建长期、稳定、可持续、风险可控的投融资体系

金砖合作机制日益健全。中国国家开发银行推动成立中国-中东欧银联体、中国-阿拉伯国家银联体、中国-东盟银联体、中日韩-东盟银联体、中非金融合作银联体、中拉开发性金砖合作机制等多边金砖合作机制,中国工商银行推动成立"一带一路"银行间常

态化合作机制。投融资渠道平台不断拓展。中国出资设立丝路基金，并与相关国家一道成立亚洲基础设施投资银行。丝路基金专门服务于"一带一路"建设，中国积极参与现有各类融资安排机制，与世界银行、亚洲开发银行等国际金融机构签署合作备忘录，与国际金融机构联合筹建多边开发融资合作中心，与欧洲复兴开发银行加强第三方市场投融资合作，与国际金融公司、非洲开发银行等开展联合融资，有效撬动市场资金参与。中国发起设立中国－欧亚经济合作基金、中拉合作基金、中国－中东欧投资合作基金、中国－东盟投资合作基金、中拉产能合作投资基金、中非产能合作基金等国际经济合作基金，有效拓展了共建国家投融资渠道。中国国家开发银行、中国进出口银行分别设立"一带一路"专项贷款，集中资源加大对共建"一带一路"的融资支持。

5. 民心相通

民心相通是共建"一带一路"的社会根基。共建国家传承和弘扬丝绸之路友好合作精神，广泛开展文化旅游合作、教育交流、媒体和智库合作、民间交往等，推动文明互学互鉴和文化融合创新，形成了多元互动、百花齐放的人文交流格局，夯实了共建"一带一路"的民意基础。

文化交流是民心相通的关键，通过举办文化节、艺术展览等活动，加强了中国与沿线国家在文化领域的互动与合作。教育合作同样重要，中国通过提供奖学金项目和开展联合科研，推动沿线国家的教育和技术水平提升，为区域合作培养了大量高素质人才。人员往来方面，倡议通过签署简化签证程序的协议，促进了沿线国家间的人员流动，进一步增强了社会和文化的融合。民心相通还包括建立媒体合作机制，加强信息传播和舆论引导，消除各国之间的误解和偏见。通过民心相通，倡议不仅赢得了沿线国家民众的支持，也为区域经济合作提供了坚实的社会基础。

三、"一带一路"倡议高质量发展

（一）背景

随着"一带一路"倡议的深入推进，共建国家在基础设施建设、经贸合作、金融合作等领域取得了显著进展，但同时面临着日益复杂的内外部环境挑战。自倡议提出以来，全球经济格局和区域发展模式正在发生深刻变化，传统的粗放式发展模式已不再能够满足新形势下的合作需求。推动"一带一路"倡议向高质量、可持续方向发展，既是全球经济复苏和增长的需要，也是应对全球性挑战的必然选择。

一方面，全球经济的不确定性和地缘政治风险不断加剧。国际金融危机后的经济复苏虽然在部分国家取得一定成效，但全球经济增长仍面临长期的下行压力，国际经济治理体系表现出脆弱性和碎片化趋势。全球供应链和产业链的断裂风险增加，贸易保护主义和单边主义抬头，区域经济合作的稳定性面临考验。在这种背景下，共建国家急需通过多边合作和区域协调机制来降低经济波动的影响，提升经济抗风险能力。"一带一路"倡议作为促进区域经济一体化和全球经济治理的重要平台，其高质量发展已成为维护全球经济稳定的关键手段之一。

另一方面，国际投资和贸易规则日益复杂化，沿线国家需要在规则协调和治理创新方面加强合作。近年来，国际贸易规则正向着更高标准、更广领域和更深层次的方向发展，特别是数字贸易、知识产权保护、环境治理等领域的规则制定成为国际竞争的新焦点。对于"一带一路"倡议共建国家而言,如何在现有国际规则框架下争取话语权、维护自身利益,并通过区域协定形成更具包容性和普惠性的规则,是一项亟待解决的重大议题。此外,部分共建国家的政治经济不稳定性、制度执行能力不足以及治理效率低下,也成为制约"一带一路"高质量推进的重要因素。

同时,环境保护、绿色低碳和社会包容性成为全球议题,推动"一带一路"倡议向可持续发展方向转型迫在眉睫。全球气候变化加剧以及环境压力的持续增加,使得各国在经济合作中对绿色发展提出了更高要求。许多共建国家在基础设施建设和工业化进程中面临着环境保护和经济增长的两难困境。为了实现全球气候治理目标,国际社会要求各国在经济合作中更多关注绿色基础设施、清洁能源投资以及碳减排技术的推广。此外,社会包容性、社会公平性和文化多样性的融合也在国际合作中日益受到重视,尤其是在贫困、教育和医疗卫生等领域,共建国家之间需要更加全面的合作,才能实现可持续的社会发展目标。

高质量发展不仅是"一带一路"倡议的内在要求,也是中国与共建国家深化合作的重要保障。随着倡议的实施逐步从早期的基础设施建设和融资支持阶段,进入更深层次的产业合作和制度创新阶段,传统的粗放型合作模式难以满足共建国家对发展质量的需求。中国作为倡议的发起国和主要推动者,需要在新形势下更加注重合作项目的可持续性,提升绿色发展理念在"一带一路"合作中的权重,优化资金投向和项目选择机制,注重提升当地经济的造血功能。此外,高质量发展还要求通过科技创新、数字化转型和知识共享等方式,为共建国家提供更多支持,增强其在全球经济体系中的参与度和竞争力。

(二)促进"一带一路"高质量发展的路径

1. 推动绿色"一带一路"建设

绿色发展是"一带一路"倡议实现高质量发展的核心支柱,是共建国家在追求经济增长的同时实现生态环境保护的必要路径。共建国家应通过绿色基础设施建设,推动太阳能、风能等可再生能源的开发与利用,并促进节能环保的交通和物流网络建设。通过构建绿色交通走廊和可再生能源发电站,推动区域能源结构向低碳化转型,进一步降低温室气体排放。绿色基础设施建设不仅能带来直接的环境效益,还能推动清洁能源行业的投资和技术创新,提升共建国家的可持续发展能力。

绿色金融是推动"一带一路"绿色发展的关键工具,可以通过发行绿色债券、建立绿色投资基金等方式,为低碳环保项目提供资金支持。国际金融机构和多边组织,如亚洲基础设施投资银行(AIIB)和绿色气候基金(GCF),可以发挥重要作用,为共建国家提供长期、稳定的资金支持。通过绿色信贷政策,推动金融机构将更多资金投向绿色项目,并通过完善的风险评估机制,确保资金流向具有环境效益的高质量项目。

气候合作机制是沿线国家应对全球气候变化的重要手段。通过建立跨国碳市场,推动区域内碳排放权的交易,可以为实现减排目标提供经济激励。沿线国家还应加强气候变化政策的对接与协调,推动碳排放标准的统一和碳减排技术的共享。通过建立区域气候基金和技术援助机制,提升低收入国家在应对气候变化方面的能力,共同推动绿色经济转型。

环保技术转移是促进"一带一路"共建国家绿色发展的重要手段。通过推动先进环保技术和工艺的跨国流动,可以提高区域内污染治理能力和资源利用效率。在"一带一路"合作框架下,共建国家可以通过技术合作和投资,促进清洁能源、废弃物管理、节能建筑等技术的应用和普及,从而实现经济增长与环境保护的双赢。

2. 构建数字丝绸之路

数字经济已成为全球经济增长的新引擎,数字丝绸之路的建设是"一带一路"倡议高质量发展的重要组成部分。加强数字基础设施建设是数字丝绸之路的核心,共建国家应推动5G网络、光纤通信和数据中心的建设,提升区域间的信息互联互通水平。通过建设跨境数据中心和区域数字经济网络,可以为共建国家提供更高效的通信服务,进一步支持区域内数字化经济的增长。

跨境电商是数字丝绸之路的重要抓手,其发展可以大幅降低贸易成本,优化区域内消费市场的联动性。通过建设电子商务平台和完善跨境物流网络,可以推动区域内商品和服务的快速流通,进一步增强消费市场活力。此外,通过完善支付结算体系和信用评估机制,可以有效解决跨境电商发展中的支付与信用障碍,提升区域经济一体化水平。

技术创新合作是数字丝绸之路的关键。共建国家可以在人工智能、区块链、云计算等领域加强技术研发与合作,推动新兴技术在"一带一路"共建国家的广泛应用。通过建立国际技术创新平台,推动跨国技术合作和知识共享,可以为共建国家提供技术支持,提升其在全球数字经济中的竞争力。

数字化能力建设是推动数字丝绸之路可持续发展的基础。沿线国家可以通过教育和技术培训,提升本国劳动力在数字经济领域的技能水平。建立区域性数字经济教育联盟,为青年提供数字技能培训项目,可以进一步提升区域内数字人才的储备水平,从而为数字经济的发展提供强有力的人才支撑。

3. 推进产业合作和产业链重构

产业合作和产业链重构是"一带一路"高质量发展的重要抓手,通过整合区域内的产业资源,可以有效提升共建国家的经济竞争力。产业园区建设是产业合作的重要形式,在共建国家建立高质量的产业合作园区,可以通过基础设施共享和政策优惠吸引国际企业投资。在这些园区内,政府可以提供税收优惠、金融支持和政策指导,推动高附加值产业的聚集和发展,从而提升区域经济活力。

产业链协同发展是"一带一路"倡议的重点,推动区域内制造业、农业和服务业的上下游整合,可以形成完整的产业链条。通过推动区域内产业分工和协作,可以降低生产成本,提高产业链效率,同时增强区域经济的抗风险能力。此外,通过完善供应链网络,可以提升区域内商品和服务的流通效率,为区域经济增长提供动力。

提升本地化水平是推进产业合作的重要内容。通过推动项目本地化运营,可以增加当地就业机会,提升当地技术水平,促进区域经济的可持续发展。在"一带一路"框架下,中国企业应更加注重与当地企业的合作,推动本地化生产和技术转移,进一步增强共建国家的工业化能力和经济竞争力。

国际产能合作是实现产业链重构的重要手段。通过推动技术转移和资本输出,可以帮助沿线国家实现工业化和产业现代化。通过推动高端制造业和新兴产业的合作,共建国家可以逐步从低附加值产业向高附加值产业升级,从而提升区域经济的整体竞争力和可持续发展能力。

4. 增强规则对接与制度协调

规则对接与制度协调是"一带一路"倡议高质量发展的重要保障。推动共建国家间贸易与投资规则的对接，可以降低非关税壁垒，提高跨境投资和贸易的便利性。在贸易领域，推动贸易便利化协定的签署可以减少贸易摩擦，提高贸易效率。在投资领域，完善投资保护协议和争端解决机制，可以为跨国投资提供更稳定的法律保障。

基础设施标准化是规则对接的重要内容。通过制定区域内统一的基础设施建设和运营标准，可以降低跨国项目的协调成本，提高项目实施效率。在"一带一路"框架下，共建国家应加强标准化合作，共同制定交通、能源、通信等领域的技术标准，从而推动区域内基础设施的互联互通。

法律与争端解决机制的完善是推动规则对接的重要内容。通过建立跨境投资和贸易争端解决机制，可以为共建国家提供公平、透明的法律环境。在"一带一路"倡议下，共建国家可以通过多边机制解决投资和贸易争端，为区域经济合作提供稳定的制度保障。

政策协调机制的建立可以减少政策的不确定性，提高区域合作效率。通过多边机制和双边对话，加强政策沟通和规则协同，可以进一步降低区域合作的成本。在"一带一路"倡议框架下，共建国家应共同制定政策协调机制，加强区域内的经济政策对话与合作，推动区域经济一体化进程。

5. 优化投融资机制与风险管理

投融资机制是"一带一路"倡议成功实施的关键，优化投融资机制可以为高质量发展提供资金支持。多元化融资渠道是提升融资效率的重要措施，通过吸引国际资本、主权财富基金和社会资本参与"一带一路"项目投资，可以有效减少单一融资渠道的风险。此外，共建国家应加强与多边金融机构的合作，通过亚洲基础设施投资银行（AIIB）和丝路基金等平台获取长期、稳定的资金支持。

创新融资工具可以提高资金的可获得性和利用效率。通过开发绿色债券、基础设施证券化等新型融资工具，可以为绿色项目和基础设施建设提供更广泛的资金支持。此外，建立区域性投融资平台和风险分担机制，可以进一步增强沿线国家的融资能力。

债务管理与风险控制是优化投融资机制的重要内容。共建国家应加强对债务风险的监控，确保"一带一路"项目的经济可行性和债务可持续性。通过建立债务预警机制和债务重组机制，可以降低债务违约风险，维护区域金融稳定。

加强多边金融合作是优化投融资机制的重要方向。通过亚洲基础设施投资银行和其他多边金融平台，共建国家可以共同推动区域内的资金配置效率。通过加强区域内的金融合作，可以有效降低融资成本，提高"一带一路"项目的实施效率，从而推动区域经济的可持续发展。

本章小结

区域经济一体化是全球经济一体化的重要组成部分，旨在通过区域内国家的经济合作和一体化，提高区域内资源配置效率，促进贸易自由化与经济增长。区域经济一体化的类型包括自由贸易区、关税同盟、共同市场等，各类合作模式在推动区域一体化的过程中扮演着不同的角色。以欧盟为代表的成功案例，展示了区域经济一体化在推动经济增长、减少贸易壁垒、促进跨国投资等方面的重要作用。而"一带一路"倡议的提出，更是推动全球范围内的区域经济合作，尤其是通过基础设施建设、资本流动和技术合作，提升了区域经济的联动性。然而，区域经济一体化的推进也面临着许多挑战，包括政治利益的协调、成员国之间的经济发展不均衡、文化与制度差异等。为克服这些挑战，各国需加强合作，建立更为完善的区域性法律与经济政策体系，以促进区域经济的稳定与可持续发展。区域经济一体化不仅能促进区域内的经济发展，还能在全球化的背景下推动全球贸易、投资与国际治理结构的重构。

习题

1. 区域经济一体化的主要形式有哪些？
2. 欧盟的区域经济一体化经验对其他地区有何借鉴意义？
3. 自由贸易区、关税同盟和共同市场的区别和作用是什么？
4. "一带一路"倡议如何推动区域经济一体化？
5. 如何评估区域经济一体化对发展中国家的影响？
6. 区域经济一体化中的主要政治挑战是什么？
7. 如何看待区域经济一体化带来的文化与制度差异问题？
8. 区域经济一体化如何促进区域内的跨国投资？
9. 区域经济一体化对全球贸易的影响是什么？
10. 如何推动区域经济一体化与全球经济治理体系的协调？

案例："一带一路"倡议与区域经济一体化的推进：中亚的变革与挑战

自2013年中国提出"一带一路"倡议以来，这一宏大工程不仅推动了共建国家基础设施的建设，还促进了区域经济一体化的进程。中亚地区作为"一带一路"倡议的重要组成部分，正在经历前所未有的经济转型和一体化进程。中亚的地理位置、资源禀赋以及经济结构，使其成为"一带一路"倡议中至关重要的战略节点。通过合作建设基础设施、发展区域贸易和金融合作，中亚的经济格局正在发生深刻变化。

中亚的地理和经济背景。中亚地区位于欧亚大陆的心脏地带，包含哈萨克斯坦、乌兹别克斯坦、吉尔吉斯斯坦、土库曼斯坦和塔吉克斯坦五个国家。该地区资源丰富，尤其是能源、矿产资源和农业资源，但由于长期受地理、政治和经济结构限制，其经济发展水平相对较低。中亚国家虽然在能源、交通等方面具有潜力，但其地理位置偏远，缺乏强有力的经济合作机制，导致其经济结构较为单一，且与全球经济的联系相对较弱。

"一带一路"倡议的实施。"一带一路"倡议提出后，中亚地区迅速成为中国与世界连接的重要纽带。中国通过建设包括铁路、公路、港口、物流中心等在内的大规模基础设施项目，推动了中亚地区与中国及其他地区之间的联系和经济往来。特别是通过中哈铁路和中亚天然气管道的建设，中亚地区的资源运输能力得到了极大提升。

在经济合作方面，多个中亚国家积极与中国开展区域合作和贸易互动。例如哈萨克斯坦和中国签署了大量合作协议，涉及能源、基础设施建设以及农业等领域。中国还通过提供资金和技术支持，帮助中亚国家提升其基础设施建设水平，推动区域经济发展。

中亚的区域经济合作。除了基础设施建设外，区域经济一体化是"一带一路"倡议推动的另一重要领域。通过推进中亚国家之间的经济合作，尤其是在贸易、金融、投资等方面的互联互通，中亚地区的经济一体化进程逐步加快。中亚国家通过加强与中国的合作，不仅可以提高出口收入，还可以吸引更多外国投资，提升经济增长。哈萨克斯坦与中国的合作通过"一带一路"倡议达到了一个新高度。哈萨克斯坦的能源出口和中国的基础设施项目密切相关，中国企业在哈萨克斯坦的投资和建设活动已成为该国经济增长的重要驱动力。

面临的挑战与机遇。尽管中亚地区在"一带一路"倡议中得到了巨大的发展机遇，但区域经济一体化的进程仍面临着一些挑战。首先是中亚国家之间的政治和经济差异。不同国家的政治体制、经济政策、法律体系和文化差异使得区域合作面临一定的障碍。其次，虽然中亚地区具有丰富的自然资源，但这些资源的开发和利用受到全球经济波动、政治稳定性和环境因素的影响，导致该地区的经济发展不平衡，进而影响到区域经济一体化的推进。

[案例来源：《环球时报》《"一带一路"：中亚区域经济一体化的契机》]

思考题

1. "一带一路"倡议如何推动中亚地区的区域经济一体化进程？
2. 中亚国家在参与"一带一路"倡议中面临的主要政治和经济挑战有哪些？
3. 中亚地区的基础设施建设如何促进区域经济一体化？
4. 中亚的经济一体化进程对中国及全球经济有何影响？

参 考 文 献

[1] Antràs P. Conceptual Aspects of Global Value Chains. The World Bank Economic Review, 2020, 34(3): 551-574.

[2] Antràs P, de Gortari A. On the Geography of Global Value Chains. Econometrica, 2020, 88(4): 1553-1598.

[3] BALDWIN R, FREEMAN R. Global Supply Chain Resilience: Policy Implications from Risk Exposure Metrics. Brookings Papers on Economic Activity, 2025, 56(1): 1-45.

[4] BALDWIN R, LOPEZ-GONZALEZ J. Supply-Chain Trade: A Portrait of Global Patterns and Several Testable Hypotheses. World Economy, 2015, 38(11): 1682-1721.

[5] DUNNING J H.Multinational Enterprises and the Global Economy. 2nd ed. New York: Addison-Wesley, 1993.

[6] FEENSTRA R C. Integration of Trade and Disintegration of Production in the Global Economy. Journal of Economic Perspectives, 1998, 12(4): 31-50.

[7] FUJITA M, KRUGMAN P, VENABLES A J.The Spatial Economy: Cities, Regions, and International Trade. Cambridge: MIT Press, 1999.

[8] GEREFI G, LEE J. Upgrading Trajectories in Digital-Era Global Value Chains: Evidence from Asian Electronics. World Development, 2025, 145: 105-123.

[9] HELPMAN E, MELITZ M J, RUBINSTEIN Y.Estimating Trade Flows: Trading Partners and Trading Volumes. Quarterly Journal of Economics, 2008, 123(2): 441-487.

[10] HELPMAN E, KRUGMAN P R.Market Structure and Foreign Trade: Increasing Returns, Imperfect Competition, and the International Economy. Cambridge: MIT Press, 1985.

[11] KRUGMAN P.Increasing Returns, Monopolistic Competition, and International Trade.Journal of International Economics, 1979, 9(4): 469-479.

[12] MELITZ M J, REDDING S J.Heterogeneous Firms and Trade. Cambridge: MIT Press, 2014.

[13] MELITZ M J.The Impact of Trade on Intra-Industry Reallocations and Aggregate Industry Productivity. Econometrica, 2003, 71(6): 1695-1725.

[14] PORTER M E.The Competitive Advantage of Nations. New York: Free Press, 1990.

[15] STIGLITZ J E.Globalization and Its Discontents. New York: W.W. Norton & Company, 2002.

[16] VERNON R.Sovereignty at Bay: The Multinational Spread of U.S. Enterprises. New York: Basic Books, 1971.

[17] Wang Z, Wei S J, Yu X, et al. Measures of Participation in Global Value Chains and Global Business Cycles. National Bureau of Economic Research, 2016, Working Paper No. 23222. Link

[18] Wang Z, Wei S J, Yu X, et al. Characterizing Global Value Chains: Production Length and Upstreamness. National Bureau of Economic Research, 2016, Working Paper No. 23261.

[19] YU R, XU Y, YAO L. Innovation Spillovers in Heterogeneous GVCs: Evidence from OEM/OBM Relationships in Advanced Manufacturing. Management Science, 2025, 71(2): 456-478.

[20] 戴翔，林益安，王昱涵. 数字贸易强国：理论、指标及测度 [J]. 中南财经政法大学学报，2024, (1): 96-108.

[21] 郭继文，马述忠. 中国数字贸易地区分化之谜：基于企业家精神视角的解释 [J]. 中国软科学，2024, (8): 38-48.

[22] 洪俊杰，陈洋，杨志浩. 中国产业转移的战略考量：特征、动因与政策展望 [J]. 国际贸易，2024, (7): 11-21.

[23] 黄先海，余骁. 以"一带一路"建设重塑全球价值链 [J]. 经济学家，2017, (3): 32-39.

[24] 金碚. 论经济全球化3.0时代——兼论"一带一路"的互通观念 [J]. 中国工业经济，2016, (1): 5-20.

[25] 黎峰. 逆全球化浪潮：内在逻辑、发展前景与中国方略 [J]. 经济学家，2022, (11): 52-61.

[26] 郎平. 央行数字货币跨境支付系统：模式、风险及其治理之探 [J]. 金融监管研究，2024, (3): 43-59.

[27] 李建军. 中国数字贸易发展水平测度、时空特征及其影响因素分析 [J]. 经济纵横，2024, (11): 83-95.

[28] 刘洪愧，杨晨旭. 数字贸易壁垒的分类、测算框架与国际比较 [J]. 齐鲁学刊，2024, (1): 122-138.

[29] 刘震，史代敏. 央行数字货币与货币政策传导 [J]. 中南财经政法大学学报，2024, (3): 83-96.

[30] 刘志彪. 中美全球价值链的重组：从生产消费再平衡到产业转移 [J]. 江苏社会科学，2023, (6): 63-71+242.

[31] 马红霞. 全球央行数字货币的发展现状、运行风险及趋势预测 [J]. 湖湘论坛，2023, 36 (5): 1-10.

[32] 马述忠，胡增玺，吴鹏. 中国自主的数字贸易知识体系建构——以西方经典理论为参照系的比较 [J]. 求是学刊，2024, 51 (4): 22-44.

[33] 孟祺. 高水平对外开放与共同富裕 中国实践及其世界价值 [M]. 北京：中国农业出版社，2023.

[34] 孟祺. 制度型开放促进新质生产力发展：关键障碍与靶向施策 [J]. 新疆社会科学，2024, (6): 32-41+182-183.

[35] 钱学锋，杨婷婷，王京文. 监管异质性与全球价值链参与 [J]. 财贸经济，2024, 45 (9): 125-142.

[36] 宋科，孙翼，朱斯迪. 央行数字货币能带来货币国际化吗 [J]. 国际经济评论，2024, (6): 103-124+7.

[37] 佟家栋. "一带一路"倡议的理论超越 [J]. 经济研究，2017, 52 (12): 22-25.

[38] 王永进，谢芳，王文斌. 跨境数据流动政策的福利效应：制约因素与跨国协调 [J]. 经济研究，2024, 59 (9): 99-117.

[39] 魏龙，黄轩，黄艳希. 全球数字贸易治理：规则分歧与策略选择 [J]. 国际贸易，2024, (2): 5-17.

[40] 夏杰长，张雅俊. 数字贸易中跨境数据流动的规制困境与优化路径 [J]. 经济纵横，2024, (4): 39-46.

[41] 谢谦，金才淇. 跨境数据流动的共同关切、面临挑战与中国应对 [J]. 学习与探索，2024, (8): 114-125.

[42] 袁志刚，张南，葛劲峰. 全球化变局下中国的产业转移和产业升级：2000—2022年 [J]. 学术月刊，2024, 56 (9): 39-52.

[43] 张亮，李靖. 国际数字贸易规则：主要进展、现实困境与发展进路 [J]. 学术研究，2023, (8): 53-60+177.

[44] 周嘉昕. "全球化""反全球化""逆全球化"概念再考察 [J]. 南京社会科学，2024, (4): 20-27.